D1664461

Kriegsbriefe

Feldpoſt

18. 1. 45. 10-11 V

Frau

Nanny Schoon

23

Spetzerfehn 10

(Oſtfriesland)

PAN-B-Papier

Andreas Wojak (Hrsg.)

»Wir werden auch weiterhin unsere Pflicht tun ...«

Kriegsbriefe einer Familie in Deutschland
1940–1945

EDITION TEMMEN

Die Deutsche Bibliothek – CIP-Einheitsaufnahme
»Wir werden auch weiterhin unsere Pflicht tun ...« : Kriegs-
briefe einer Familie in Deutschland 1940-1945 / Andreas Wojak (Hrsg.).
– Bremen : Ed. Temmen, 1996
ISBN 3-86108-278-0
NE: Wojak, Andreas (Hrsg.)

2. Auflage

© Edition Temmen
Hohenlohestraße 21 – 28209 Bremen
Tel. 0421-344280 – Fax 0421-348094
Alle Rechte vorbehalten
ISBN 3-86108-278-0

Inhalt

Vorwort

Ja, so war es! Als ich diese Briefe las, wurde sofort in mir die Stimmung wieder wach, in der ich vor mehr als einem halben Jahrhundert vom Kind zum Mann heranwuchs, als begeisterter Pimpf im Jungvolk und ganz zuletzt noch als zum Wehrdienst befohlener Hitlerjunge und als Schanzarbeiter: Erinnerungen an ungezählte Flieger- und Bombennächte, an das brennende Wilhelmshaven und das brennende Emden, an das Kanonengrollen bei Leer, an polnische, französische und russische Kriegsgefangene und Fremdarbeiter, an Evakuierte und Flüchtlinge, an das Zittern um den Endsieg fast bis zur letzten Minute, an so manchen jungen Soldaten, an weinende Mütter und Kriegerwitwen und – an die Feldpostbriefe, die meine Eltern über mehr als vier Jahre austauschten. Jeden Morgen auf dem Schulweg steckte ich einen in den Briefkasten. In der Art waren sie ähnlich den hier vorgelegten Dokumenten, doch wurden sie nicht gesammelt und aufbewahrt. Da ist es ein Glücksfall sondergleichen, daß sich die Kriegskorrespondenz der Familie Schoon aus Spetzerfehn über Jahrzehnte erhalten hat, umso mehr, als hier zwei Generationen im dauernden Gespräch sind, von der die ältere bereits einen Krieg hinter sich hat. Hier wird auf unverfälschte Weise die Mentalität der ganz normalen Deutschen, die an die Nazi-Ideologie glaubten, bloßgelegt, eine Mentalität, wie sie überall, in jeder Dorfgemeinschaft, in jedem kleinen Städtchen und in jeder großstädtischen „Lindenstraße" anzutreffen war. Darum steht dieser Briefwechsel pars pro toto. Ähnlich, nur mit anderer Dialektfärbung, werden sich auch die Briefe lesen, die aus Bayern und Sachsen, aus Ostpreußen oder aus dem Rheinland an die Fronten gegangen sind. In dieser Briefauswahl sind die einzelnen Phasen des Krieges deutlich voneinander zu unterscheiden: vom Siegesrausch der ersten Jahre und von der Überheblichkeit und Selbsttäuschung im Sommer 1941 (die Russen würden, so hörte man oft, wie eine Schafherde Reißaus nehmen) bis zu der Ernüchterung der späteren Jahre, als sich der Krieg endlos hinzuziehen schien, und zur Bitternis am Ende, da nur noch die Hoffnung auf den letzten Trumpf (wohl irgendeine Wunderwaffe) die Einsicht überdeckte, daß der Krieg bereits verloren war. Man spürt aus den Briefen, die da täglich ins Feld geschickt werden, wie sich mit den zunehmenden Todes- und Vermißtenmeldungen von der Front allmählich das Grauen in die Dörfer einschleicht.

Im fünfzigsten Jahr nach der Kapitulation von 1945 beginnt sich in der Öffentlichkeit die These durchzusetzen, daß die Wehrmacht, der nahezu zwanzig Millionen Deutsche angehörten, eine verbrecherische Organisation gewesen ist. Wer unter diesem Gesichtspunkt die Briefe des Etappensoldaten Johann Schoon und des Marinesoldaten Albert Schoon liest, wird keine Spur davon finden, daß sie sich dieser Ungeheuerlichkeit jemals bewußt gewesen sind. Freilich hatten sie das Glück, persönlich an keinem Kriegsverbrechen beteiligt gewesen zu sein. Aber von Ahnung ist zumindest der Vater nicht frei: „Wir wissen ja, was uns blüht, wenn wir in die Knie gehen." Mein eigener Vater tröstete mich mit der damals weitverbreiteten Phrase: „Wir werden siegen, weil wir siegen müssen." Dahinter verbirgt sich doch wohl die Furcht vor dem Strafgericht, das über unser Volk kommen würde. Wenn schon nicht jeder einzelne sich strafbar gemacht hatte, so standen doch alle in der gleichen Haftung. Was nicht viele getan haben – Margareta Wojak (Schoon) vollzieht es am Schluß dieses Buches: Sie stellt sich der Vergangenheit.

Doch diese Briefe sind viel mehr als eine private Familiengeschichte aus dem Großen Krieg. Wir erfahren vieles über ostfriesische Bräuche und Sitten, auch manches über Landwirtschaft, Gartenbau, Viehhaltung und Bienenzucht, was als Wissen heutzutage längst verschüttet ist. Wir werden einbezogen in eine dörfliche Solidarität, die sich keineswegs nur aus der nationalsozialistischen Ideologie erklären läßt, sondern Kontinuitäten ländlichen Lebens, preußischer Erziehung und christlicher Werte erkennen läßt. Und die Nach-

geborenen können sich jetzt vorstellen, wie Menschen damals unter Kriegsbedingungen gelebt hat, wie Soldatenfrauen ohne männliche Unterstützung Haus und Hof bewirtschaftet und ihre Kinder die Aufgaben von Erwachsenen übernommen haben.

Uns begegnet in dieser Korrespondenz aber auch eine verlorengegangene Briefkultur von nicht geringem Niveau, wie sie damals nicht nur im städtischen Bürgertum, sondern auch bei Teilen der Landbevölkerung gang und gäbe war, vor allem bei Dorflehren, Pastoren, Ärzten, Apothekern, Kaufleuten, Großbauern, aber ebenso und gar nicht so selten bei Handwerkern und Landarbeitern, die alle eine gediegene, allgemeinbildende Volksschule besucht hatten.

Was wir hier in den Händen halten, ist ein einzigartiges Stück ländlicher Heimat-, Kultur- und Alltagsgeschichte.

Karl-Heinz Janßen
(Die Zeit)

Die Familie

Nanny Schoon, ca. 1935

Johann Schoon, ca. 1935

Nanny u. Johann Schoon mit »Tanti« u. »Onkel« sowie Albert, 1925

Die »Bahntjers«, li.: Johann Schoons Mutter, re.: Schwägerin Gesche mit dreien ihrer vier Kinder, 20er Jahre

Spetzerfehn, Alte Norderwieke, 20er Jahre

Nanny Schoon, Heta, Berta, »Tanti«, 1938

Nachbarfamilie Folma u. Johann Groß, 30er Jahre

Johann Schoon im 1. Weltkrieg

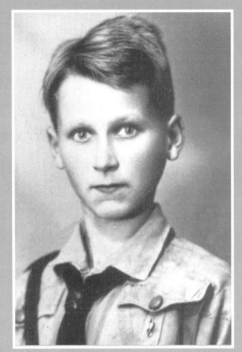

Albert, 1935

Mühle Spetzerfehn

»Jungvolk« Zeltlager, August 1935

Albert (re.) in der Hitlerjugend, 1938

Albert und Heta, 1937

Albert, Berta, Heta, 1938

»Onkel«

Besuch in Gifhorn: Albert und Heta mit Cousine Etta, 1939

*Die »Münkewegers«, li.: Johann Schoons Schwester Anna,
re. Neffe Jürgen mit seiner Frau Gerta, 1938*

*Nanny Schoon, Berta, »Tanti«, Greta Schoon
(Nichte), Heta, 1938*

Alte Schleuse und Wassermühle Spetzerfehn

Aurich, »Straße der SA«, 30er Jahre

Nanny Schoon mit Heta, 1940

Berta, 1938

Nanny Schoon mit Schwägerin Anna, 1939

Nanny Schoons Bruder Bernhard

Einführung

von Andreas Wojak

Eine persönliche Vorbemerkung

Beschäftigung mit dem Dunklen, dem National-sozialismus, ist meistens auch Beschäftigung mit dem eigenen Dunklen, in diesem Fall der Verstrickung der eigenen Familie. Die hier vorgelegten 187 Briefe stammen von meinen von mir verehrten, inzwischen verstorbenen Großeltern Nanny und Johann Schoon sowie ihren Kindern Albert (mein Onkel) und Margareta („Heta", meine Mutter). Anfänglich war große Begeisterung über den Brieffund, auf den ich 1994 wieder aufmerksam wurde. Schon als Kind hatten mich die unzähligen Briefe und Postkarten, die auf dem Dachboden unseres Hauses in einer alten Holzkiste lagerten, interessiert - damals freilich nur im Hinblick auf Briefmarken. Und gleich mir durchstöberten und durchwühlten mehrere Generationen von Nachkriegskindern in unserer großen Familie die Kiste. Als ich nun nach wochenlanger Arbeit den riesigen, völlig zerfledderten, z.T. von Mäusen angenagten Packen einigermaßen geordnet und die Kriegsbriefe herausgefiltert hatte, war mir - als Journalist und Historiker - klar: Das ist nicht nur eine Privatangelegenheit, sondern es handelt sich auch um wertvolle Dokumente der Zeitgeschichte, die es wert sind, veröffentlicht zu werden. Ein Blick in die einschlägige Literatur bestätigte meine Vermutung, daß hier eine außergewöhnliche Sammlung vorlag, die ein dichtes Bild vom (Kriegs-) Alltag im Nationalsozialismus vermittelt. Während ansonsten Kriegsbriefe fast nur von privaten Dingen handeln, wird hier - wenn auch aus unkritisch-apologetischer Sicht - immer wieder auch die allgemeine Lage beleuchtet.[1]

Dann kamen allmählich Bedenken. Denn natürlich sind die Briefe zunächst etwas Privates. Darf ich dieses Private ans Licht der Öffentlichkeit zerren? Was würden meine Großeltern dazu sagen? Würden sie es akzeptieren? Ich hoffe es. Zwar ist niemand der Briefschreiber in Verbrechen verstrickt (Albert und Margareta Schoon sind wegen ihrer Jugend von diesen Überlegungen ausgenommen). Aber wie Abermillionen andere Deutsche haben sie mit ganzer Kraft, mitunter auch Leidenschaft dem Nationalsozialismus gedient - und waren doch weit davon entfernt, fanatische Nazis zu sein. Vermutlich waren diese mehr oder weniger „normalen" Deutschen für den Bestand des Systems viel wichtiger als die fanatische „Speerspitze". Sie hätten denken und sehen können, aber sie steckten den Kopf in den Sand.

Ich habe meine Großeltern als denkende und sehende Menschen erlebt. Und mußte dann lesen, daß auch mein Großvater vom „internationalen Judentum" phantasierte (16.3.1941). Oder kommentarlos die witzig gemeinte Bemerkung eines anderen Soldaten über die hebräische Schrift wiedergab („Die lesen von hinten", 6.3.1941) - was vor dem Hintergrund der Ausgrenzung, Verfolgung und Vernichtung der Juden nur makaber ist. Ansonsten findet sich in den 1200 Briefen zum Thema „Juden" bzw. „Verfolgte" kein Wort. Dafür Durchhalteparolen bis zum bitteren Ende: „Unser Führer heißt immer noch Adolf Hitler", schrieb mein Großvater am 25. Januar 1945. Und meine Großmutter freute sich nach dem Einmarsch in die Sowjetunion und den deutschen Anfangserfolgen: „So etwas ist doch nur einmalig in der Weltgeschichte" (29. 6.1941).

Freilich gibt es auch andere, leisere Töne, die dem Wesen meiner Großeltern, wie ich sie erlebt habe, weit mehr entsprachen. So machte sich Johann Schoon Gedanken über die Forderung von Goebbels „Wir müssen hart werden wie unsere Soldaten und nach dem Kriege noch härter" (8.3.1942). Schoon setzte dagegen: „... deshalb brauchen wir uns nicht vor dem Schönen und Guten, vor dem Gefühl und der Weichheit zu verschließen. Es ist wohl am besten, wenn man hart gegen sich selbst und weich gegen andere ist, d.h. nicht nachgiebig, sondern verständnisvoll." Deutlicher noch als ihr Mann machte Nanny Schoon aus ihrer Abneigung gegenüber dem Krieg keinen Hehl: „Und wieviel Sehnsucht und Heimweh geht doch jetzt durch die Welt! Und all' das Weh und der Schmerz um die, die nicht wieder heimkehren. [...] Welch' ein Glücksgefühl muß es doch für ganz Europa und ja bald die halbe Welt sein, wenn die Völker die Waffen wieder aus der Hand legen" (31.8.1941). Die Schuld für den Krieg sah Nanny Schoon allerdings ausschließlich bei den anderen. Nach ihrer Meinung (die mit ihr viele teilten) mußte Deutschland sich gegen seine Nachbarn zur Wehr setzen - und nicht umgekehrt. Gutgelittene Nachbarn wie die Niederländer wurden bedauert: „Gestern abend haben wir die Wochenschau gesehen: Einmarsch in Holland und Belgien, Absprung der Fallschirmspringer und Luftlandetruppen über Rotterdam,

Bombardement der Stadt durch unsere Flieger. Es war schrecklich anzusehen, wie die Stadt brannte" (Johann Schoon, 4.6.1940). Aber: „So ist es eben im Krieg, den einen trifft es und der andere bleibt verschont" (26.5.1940).

Der Krieg nimmt die Gestalt eines Schicksalskampfes an zwischen Gut und Böse, zwischen edlem deutschen und minderwertigem anderen (vor allem russischen) Blut. Die untrennbare Verknüpfung des eigenen Schicksals mit dem des deutschen Volkes, repräsentiert durch Hitler und seine mörderische Politik, führte zu einer unglaublichen Mobilisierung der eigenen Opferbereitschaft. „Es ist ja nicht ausgeschlossen, daß Ostfriesland vielleicht noch mal geräumt werden müßte, aber damit wäre ja immer der Krieg noch nicht verloren", schrieb Nanny Schoon am 19. September 1944. Sie fuhr fort: „An dem Endsieg zweifle ich ja heute auch immer noch nicht. Es kann und darf ja garnicht anders sein. Was uns dann bevorstände, wenn es nicht so sein würde, ist ja garnicht auszudenken."

Für das Mitmachen lassen sich verschiedene Gründe benennen. Zum einen war die Generation meiner Großeltern mehr oder weniger von der nationalsozialistischen Ideologie überzeugt. Zum anderen griffen dort, wo sie weniger überzeugt, skeptisch, vielleicht sogar ablehnend gegen bestimmte Tendenzen des Nationalsozialismus war, Gehorsamsmechanismen, die viel mit Erziehung und Sozialisation zu tun haben. Diese Generation war - vor 1914 - in einer sowohl familiär als auch gesellschaftlich autoritär strukturierten, autoritätsfixierten Welt groß geworden. An Macht, Größe, Unfehlbarkeit und Autorität von Kaiser und Vater war kein Zweifel erlaubt. Die familiäre, gesellschaftliche und staatliche Ordnung war vor allem durch die Ideologie des Luthertums göttlich sanktioniert. Sogenannte preußische Tugenden wie Gehorsam und Pflichterfüllung standen oben an, aber auch praktizierte Nächstenliebe (die freilich nur auf seinesgleichen bezogen wurde). Nicht selbstbewußte, kritisch denkende Bürger waren das Ziel der Erziehung, sondern funktionierende Untertanen.

Hinzu kommen individuelle, biographische Momente. So waren meine Großeltern, vor allem mein Großvater, sehr gutgläubige Menschen, denen es mit Sicherheit schwerfiel, den tatsächlichen Gehalt des Nationalsozialismus jenseits der Propaganda zu erfassen. Ein weiteres Moment: Johann Schoon mangelte es lebenslang an Selbstbewußtsein, was möglicherweise auf ein traumatisches Ereignis in seiner Jugend zurückzuführen ist. Weil er Verbotenes gelesen hatte („Sherlock Holmes"), wurde er in jungen Jahren vom Lehrerseminar verwiesen. „Bloß nicht gegen den Strom schwimmen", könnte da seine Devise gelautet haben. Wohl konsequent war schließlich die Erziehung der eigenen Kinder. Obgleich Nanny und Johann Schoon mit ihnen einen freundlichen und vergleichsweise liberalen Umgang pflegten, war offene Kritik am Bestehenden völlig tabuisiert.

Was im übrigen die möglichen Zweifel am Nationalsozialismus betreffen, so ist man nach Analyse der Briefe weitgehend auf Vermutungen angewiesen. Nicht zuletzt wegen der Zensur (s.u.) wurden grundsätzliche Gedanken kaum und kritische Überlegungen gar nicht geäußert. „Ich möchte Dich wohl so manches fragen, aber brieflich ist es doch nicht das Richtige", schrieb Nanny Schoon ihrem Mann am 31. August 1941. Sie hatte sich vorher mit der unerwartet langen Dauer des Krieges befaßt. Mit Sicherheit waren Johann und Nanny Schoon die antikirchlichen Tendenzen des Nationalsozialismus ein Dorn im Auge. Als die Konfirmation der Tochter im Frühjahr 1942 wegen der Eingliederung der Hitlerjugend kurzerhand verschoben wurde, versteckte Nanny Schoon ihre Zweifel in der Frage: „Was soll man dazu sagen?" Und je länger der Krieg dauerte, desto größer wurden auch bei den Schoons die Zwei-

fel am Sieg. Davon unberührt wird auch der Glaube an das NS-System nicht geblieben sein. Jedenfalls fehlen enthusiastische Bekundungen und Bezugnahmen auf Hitler, mit denen besonders Nanny Schoon in den ersten Kriegsjahren nicht gespart hatte, ab 1942 völlig.

In einer Hinsicht kollidierte das Leben der Familie Schoon mit den Wertmaßstäben der NS-Ideologie: Ihr jüngstes Kind, die 1928 geborene Berta, war schwer körperbehindert (spastisch gelähmt). Das Problem, das den Eltern mit Sicherheit zu schaffen gemacht hat, taucht in den Briefen nicht einmal andeutungsweise auf. Nur einmal ist davon die Rede, daß der Bürgermeister (der das Mädchen gut kannte) für Berta „sogar einen Bezugsschein I herausgerückt" habe (19.5.1940). Dies war nicht selbstverständlich, sondern vermutlich ein Resultat der freundschaftlichen Beziehungen. Es zeigt überdies, daß in der dörflichen Gemeinschaft Solidarität auch gegen die offizielle Politik möglich war. (Von dem Bürgermeister wird erzählt, daß er sich auch für verfolgte Sozialdemokraten und Kommunisten aus seinem Dorf eingesetzt habe.) Ob und inwieweit Berta konkret gefährdet war, ist nicht bekannt.

Johann Schoon war während des Krieges lange Zeit als Bewacher von Kriegsgefangenen tätig, die auf Bauernhöfen und in anderen Wirtschaftsbetrieben arbeiten mußten. Schoon fungierte zumeist als Führer eines zwei- bis dreiköpfigen „Kommandos", dem die Kriegsgefangenen eines oder mehrerer Dörfer zugeordnet waren. Das Kommando stellte zugleich die nächtliche Unterkunft für die Gefangenen. Schoon zeichnet in seinen detaillierten Briefen ein relativ harmloses Bild des Alltagslebens mit „seinen" Gefangenen. Deren Situation wird zwar als nicht beneidenswert, aber auch nicht als dramatisch schlecht geschildert. Wenn die Gefangenen z.B. ernsthaft erkrankt waren, wurden sie, wenn möglich, ärztlich versorgt. Alles in allem ist eine Atmosphäre spürbar, in der

der andere auch als Mitmensch gesehen wird. Nun sind in der vergangenen Jahren eine Reihe von Publikationen zum Schicksal der Kriegsgefangenen und Zwangsarbeiterinnen und -arbeiter erschienen, darunter auch regionalgeschichtliche Untersuchungen zum Raum Nordwestdeutschland.[2] Das Grauen und Elend aus diesem Kapitel der Kriegsgeschichte, das man öffentlich lange Zeit nicht hat wahrhaben wollen, will zum Bild der Schoonschen Gefangenenkommandos überhaupt nicht passen. Andererseits gibt es keinen vernünftigen Grund, an Schoons Schilderungen zu zweifeln. Was sich in seinen Kommandos abspielte, ist eben auch ein Mosaiksteinchen der Geschichte von Nationalsozialismus und Zweitem Weltkrieg.

Ich muß gestehen, daß ich, als ich mit dem Abschreiben der Briefe begann, zuerst diese oder jene Formulierung, die mir nicht gefiel oder einfach nicht zu dem Bild, das ich von meinen Großeltern hatte, passen wollte, wegließ oder auch gelegentlich änderte. Für einen Historiker ist dies zweifellos ein unerlaubtes Verfahren, und das Prinzip der Bearbeitung konnte nur sein (und war es schließlich auch), das Originale zu wahren. Die Alternative wäre gewesen, von einer Veröffentlichung abzusehen.

Erheblich größer noch als meine eigenen Bedenken - die vor allem von Freunden und anderen, die das Manuskript lasen, zertreut wurden - waren die meiner Mutter. „Da sind ja sogar Briefe dabei", sagte sie mir eines Tages völlig entsetzt, „die wir früher gar nicht lesen durften!" Dies bezog sich vor allem auf einige sehr persönliche Briefe ihrer Eltern.

In diesem Zusammenhang möchte ich sozusagen vorbeugend darauf hinweisen, daß es falsch wäre, allein aus den vorliegenden Briefen ein Psychogramm der Briefschreiber entwerfen zu wollen - dafür bedürfte es vieler weiterer Quellen. Hinzu kommt die beschränkte zeitliche Dimension: Fünf Jahren Krieg und Nationalsozialismus steht (bei meinen Großeltern) eine Lebensspanne von 74 bzw. 85 Jahren gegenüber.

Ich danke meiner Mutter sehr, daß sie trotz aller Bedenken einer Veröffentlichung zugestimmt hat - und bereit war, ein Nachwort zu schreiben. Dank schulde ich darüber hinaus meiner Frau Anne, meiner Schwester Monika, meinen Cousinen und Cousins Hanna, Bernd, Antje und Sünke, darüber hinaus Robert Goldberg, Dr. Dirk Gerdes, Reina und Lübbe Aden, Bernd Poch, Johannes Diekhoff, Rainer Hecker, Fietje Ausländer, Hinrich Trauernicht, Friedemann Rast, Heinrich Janssen sowie dem Verlagshaus Dunkmann in Aurich, dem Stadtarchiv Emden und dem Militärgeschichtlichen Forschungsamt Potsdam, die mir in der einen oder anderen Weise behilflich waren.

Die Bearbeitung

Die Sammlung besteht aus rund 1200 Briefen und Karten. Da eine vollständige Veröffentlichung wegen des Umfangs nicht in Frage kam, war eine Auswahl unumgänglich. Ich habe versucht, einen typischen, repräsentativen Querschnitt zu erstellen. Dazu wurde die ursprüngliche Sammlung nach und nach „ausgedünnt" mit dem Ziel, ein gut lesbares Extrakt zu erhalten. Die Chronologie blieb im Groben ebenso erhalten wie die „Struktur" (prozentualer Anteil der jeweiligen Briefschreiber). Fehlende Zeiträume erklären sich durch fehlende Briefe. So war Johann Schoon während des Krieges infolge vorübergehender Entlassung längere Zeit zu Hause. So weit es rekonstruierbar war, sind die betreffenden Zeiträume angegeben.

Während ich die Auswahl also nicht nach inhaltlichen, sondern nach quantitativen Kriterien vorgenommen habe, stellt sich die Bearbeitung der *einzelnen* Briefe etwas anders dar. „Bearbeitung" bedeutet hier eine behutsame Kürzung von Fall zu Fall. Bei den gestrichenen Passagen handelt es sich gelegentlich um intime Familienangelegenheiten, zumeist aber um etwas langatmige Einlassungen über Wetter, Postbeförderung usw. Auch hier war mein Bestreben, bessere Lesbarkeit zu erreichen.

Ansonsten sind die Briefe unverändert, auch orthographisch. Lediglich offensichtliche Flüchtigkeitsfehler (die allerdings kaum vorhanden waren) wurden korrigiert, außerdem, im Hinblick auf die bessere Lesbarkeit, gelegentlich Absätze eingefügt. Viel bedeutsamer, aber unvermeidlich ist der Umstand, daß mit der Übertragung in eine gedruckte Schriftform die durch die Handschriften vermittelte atmosphärisch-emotionale Ebene gänzlich verloren gegangen ist. (Der Abdruck einiger Briefe in Faksimile mag davon einen Eindruck verschaffen.) So fliegt einem die tägliche Hetze, das Tempo, der Arbeitsdruck und die seelische Belastung des Krieges in den Briefen Nanny Schoons förmlich entgegen: die Buchstaben eilen, ja rasen dahin, und manchmal geraten sie ins Trudeln - die Schreiberin schläft über dem Brief ein. Dagegen drückt sich in der Schrift von Johann Schoon des Element des ruhigen Überlegens und Betrachtens aus. Faszinierend ist auch das schnelle, fast explosionsartige Reifen der Kinder zu beobachten, die mit 15, 16 Jahren über völlig ausgeprägte Handschriften verfügen.

Die in den Briefen genannten Namen sind, von einigen (kenntlich gemachten) Ausnahmen abgesehen, unverändert. - Kürzungen, Ergänzungen und Worterklärungen wurden durch eckige Klammern kenntlich gemacht. Die Worterklärungen betreffen in der Regel plattdeutsche Ausdrücke, die von den Schreibern bewußt verwendet und gelegentlich mit Anführungsstrichen versehen wurden. Hintergrund ist, wie damals in Ostfriesland üblich, die ausschließliche Verwendung des Plattdeutschen als Umgangssprache innerhalb der Familie.

Bei zahlreichen Briefen mußten die Datumsangaben ergänzt werden. Besonders Nanny Schoon hat sich oft auf die Nennung des Wochentags beschränkt. Zum Teil ergeben sich die fehlenden Daten durch den Poststempel auf den Briefumschlägen. Da allerdings von etwa der Hälfte der Briefe die Umschläge fehlen, bedurfte es gelegentlich fast kriminalistischer Methoden, um aus gewissen Angaben im Text (z.B. die Geburt eines Kindes in der Nachbarschaft) das genaue Datum zu erschließen.

Feldpostbriefe und Zensur

Der weitaus größte Teil der vorliegenden Briefe gehört zur Kategorie „Feldpost", also Briefe von und an Soldaten. Lediglich die Briefe von Margareta Schoon aus dem Arbeitseinsatz bzw. Arbeitsdienst sowie die Briefe von Albert Schoon aus verschiedenen „Wehrertüchtigungslagern" zählen nicht dazu.

Die Feldpost, die grundsätzlich portofrei war, erreichte im Verlauf des 2. Weltkrieges einen gewaltigen Umfang.[3] Ca. 40 Milliarden Postendungen wurden befördert. Davon gingen 24 Prozent aus dem „Feld" an die Heimat, 76 Prozent nahmen den umgekehrten Weg. Feldpost unterlag, wie allgemein bekannt war und auch bekannt gemacht wurde, grundsätzlich der Zensur. Dafür waren die Feldpostprüfstellen zuständig, die angesichts des Umfangs allerdings nur stichprobenartige Untersuchungen vornehmen konnten. Kontrollierte Post wurde mit einem Aufdruck versehen: „Geöffnet - Feldpostprüfstelle". Verboten waren insbesondere Mitteilungen geheimer und „zersetzender" Art. Zu letzteren zählte z.B. die Weitergabe von Gerüchten. Ziel der „offenen" Zensur waren zum einen „Verschwiegenheit und Disziplin". Zum anderen diente sie den Machthabern dazu, ein unverfälschtes Stimmungsbild aus der Bevölkerung zu bekommen.

Durch gezielte Propaganda versuchten die NS-Stellen, die Feldpost als „Herzstück der geistigen Kriegsführung" zu nutzen. Das Erziehungsmittel waren dazu die regelmäßigen „Mitteilungen für die Truppe", durch die die NS-Ideologie auf alle militärischen Ebenen transportiert wurde. Immer wieder wurde dort die „Feldpost" thematisiert. „Kameraden! Wie nie zuvor sind Eure Feldpostbriefe heute Waffen! Sorgt dafür, daß sie gute und wirksame Waffen sind", heißt es beispielsweise in einer „Mitteilung".

Eigens für die Feldpost wurden auch offizielle Sprachregelungen geliefert, etwa was das Verhältnis zu Großbritannien anging: „Diesen Krieg hat England gewollt. In München vor dem Kriege, nach dem Polenfeldzug und nach dem Sieg in Frankreich hat der Führer England einen anständigen Frieden angeboten. Er hat erklärt, er wolle das Weltreich nicht zerstören. Er verlangte lediglich, daß England den maßlosen Anspruch aufgab, über die Güter der Welt allein zu verfügen. England lehnte den Frieden ab. So nötigt uns England, die Entscheidung mit Waffengewalt zu erzwingen" (November 1940).

Ganz ähnliche Erklärungsmuster, die die Tatsachen auf den Kopf stellten, sind auch aus den Briefen der Schoons herauszuhören. Und möglicherweise war besonders Johann Schoons Haltung in den letzten Kriegsmonaten auch ein Produkt der Propaganda, die forderte (11.2.1945): „Es ist notwendig, daß jeder Frontsoldat in seinen Briefen an die Heimat Kraft, Vertrauen und Zuversicht ausstrahlt. Die Soldaten sind in geeigneter Form darauf hinzuweisen. Verbissene Kampfentschlossenheit und starke Herzen werden die kritische Lage meistern."

In den vorliegenden Briefen sind keine Hinweise auf Zensur zu finden. Andererseits waren sich die Schoons natürlich der staatlichen Kontrolle be-

wußt, wenngleich sie über die genauen Zensurbestimmungen wohl nicht immer informiert waren. So schickte Nanny Schoon ihrem Mann am 23. Juni 1941 „ein Exemplar der dummen englischen Propaganda", das sie im Garten gefunden hatte. Das Verschicken von feindlichen Flugblättern galt als „Zersetzung" – ein Vorwurf, den Nanny Schoon sicherlich weit von sich gewiesen hätte.

Ostfriesland im Krieg [4]

In den Briefen wird häufig von Bombenalarm und Fliegerangriffen berichtet. Hauptangriffsziele der alliierten Luftwaffe in der Region Ostfriesland waren Emden und Wilhelmshaven. Beide Städte waren Standorte kriegswichtiger Industrie, Wilhelmhaven war zudem Hauptmarinebasis mit einer großen Kriegswerft. Hinzu kam die exponierte Lage. Wegen der relativ geringen Reichweite der britischen Bomber in den ersten Kriegsjahren waren Städte an der Nordseeküste, ebenso wie das westliche Ruhrgebiet, quasi „natürliche" Angriffsziele. Die deutsche Seite reagierte darauf mit einer verstärkten Luftverteidigung Emdens und Wilhelmshavens sowie dem Bau zahlreicher Bunker. Mit 31 Luftschutzbunkern, die ab 1940 gebaut wurden, verfügte Emden über das dichteste Bunkernetz im Deutschen Reich. Obgleich Emden und Wilhelmshaven weitgehend zerstört wurden, blieb die Zahl der Opfer mit 330 (Emden) bzw. 435 Personen (Wilhelmshaven) relativ gering. Die Angriffe auf Wilhelmshaven begannen bereits am 3. September 1939, der letzte war am Karfreitag (30. März) 1945. Während des Großangriffs am 5. Oktober 1944, der die Innenstadt in ein einziges Flammenmeer verwandelte, warfen die Briten rund 1300 Spreng- und Brandbomben sowie 50 Phosphorkanister ab. Der erste größere (von insgesamt 80) Luftangriffen auf Emden erfolgte am 13. Juli 1940. Die verheerendste Wirkung hatte der Großangriff vom 6. September 1944. Ca. 11.500 Spreng- und Brand- sowie 3000 Phosphorbomben bewirkten die nahezu völlige Zerstörung der Innenstadt.

Aber auch das übrige Ostfriesland blieb nicht verschont. Zum einen bedeutete die räumliche Nähe zu Wilhelmshaven und Emden eine ständige Beunruhigung auch der Bevölkerung in den Kleinstädten und Dörfern. So kam es bei den Angriffen auf die beiden Hafenstädte und auch beim Überflug ins Binnenland immer wieder zu Not- und Fehlabwürfen von Bomben in ländlichem Gebiet. Zum anderen häuften sich im Laufe des Krieges Luftangriffe vor allem auf Leer, Aurich und Esens, wobei es sowohl Bombenabwürfe als auch Maschinengewehrbeschuß durch Tiefflieger gab. Ziele waren vorrangig Bahnanlagen, Züge und militärische Einrichtungen. Aber auch zivile Gebäude wurden zerstört. Bei einem schweren Angriff am 27. September 1943, von dem zahlreiche Ortschaften betroffen waren, wurden in Esens 165 Personen getötet, darunter 102 Schulkinder. Die Berichterstattung in der Presse über die alliierten Luftangriffe war außerordentlich zurückhaltend. Die Begründung: „Wir müssen den Feind in Ungewißheit darüber lassen, ob und wo er getroffen hat, ob er sich die besten Ziele ausgesucht, und ob er bei seinen Flügen den richtigen Weg eingeschlagen hat" (ON, 29.5.1940). Vor diesem Hintergrund spielte der informelle, private Informationsaustausch eine große Rolle.

Abgesehen vom Luftkrieg wurde Ostfriesland ab dem Frühjahr 1944 in militärische Abwehrplanungen einbezogen, die mit der erwarteten, aber tatsächlich gar nicht erfolgten Invasion von alliierten Verbänden im Bereich der Nordsee zusammenhingen („Alarm Küste", vgl. die Briefe vom 19.9. und 30.9.1944). Mehrere Monate lang (bis Ende Dezember 1944) wurde versucht, eine Verteidigungslinie („Friesenwall") entlang der Nordseeküste aufzubauen. Wegen Materialmangels und Transportschwierigkeiten blieben die Bemühungen militärisch bedeutungslos. Bei den Schanzarbeiten wurden auch Jugendliche (vgl. den Brief vom 26.9.1944) sowie Gefangene aus dem westlich von Aurich gelegenen Konzentrationslager Engerhafe (Außenstelle des KZ Neuengamme) eingesetzt.

Im übrigen herrschten in Ostfriesland während des Krieges Verhältnisse wie überall im Deutschen Reich: die erwachsene männliche Bevölkerung war überwiegend eingezogen, der Mangel an Arbeitskräften wurde durch ausländische Zwangsarbeiterinnen und -arbeiter und Kriegsgefangene ausgeglichen.

Die Besetzung Ostfrieslands durch alliierte Truppen von Süden her erfolgte etwa ab dem 20. April 1945. Am 3. Mai wurde Großefehn (und damit auch Spetzerfehn, das Heimatdorf der Familie Schoon) besetzt, am 4. Mai folgte Aurich. Bei den Verhandlungen zur kampflosen Übergabe der Stadt spielte der in Briefen häufiger erwähnte Studienrat Friedrich van Senden eine entscheidende Rolle. Am 5. Mai trat der Waffenstillstand in Kraft.

Die Familie 1940

Hauptpersonen sind der Büroangestellte Johann Schoon, geb. 1894, seine Ehefrau Nanny, geb. 1897, ihr Sohn Albert, geb. 1925, und ihre Tochter Margareta („Heta"), geb. 1926. Jüngstes Kind ist die Tochter Berta (geb. 1928). Die Familie lebte in Spetzerfehn, Kreis Aurich/Ostfriesland, zusammen mit einer Tante („Tanti" genannt) und einem Onkel („Onkel"). Zusätzliche Lebensgrundlage war eine kleine Landwirtschaft. Das Haus der Schoons befand sich auf einer ehemaligen Kolonatsstelle an einem Seitenkanal des langgestreckten Dorfes.

Johann Schoon wurde am 27. Februar 1940 als „Reservist der Landwehr" zum Heer eingezogen. Er war seit 1935 NSDAP-Mitglied, allerdings kein fanatischer Nazi, sondern eher konservativ deutsch-national eingestellt. In seiner Freizeit betätigte er sich als freier Mitarbeiter bei Tageszeitungen. Außerdem veröffentlichte er seit Mitte der zwanziger Jahre Gedichte und Kurzgeschichten in ostfriesischen Heimatblättern. Er hatte schon am 1. Weltkrieg teilgenommen. – Johann Schoon stammte aus einer vielköpfigen Spetzerfehner Familie, die Vorfahren waren Schiffer und Kolonisten, zum Betrieb der Eltern gehörten Post, Bahnstation und eine Gastwirtschaft.

Seine Frau Nanny hatte im Gegensatz zu ihrem Bruder, der Arzt wurde, keinen Beruf erlernen dürfen. Dies sollte ihr ein Leben lang zu schaffen machen. Ihr Vater hatte im Nachbardorf Holtrop einen Malerbetrieb. Durch Kriegsanleihen und Inflation war die Familie weitgehend ruiniert worden. Nach ihrer Heirat (1923) zog Nanny Schoon nach Spetzerfehn, wo sie fortan als Hausfrau den Mittelpunkt der Familie bildete. „Nebenbei" hatte sie noch die kleine Landwirtschaft und später ihren betagten Onkel und ihre Tante zu versorgen. Nanny Schoon war überzeugte Nationalsozialistin, vor dem Krieg war sie einige Zeit Leiterin der NS-Frauenschaft von Spetzerfehn.

Der Sohn Albert ging auf das Gymnasium in Aurich, die Tochter Heta zunächst auf die dortige Mittelschule, bevor sie 1942 ebenfalls auf das Gymnasium überwechselte. Die behinderte Tochter Berta besuchte keine Schule. Albert und Margareta spielten – ebenso wie viele andere Gymnasiasten vom Land – führende Rollen in der dörflichen Hitlerjugend.

Gelegentlich werden „Briefe von Bertalein" erwähnt. Dabei handelt es sich um Kinderzeichnungen. Berta konnte zwar nicht schreiben, jedoch lesen. Sie war Adressatin von unzähligen Postkarten, die sie zumeist von ihrem Vater erhielt. Einige Karten sind in diesem Buch abgedruckt.

Anmerkungen

1   Vgl. etwa Ortwin Buchbender und Reinhold Sterz (Hrsg.), Das andere Gesicht des Krieges. Deutsche Feldpostbriefe 1939-1945, München 1982, sowie Klara Löffler, Aufgehoben: Soldatenbriefe aus dem Zweiten Weltkrieg, Regensburg 1992.

2   Z.B. Werner Borgsen/Klaus Volland, Stalag X B Sandbostel. Zur Geschichte eines Kriegsgefangenen- und KZ-Auffanglagers in Norddeutschland 1939-1945, Bremen 1991; Günther Heuzeroth/Peter Szynka (Hg), Unter der Gewaltherrschaft des Nationalsozialismus 1939-1945, Bd. IV/4: Die im Dreck lebten. Ausländische Zwangsarbeiterinnen und Zwangsarbeiter, Kriegsgefangene und die Lager in Ostfriesland ..., Oldenburg 1995

3   Die nachfolgenden Angaben und Zitate aus Buchbender/Sterz, S. 13-28.

4   Literatur: Engbert Grote, Aurich im Luftkrieg, in: Herbert Reyer (Hg.), Aurich im Nationalsozialismus, Aurich 1989, S. 447-470, Johann Haddinga, Die Stunde Null, Norden 1988, Rolf Uphoff, Als der Tag zur Nacht wurde – und die Nacht zum Tage. Wilhelmshaven im Bombenkrieg, Oldenburg 1992. Von Emden fehlt bislang eine geschlossene Darstellung. Die obigen Angaben sind einem Artikel von Karl-Heinz de Wall im Ostfriesland Magazin (September 1994, S. 26-31) sowie einem Text des Emder Arbeitskreises Bunkermuseum entnommen.

Wittenbach, 18. 4. 45.

Meine liebe Nanny! Ihr Lieben!

Da mir soll es doch nicht liegen, daß Ihr keine Post bekommt, ich werde meinem gewünschten Tun weiterschreiben. Hoffentlich bekommt Ihr die rückständigen Briefe noch. Von dir erhielt ich gestern nur eine Nachricht vom 9., liebe Nanny. Ich war ganz überrascht, daß die Verbindung noch klappte. Hoffentlich ist Vater inzwischen auch zu Hause eingetroffen. Sie schrieb mir noch vom 13. von B, daß sie und Herrn Hausen versuchen wollten, über Osterműnde zu fahren. Ich hatte ich das gehen in meinem letzten Brief geraten. Albert schrieb mir vom 10. Er ist heute, hier „in Dresd," daß der Lehrgang noch verlängert ist und sie noch nicht zum Einsatz kommen. Gemütskalt bin ich zu froh darüber, unnatürlich sage ich mir, wir stehen alle in Gottes Hand und mir auch eingeschaltet werden. Ich muß

1939

30. Januar	Hitler prophezeit vor dem Reichstag für den Fall eines Krieges „die Vernichtung der jüdischen Rasse in Europa"
1. September	Kriegsbeginn: Deutscher Angriff auf Polen; in Deutschland Ausgangsbeschränkung für Juden
17. September	Besetzung Ostpolens durch die Sowjetunion
21. September	Vertreibung von 500.000 Juden aus Danzig, Westpreußen, Posen und Oberschlesien in das spätere „Generalgouvernement"
27./28. Sept.	Kapitulation Warschaus
23. November	Einführung des „Judensterns" im „Generalgouvernement"
30. November	Sowjetischer Angriff auf Finnland

»Tag der Wehrmacht«

Luftschutzübung

Besetzung Prags

Warschau nach der Bombardierung durch die Deutschen

Boykottaufruf vor einem
jüdischen Geschäft
in Aurich, 1933

Ausgebombte in Warschau

Ausgebombter in einer polnischen Stadt

Polnische Flüchtlinge

Siegesparade der Wehrmacht in Warschau

1940

6. April	Aurich, bis 1933 eine Kleinstadt mit einem hohen jüdischen Bevölkerungsanteil (7 Prozent), ist laut den Ostfriesische Nachrichten „judenfrei"
9. April	Deutscher Angriff auf Dänemark (weitgehend kampflos besetzt) und Norwegen
10. Mai	Deutscher Angriff auf die Niederlande, Belgien und Luxemburg
15. Mai	Kapitulation der Niederlande
28. Mai	Kapitulation Belgiens
4. Juni	Abschluß der Räumung Dünkirchens durch die Alliierten
5. Juni	Angriff auf Frankreich
10. Juni	Kapitulation Norwegens; Kriegseintritt Italiens
22. Juni	Kapitulation Frankreichs (Waffenstillstand in Compiègne)
13. August	Beginn der Luftoffensive gegen Großbritannien
27. September	Dreimächtepakt zwischen Deutschland, Italien, Japan („Achsenmächte")
16. Oktober	Errichtung des Warschauer Ghettos
22. Oktober	Deportation der Juden aus Elsaß-Lothringen, dem Saarland und Baden nach Südfrankreich (von dort 1942 nach Auschwitz)
14./15. Nov.	Bombardierung Coventrys durch die deutsche Luftwaffe

Angriff auf Rotterdam

Belgische Zivilisten auf der Flucht

Holländische Kriegsgefangene

Zerstörtes Rotterdam

Evakuierung britischer Soldaten bei Dünkirchen

Besetzung einer französischen Stadt

Zerstörtes Coventry nach deutschen Luftangriffen

Heta melkt die »Rotbunte«

Ein Foto für den Vater und Ehemann in Belgien: Nanny Schoon mit Albert und Heta, 30. Juni 1940

"Denn wir fahren gegen Engelland"
Postkarte von Johann an Berta

Aurich, den 23. Mai 1940.

Vorsicht bei Luftangriffen!

Bei den letzten Luftangriffen der Engländer sind u. a. auch Bomben mit Zeitzünder geworfen worden.

Es handelt sich dabei also nicht um sogenannte Blindgänger, d. h. um Bomben, die infolge irgend eines Fehlers nicht explodieren, sondern um Bomben, die in voller Absicht so eingerichtet sind, daß sie erst nach mehreren Stunden, u. U. erst nach mehreren Tagen explodieren.

Beim Auffinden jeder nicht explodierten Bombe ist deshalb größte Vorsicht geboten und sofort die nächste Polizei-, Luftschutz- oder Wehrmachtsdienststelle zu benachrichtigen. Die für Blindgänger vorgeschriebenen Absperrmaßnahmen werden im Freien auf 500 Meter getroffen.

Die in unmittelbarer Nähe stehenden Häuser müssen sofort geräumt werden. Räume in Häusern, die in einer Entfernung bis zu 300 Meter mit freiem Schußfeld zur Einschlagstelle liegen, sind nur unter Vorsichtsmaßnahmen, insbesondere erst nach Sicherung der Fenster durch Verstellen mit Schränken usw. zu benutzen. Von großer Bedeutung ist das Erkennen der Einschlagstellen solcher Bomben mit Zeitzündung im Erdboden. Je nach der Bodenbeschaffung dringen die Bomben bis zu 3 Meter tief in den Boden ein, das Erdreich stürzt nach und die Einschlagstelle ist dann nur noch an einem kleinen Loch oder einer flachen Mulde von weniger als einem Meter Durchmesser erkennbar. Werden derartige Veränderungen der Erdoberfläche nach einem Luftangriff festgestellt, so sind die angegebenen Vorsichtsmaßnahmen zu treffen. In diesem Falle ist weitere Gefahr nicht zu befürchten, selbst wenn eine Bombe vor Eintreffen des Sprengtrupps explodieren sollte.

Kundgebung der NSDAP in Spetzerfehn

Meine liebe Nanny, Ihr Lieben alle!

[...] Am Sonntagabend bin ich glücklich wieder angelangt. J. Trauernicht und J. Beekmann erwarteten mich schon. Wie es Sonntag wird, ob ich komme und wie lange, das weiß ich nicht. Jedenfalls wird die Nacht dann etwas länger, als die von Sonntag auf Montag, wo die Uhren eine Stunde vorgestellt werden mußten. Wie ging es Euch damit? Habt Ihr Euch verschlafen? [...] Die Krankenkasse in Esens habe ich [...] darüber aufgeklärt, daß ich noch immer Kassenmitglied bin und gebeten, sie möchten Dr. Poppinga einen Krankenschein zuschicken und auch der Zweigstelle in Wiesmoor mitteilen, daß sie in Zukunft einen Krankenschein abgibt. Das wäre ja noch schöner, wenn die Brüder sich von ihren Verpflichtungen drücken wollten. – Vergessen habe ich Sonntag doch noch etwas, nämlich meine Zahnbürste und meine Handschuhe. Ich habe mir schon eine neue Bürste gekauft, die alte kannst Du benützen, liebe Nanny. Du mußt sie aber eben mit Seife reinigen, sonst bekommst Du schließlich auch belämmerte Zähne. [...] Ich muß Schluß machen. Die Kameraden liegen schon im Veerkant [Bett] und morgen früh müssen wir rechtzeitig aus den Federn oder vielmehr Decken heraus.

Dir, meine liebe Nanny und Euch Lieben alle

einen recht herzlichen Gruß Johann.

Mein lieber Johann!

Dein Brief vom Dienstag kam heute morgen an. Wir warteten schon mit Sehnsucht darauf, da wir ja nicht wußten, ob Ihr nach den letzten Ereignissen noch an Eurem Standort geblieben wäret. Es war mir Sonntag auch so, als ob Du eine Ahnung hättest, daß Du sobald nicht wieder nach Hause kommen würdest. Aber vielleicht wird es doch noch wieder. Dann bringe ich Dich natürlich ganz nach Leer, das habe ich mir Sonntag auf der Rückfahrt schon vorgenommen. Einmal kann ich ja auch wohl großzügig mit der Bahn fahren. Du mußt nun aber nicht denken, daß mir die Tour zuviel geworden ist. Darüber kannst Du ganz beruhigt sein, Du Lieber. Hoffentlich geht es Dir wieder gut nach der Impferei.

Da haben wir also wieder ereignisreiche Tage hinter uns. Wie überraschend schnell ist doch alles gekommen. Wie mögen die Herren drüben [in England] vor Wut platzen, ich hätte auch wohl ihre Gesichter sehen mögen. Hoffentlich macht Norwegen nicht allzuviel Schwierigkeiten. Man kann ja noch gar nicht begreifen, wie unsere Truppen das alles so schnell erreichen konnten.

Uns allen geht es gut, Albert's Schnupfen geht auch so langsam wieder zurück. Gestern war er zu Hause und heute morgen ist er des kalten Wetters wegen mit dem Zuge gefahren. Heta ist auf eigene Faust losgetrottet, „Jan Klein" [Kleinbahn] war nichts für sie. Augenblicklich ist sie nach Großefehn. [...] Berta ist bei der Kälte ständig draußen. Vorhin war große Aufregung: das Karnikkel war verschwunden, es hat sich aber doch wieder eingefunden zu aller Freude.

Vielleicht kannst Du ja doch noch zum Sonnabend fahren, wegen des Fahrgeldes sollst Du nicht dableiben. [...]

Ich bin augenblicklich drock [eifrig] am „Schummeln" [reinemachen]. Es macht nicht viel Freude bei diesem kalten Wetter, aber die Arbeit muß ja weitergehen. – Für Heta habe ich gestern das

Formular für Geschwisterermäßigung ausgefüllt. Jürgen Bohlen ist in Emden geblieben [...]. Er wird sich schon an das Soldatenleben gewöhnen. – Thomas und Hanne haben am Montag ein kleines Schwesterchen bekommen. [...]
Sei von allen herzlich gegrüßt und ganz besonders herzlich grüßt Dich
Deine Nanny

[Niederlande]   *15/5 40*

Meine liebe Nanny, Ihr lieben!
Jetzt sind wir also im Lande Gosen und bei unseren Kameraden. Alles wohl. [...] Einen Brief können wir schicken, Pakete leider nicht. Vielleicht findet sich hierfür bald eine Gelegenheit. Ein Pfund Tee habe ich schon fertig. [...] Wo wir jetzt sind, war vorgestern und gestern noch Kampfgebiet. Einige Dörfer haben schwer gelitten, dazu sind die Brücken gesprengt, Straßensperren aufgebaut u.s.w. Es hat alles nichts genützt. Wie es jetzt heißt, soll Holland aber Schluß gemacht haben. Es wäre auch ein Glück. Die Einwohner waren erst geflüchtet, jetzt kehren sie aber zurück. Die meisten sind froh, daß wir hier sind und nicht die Engländer. Wir können uns sehr gut mit ihnen verständigen. In den Städten ist noch alles zu haben. 1 Gulden rechnet für 1,50 RM. Tee kostet 1/2 Pfd. 1,50, Tabak 50 g – 18 Pf., Seife Stück 25 Pf., ein Weißbrot 20 Pf., das bei uns mindestens 50 Pf. kostet. Wie es heißt, gibt es hier aber seit heute Brotmarken. Gestern haben wir so recht eine KdF.-Fahrt durch das blühende Land gemacht. Ihr glaubt gar nicht, wie schön es hier ist – ein Obst- und Blumengarten neben dem andern und dann all die schönen Landhäuser. Und dazu die Sauberkeit. [...]
Dazu das schönste Sommerwetter. Es ist doch ein himmelweiter Unterschied gegen früher. Da mußten wir tippeln mit dem Affen [Tornister] auf dem Rücken, bis uns schwarz vor den Augen wurde, und jetzt fahren wir per Auto oder mit dem Fahrrad. Fahrräder gibt es hier mehr als bei uns. Alle sind mit stabilen Gepäckträgern und Kleiderschonern versehen. Oft fahren 2 Personen auf einem Rad. Das wäre bei uns natürlich ein unmögliches Schauspiel. – Jetzt muß ich schließen, die Post geht gleich ab. Hoffentlich hat Onkel seinen Tabak erhalten. [...] Auch Tee besorge ich, wo es mir möglich ist. Es wird sich schon eine Gelegenheit zum Schicken finden.
Dir, meine liebe Nanny und Euch allen
recht herzliche Grüße – Johann.

[Spetzerfehn]   *Sonntag, 19.5.40*

Mein lieber Johann,
Deine Nachricht heute morgen war für uns die schönste Freude am Muttertag. Wenn wir auch nicht genau wissen, an welcher Stelle Ihr seid und was dort Eure Aufgabe ist, so genügt es uns doch, zu wissen, daß es Euch gut geht. Ihr werdet wohl froh sein, endlich auch mit dabei sein zu können, und nicht noch länger vergeblich auf den Befehl warten zu müssen.

Als Du Deinen Brief schriebst, hatte Holland schon einen Abend vorher die Waffen gestreckt. Wie froh und dankbar können wir doch sein, daß wir nicht auf diese Weise den Krieg kennenzulernen brauchen. Wie schrecklich ist es doch für die Menschen, die bei der Rückkehr ihr Heim und Hab und Gut unter Trümmern begraben finden. Na, Wilhelmintje und ihre Regierung haben ja vorläufig ihr Schäfchen aufs Trockene gerettet. Da haben die doch wenigstens ihr „kostbares" Leben gerettet. Der Rundfunk meldete soeben, daß dort zwischen Besatzungstruppen und Bevölkerung ein gutes Einvernehmen herrscht. Es mutet einem doch sonderbar an, heute in den Heeresberichten dieselben Namen zu hören wie vor 25 Jahren. Vielleicht werdet Ihr auch noch die Stätten Eurer damaligen Kämpfe wiedersehen. Es ist ja kaum zu glauben, wie schnell alles gegangen ist.

Nun noch einiges von hier. Uns geht es allen sehr gut. Heute waren wir den ganzen Tag allein. Zur Feier des Tages hatte ich einen Kuchen gebacken. Nachmittags habe ich die Kinder geknipst. [...] Schade, daß das Wetter so trocken ist, wenigstens für die Landwirtschaft. Jeden Tag haben wir Nachtfröste. Hoffentlich bekommt die Blüte nicht allzuviel ab. Die Obstbäume blühen nämlich genau wieder so schön wie voriges Jahr. Das Gemüse steht gut, nur die Weiden könnten wohl besser sein. Unsere Kuh gibt die letzte Zeit 29-30 Ltr. Milch. Wir können jeden Tag 25-26 Ltr. liefern. Auf die Küken warten wir noch jeden Tag. Alle paar Tage füttere ich die Bienen, die haben ja jetzt eine herrliche Zeit. – Jürgen kommt nicht mehr in Urlaub. – Der Bürgermeister hat für Bertalein sogar einen Bezugsschein I herausgerückt. Ich habe ihr ein Paar hohe, feste Stiefel gekauft. Wie froh sie darüber ist, kannst Du Dir wohl denken. Sie ist die ganzen Tage mit ihren Gedanken bei Papa. Sie meint, er müsse die Gefangenen alle „zusammenbinden", wegen des „Ausreißens". Sie sitzt jeden Tag stundenlang über dem Atlas, man muß staunen über ihre Kenntnisse. Tanti, Onkel, Heta und Bertalein freuen sich schon sehr über den versprochenen Tee. Albert hätte lieber etwas anderes. Er meint, es wäre besser, wenn Papa ihm ein neues Fahrrad schicken würde.

Für heute Schluß. Wir grüßen Dich alle und besonders herzlich Deine Nanny.

Zu dem Tabak hat Onkel sich sehr gefreut.

[Niederlande]   *Sonntag, 19/5 40*

Meine liebe Nanny, Ihr Lieben alle!

[...] Hoffentlich seid Ihr noch alle wohlauf. Wir fahren bei schönstem Wetter Tag für Tag durch das schöne Holland, räumen auf, bergen Munition usw. Hier in der Nähe war die Hauptstellung der Holländer, Tankfallen, Drahtverhaue, Bunker und Überschwemmungsgebiete. Dazu die verfluchten Minen. An einer Stelle lagen an einer Straßenkreuzung 11 Tiere, die in ein Minenfeld geraten sind. Die meisten Gefallenen sind auf einem Ehrenfriedhof beigesetzt, es liegen aber noch Tote hinter Hecken und im Korn, an die man nicht herankommen kann. Zwei Kameraden wollten gestern einen Toten bergen und verunglückten beide. Jetzt sind aber holländische Soldaten mit dem Ausgraben der Minen beschäftigt. Auf den Straßen ist es aber ganz ungefährlich. In einigen Gegenden sieht es bös aus, zahlreiche Häuser vor den Stellungen sind aber von den Holländern gesprengt worden, damit sie freies Schußfeld hatten. [...]

Die Flüchtlinge kehren zurück, wer sein Haus noch heil vorfindet, kann froh sein. Wir können froh sein, daß der Krieg sich nicht in Deutschland abspielt. Dabei ist der Orlog [Krieg] hier wie ein Gewittersturm über das Land gegangen und hat nicht wochen- und monatelang gewütet.

Wüst sah es in der holländischen Stellung aus, ich habe schon allerhand verlassene Stellungen gesehen, aber so etwas doch noch nicht. An einer anderen Stelle sind unsere Truppen durchgebrochen und hier mußten die Holländer türmen. Viele werden sich auch wohl Zivilkleidung angezogen haben und ihre Ausrüstung ließen sie im Stich. Hunderte von Kisten Zwieback, Konserven, Fleisch, Tabak, Zigarren und Zigaretten, Zucker, Schokolade usw. lagen in den Bunkern, dazu Wäsche in allen Schattierungen. Ich habe mir von Kopf bis Fuß reine Wäsche angezogen. Wir können ja leider nicht viel mitschleppen, aber 2 Pfd. Tee habe ich doch. Hoffentlich kann ich es Euch bald schicken. [...]

Schokolade mag ich gar nicht mehr sehen. Die Bonbonbüchsen stehen auf dem Tisch, jeder kann nach Belieben hineingreifen. Es ist wie im Schlaraffenland. Hättet Ihr nur einen Teil davon. Wahrscheinlich geht es in den nächsten Tagen weiter. – Mit der Bevölkerung stehen wir uns gut. Meine altmodischen plattdeutschen Ausdrücke kann ich hier alle verwenden, sie sind hier noch im Kurs. Mancher hat mir schon gesagt: „Jau spreckt baldadig goud hollandsch." Gestern abend haben Jakob und ich eine große Motorradtour gemacht. Wenn uns das einer im Winter gesagt hätte, daß wir noch einmal zusammen in Holland Motorrad fahren würden. Das Schönste wäre ja, wenn wir einmal damit nach Hause fahren könnten. Aber wir sind zu weit weg und fahren immer weiter. Vielleicht auch einmal nach England. [...]

Wenn der Vormarsch so schnell weitergeht, ist der Krieg hoffentlich bald zu Ende. Es ist doch großartig, wie alles klappt und wie schnell es geht. Hoffentlich kommt kein Stillstand. Wir wollen das Beste hoffen.

Dir, meine liebe Nanny und Euch Lieben alle recht herzliche Grüße Johann.

<table>
<tr><td>**Albert**
an Johann
22. Mai 1940</td><td>*Spetzerfehn,*</td><td>*den 22.V.1940*</td></tr>
</table>

Lieber Papa!
Endlich komme ich mal dazu, Dir einen Brief zu schreiben. Von hier gibt's viel Neues zu berichten. Ich habe mir vor einigen Tagen aus Aurich zwei kleine Kaninchen zum Preise von 1,00 RM mitgebracht. Heute nachmittag waren beide Kaninchen ausgerissen. Nach längerem Suchen haben wir ein Kaninchen ganz und lebendig wiedergefunden, das andere halb und tot. Dahms Katze hatte ihm den Rest gegeben. –
Heute abend sind 30 weiße Eintagsküken aus Weener eingetroffen. Das Stück kostete 0,50 RM. Eine künstliche Glucke usw. hatte ich schon vorher gezimmert. –
Am Sonntag ist Reichsjugendwettkampf für die Hitlerjugend. Hoffentlich bekomme ich eine Siegernadel. Mit dem Jungvolk will ich jetzt überhaupt Schluß machen. Ich habe schon 2 Monate am Hitlerjugend-Dienst teilgenommen. Wenn Du einmal Gelegenheit hast, Tee zu schicken, dann schicke bitte Schokolade mit. Das Wasser läuft mir schon im Mund zusammen, wenn ich daran denke.
Viele Grüße Albert.

Spetzerfehn,   *den 22. Mai 1940*

Lieber Papa!

Es wird jetzt ja wohl Zeit, daß ich Dir einmal schreibe. Jetzt ist es schon spät und ich muß gleich ins Bett. Heute nachmittag hatten wir bei Hoffmanns Schule Dienst. Ich kam um 8 Uhr erst nach Hause und habe deshalb auch keine Zeit mehr, Dir einen längeren Brief zu schreiben. [...] Sonnabend haben wir Reichsjugendwettkämpfe. Ich freue mich schon sehr. – Heute nacht schläft Anni bei mir. Ihr Vater ist heute auch gekommen. – Wenn ich jetzt nicht so erkältet wäre, würde ich mich schon [im Kanal] gebadet haben. Das Wasser ist abends immer sehr schön warm. – Nun sei herzlich gegrüßt von Deiner Heta.

[Niederlande]   *Mittwoch, 22/5 40*

Meine liebe Nanny, Ihr Lieben alle!

[...] Wir sind wie die Wandervögel. Heute morgen haben wir uns auf die Räder gesetzt und sind losgefahren. Nach 30 km hatte ich Panne, mit dem Hinterrad war ich über einen spitzen Stein gefahren, und schon hatte er keine Luft mehr. Ich habe mich ins Gras gelegt und auf die Bagage gewartet, dann rief mich ein Bauer ins Haus, es gab Tee und Kuchen. Die Bagage kam nicht. Sie war auf einer Fähre über den Waal [Seitenarm des Rheins] gesetzt und hatte dann die Pferde gefüttert. Da bin ich zu einem Fahrradgeschäft getippelt und habe mein „Vize", wie sie hier sagen, flicken lassen. Es kostete 20 ct – 30 Pf. Ganz allein bin ich dann durch das schöne Geldern gegondelt, bis ich die Kompanie fand.

Es läßt sich hier schon aushalten. Mit den Einwohnern kommen wir gut aus. Sie sind froh, daß sie nicht allzuviel vom Krieg verspürt haben. Es ist ein schönes Land, aber Arbeitslose sind auch genug da, besonders in den Städten. Es ist ähnlich wie bei uns vor 33. Mit der Zigarette im Mundwinkel hocken die jungen Burschen herum. Das wird bald anders werden, wenn erst die Aufbauarbeiten richtig beginnen. Am geschäftigsten haben es die Glaser. Die Fenster waren mit Papierstreifen beklebt, aber sie waren doch in weitem Umkreis zersprungen, wo Granaten oder Bomben eingeschlagen hatten. Die Ziegel waren durch den Luftdruck hochgeschleudert. In anderen Gegenden sind ganze Dörfer und Städte, die nichts vom Kriege gespürt haben. Es ist aber doch vieles unnötig ruiniert. Das Wasser aus den Überschwemmungsgebieten ist abgelaufen, aber das Land hat schwer gelitten. Es soll mich mal wundern, wie es in Belgien und Nordfrankreich aussieht. Jetzt sind unsere Truppen stellenweise schon über das Kampfgebiet des [1.] Weltkrieges hinaus. Dem Franzmann wird es allmählich wohl etwas benaut [mulmig] werden. Es ist doch anders als früher, wo wir mit Menschen und Material immer in der Minderheit waren und immer wieder in den Dreck mußten, bis die Divisionen aufgerieben waren. Damals mußte die Infanterie immer bluten, jetzt haben Panzer und Flieger das erste Wort. Dazu wird der Vormarsch vom Wetter begünstigt, während er 1918 im Schlamm steckenblieb. Wir haben hier wochenlang Tag für Tag schönstes Sommerwetter. Wie ist es bei Euch? Der Hafer keimt wohl gar nicht? Wie ist es mit den Kartoffeln? [...]

Dir meine liebe Nanny und Euch Lieben alle
recht herzliche Grüße
Johann.

[Niederlande]   *Sonntag abend, 26/5 40*

Meine liebe Nanny, Ihr Lieben alle!

[...] Heute nacht und heute vormittag hatten wir Wache an einer goßen Brücke, heute nachmittag und nachts haben wir Ruhe. Erst habe ich mich einige Stunden aufs Ohr gelegt und dann haben wir einen kleinen Bummel durch die Stadt gemacht. Es wimmelt von holländischen Soldaten. Auf einen von uns kommen 100 holländische. Aber sie sind ohne Waffen und außerdem sind sie froh, daß sie in den nächsten Tagen entlassen werden. Zwischen uns herrscht das beste Verhältnis und auch mit der Bevölkerung kommen wir gut aus. Hier ist von den Folgen des Krieges nichts zu spüren. Da war es an der Grebbelinie [Kampfgebiet am Niederrhein] schlimmer. Besonders die Stadt Rhenen [westlich von Arnheim] hatte schwer gelitten. So ist es eben im Krieg, den einen trifft es und der andere bleibt verschont. Die unschönen Bilder – Drahtverhaue, Bunker, Trümmerhaufen usw. – werden aber wohl bald verschwinden. Es ist auch schade um die schöne Landschaft.

Hoffentlich können wir nach dem Kriege noch einmal eine Tour durch diese Gegend machen, liebe Nanny. Es ist eine wahre Pracht. Wo nur ein Obstbaum stehen kann, dort steht er. Wälle und Hecken, Alleen, Sträucher und vor allem Blumen in verschwenderischer Fülle. Es wächst alles reichlich und rasch. Hier sind schon die ersten Erdbeeren reif, bei Euch werden sie jetzt wohl erst blühen. Eine Badeanstalt gibt es auch, sie wird in den nächsten Tagen wieder geöffnet. Dann werde ich mich auch einmal baden. Die Waschgelegenheit ist sonst sehr gut. Unsere Wäsche lassen wir hier waschen, es ist sehr billig, ein Hemd 4 Cent = 6 Pf., eine Unterhose 5 Cent = 7 Pf. Ihr würdet ja staunen, wenn Ihr uns sehen könntet. Wir haben uns ganz neu eingekleidet. Ich trage ein kurzes Achselhemd, dazu ein langes Kattunhemd und als Unterhose einen Schlüpfer. Wenn ich nächstens Gelegenheit habe, werde ich Euch einige zuschicken. Hoffentlich wird die Beförderung besser. – Vielleicht können wir den ganzen Krempel in nächster Zeit selbst nach Hause bringen. Bei diesem schnellen Vormarsch sieht es ja ganz danach aus. Calais ist auch ja schon gefallen. Jetzt werden sie den Tommy bald auf eigenem Boden beharken. Das haben die Brüder sich bestimmt nicht träumen lassen. [...]

Liebe Nanny, nun habe ich eine Bitte. Schicke mir doch einige Bilder von Dir und Euch, ich habe keine mehr hier. [...] Hoffentlich bekomme ich bald wieder einen Brief.

Dir, meine liebe Nanny und Euch Lieben alle

recht herzliche Grüße   Johann.

[Spetzerfehn]   *Sonntag-abend, 2.6.40*

Mein lieber Johann!

Herzlichen Dank für den Tee und die schönen Strümpfe. Ich glaube, Du willst mich wohl verwöhnen. Ein Paar habe ich Heta versprochen. Welche Aufregung die Teepakete mit sich brachten, kannst Du Dir wohl kaum vorstellen. Sie waren schon Freitag abend angekommen, davon wußten wir aber nichts. [...]

Wir hatten Tante Anna vorher schon Bescheid gesagt, daß auf ihren Namen ein Päckchen für uns ankommen würde. Sie hätte sie uns auch noch gleich abends bringen wollen, hat aber

Gesche bei der Abrechnung geholfen. Onkel Albert, der wohl auch schon dahinter gekommen war, hat sich schon in der Post zu schaffen gemacht, um auch ein „Trecksel" [kleine Menge Tee] zu erhalten. Am nächsten Morgen brachte Loet uns dann die Pakete. Er hat auch gleich sein Teil mitbekommen. [...]
Ich habe Anna auch gleich ihr Päckchen hingebracht. Auch Antje ist nicht vergessen. Also wird heute in der ganzen Familie der Teepott wohl in Betrieb sein. [...] In den letzten Tagen sind wieder viele Gestellungsbefehle gekommen. [...] Der Nachbarsohn von Jakob Beekmann, Martens heißt er wohl, ist gefallen, das ist wohl der erste von hier. – Almine Müller ist seit vorigen Sonnabend im Krankenhaus. Sie hat ganz plötzlich furchtbare Schmerzen in der Brust gehabt. Jetzt liegt sie noch mit Fieber, vielleicht muß sie noch operiert werden. Auch Frau Loets ist seit einigen Wochen im Krankenhaus. Sie wurde vorigen Montag operiert. Es soll ihr verhältnismäßig gut gehen. Folma hat gestern wieder den ganzen Tag gelegen. [...]
Helmut [Name geändert] scheint sich in letzter Zeit wieder allerhand zu leisten. Richtig nüchtern ist er wohl selten. Vorgestern hat er sich bei der Bahn wieder unliebsam bemerkbar gemacht. Zuerst war er in der Küche und hat die Stühle demoliert, Tini hat ihn daraufhin hinausgewiesen. Wie er dann durch den Flur in die Gaststube wollte, hat noch erst eine Korbflasche mit 25 ltr. Alkohol, die Gesche mit vieler Mühe erhalten hatte, und die hinter der Treppe stand, entzwei gefallen. Er scheint jetzt auch bösartig zu werden in seiner „Dunität" [Trunkenheit]. Das wird ihm ja ein teurer „Fall" werden. – Focke Andreßen hat sich auf Anfrage freiwillig zur Feldpost gemeldet. – Ich habe mir in den letzten Tagen ein Paar schwarze Schuhe geholt, die sind noch sehr gut. Gestern kam aus Gelsenkirchen [Freunde der Familie Schoon] ein Paket mit zwei Paar guterhaltenen Schnürstiefeln für mich und Heta. Bernhard haben wir gestern ein Paket geschickt. Du Lieber, brauchst Du wirklich nichts? Du gibst wohl Dein ganzes Geld für uns aus. Alle lassen Dir noch herzlich danken für den Tee. Hast Du auch an Bertalein's Geburtstag gedacht? [...] Sorge Dich um nichts, es geht alles gut.
Dir, Du Lieber, recht herzl. Grüße im Namen aller
Deine Nanny

[Flandern]   *4/6 40*

Ihr Lieben alle! Meine liebe Nanny!
[...] Es soll mich mal wundern, ob die Teepakete angekommen sind. [...] In nächster Zeit werde ich auch Zwirn schicken, ich glaube, den könnt Ihr auch gebrauchen. Albert hätte am liebsten ein Fahrrad. Aber es läßt sich nicht verschicken. Vielleicht können wir unser „Vize" mitnehmen, wenn der Krieg zu Ende ist. So stabil wie bei uns sind sie aber nicht. Auf Hollands Asphaltstraßen sausten sie nur so dahin, aber hier in Flandern bocken sie. Die alten Städte stammen aus dem Mittelalter, aber ich glaube, die Straßen auch. Eine Sehenswürdigkeit sind die alten Kathedralen. An einigen Stellen hat der Krieg schwer gewütet. Aber Flandern hat ja schon oft Krieg gesehen. Seit 1500 Jahren hat die Erde sich in jedem Jahrhundert drei- bis viermal am Blut sattgetrunken. Die Erde aber bleibt auch ihr Leben. Auch die Flüchtlinge finden nach und nach zu ihrer Heimat zurück. Ununterbrochen geht der Flüchtlingsstrom über die großen Heerstraßen, mit Autos, Wagen, Fahrrad und zu Fuß. An allen Plätzen und Straßen hocken sie, Tausende und Abertausende, hungrig und müde. Hunderte von Kilometern haben sie von Nordfrankreich aus

schon vielfach zurückgelegt, Tagesreisen haben sie noch vor sich. Es ist ein Jammer. Unsere Militärverwaltung und auch die Zivilbehörden helfen, wo sie können, aber es sind zu viele. Ihr Verhältnis zu ihren Bundesgenossen, den Franzosen, war alles andere als gut. Einige klagten, daß sie nicht einmal Milch für ihre Kinder hätten erhalten können, Wasser hätten sie noch vor ihren Augen ausgegossen. – Einige Tage war ich einer Ortskommandantur zugeteilt, da habe ich allerlei Bilder gesehen. Dazu noch das Geschimpfe der Truppen, die Wagen, Betriebsstoff, Quartier u.s.w. haben wollten. Lieber vorn als in der Etappe, erklärten vielfach Fronttruppen. Da habe ich ihnen gesagt: „Im letzten Krieg waren wir vorn und haben auf die Etappenhengste geschimpft. Jetzt sind wir hinten und im nächsten Krieg seid Ihr es." Aber hoffentlich gibt es keinen Krieg mehr, wenn dieser vorbei ist! Wir wollen hoffen, daß es dann eine Neuordnung gibt, die jeden Krieg unmöglich macht. Gestern abend haben wir die Wochenschau gesehen: Einmarsch in Holland und Belgien, Absprung der Fallschirmspringer und Luftlandetruppen über Rotterdam, Bombardement der Stadt durch unsere Flieger. Es war schrecklich anzusehen, wie die Stadt brannte. Es ist aber doch gut, daß die Menschen so leicht überstandenes Elend vergessen. In den Straßen geht der Verkehr weiter, und die Menschen gehen mit, geschmückt, vielfach angemalt, auf Stöckelschuhen, geputzt und unbekümmert. Dazu die strahlende Junisonne über alten Mauern und Straßen. Mit den Flamen kommen wir gut aus. Nur eine alte Matrone hieb gestern abend mit ihrem Stock hinter uns auf das Pflaster, als Jakob Beekmann und ich einen kleinen Bummel durch die Stadt machten. Ich glaube, sie war aber nicht ganz in Ordnung. Wir haben nur gelacht. Die Einsichtsvollen erklären: „Deutsche und Flamen sind ein Volk. Wir müssen in Zukunft zusammenhalten." Die Uneinigkeit der Germanen scheint endlich vorbei zu sein! Wir wollen es hoffen, und auch, daß der Krieg bald zu Ende ist. Wie ist es mit Georg, Loet, Ernst und Jürgen? Hat Diedrich Leerhoff geschrieben? Hoffentlich bekomme ich bald einen Brief.
Dir, meine liebe Nanny und Euch Lieben alle
recht herzliche Grüße Euer Johann.

[Spetzerfehn] *Donnerstag-abend, 6.6.40*

Du mein lieber Johann!
Dir die herzlichsten Grüße von uns allen. Heute morgen erhielten wir drei Päckchen und das kleine für Bertalein, herzlichen Dank für alles. Hoffentlich hast Du inzwischen auch von uns mehr Post erhalten. Du kommst ja sonst auf den Gedanken, daß ich Dir so selten schreibe, und dabei geht doch alle zwei Tage und manchmal auch jeden Tag ein Brief für Dich ab. Wir hoffen doch, daß es Dir bis jetzt noch gut geht. Wir sind zu jeder Stunde mit unseren Gedanken bei Euch. […]
Hoffentlich hast Du auch den Brief mit Bildern erhalten, diese sind aber schon zwei Jahre alt. Heute bin ich in der glücklichen Lage, Dir neue Bilder zu schicken. Der Apparat funktioniert wieder tadellos. Vielleicht knipsen wir auch noch mal an Berta's Geburtstag. Es dauert aber geraume Zeit, bis die fertig sind. – Die Kinder sind schon zu Bett, die ganze Familie versammelt sich jeden Abend um den Teetisch. Wie wird erst die Freude groß sein, wenn Du mitten dabei bist! Gestern und heute flatterten zum ersten Male die Siegesfahnen seit dem Polenfeldzug. Jeden

Mittag läuten die Glocken eine Viertelstunde. Wie dankbar und stolz können wir doch sein! Wie so ganz anders wird doch Eure Heimkehr sein als 1918. Und damals habt Ihr doch viel mehr gelitten und viel mehr Opfer gebracht! Welche Gedanken mögen Euch wohl bewegen, bei dem Durchmarsch durch die bekannten Kampfgebiete! [...]
Tante Anna und Gerta wollen zu Berta's Geburtstag mit Klein-Anna kommen. Ich habe Berta noch eine Jacke gekauft, sie ist wohl reichlich klein, aber es gibt wenig Auswahl. – Heute abend haben Onkel und Albert um die Wette Kunstdünger gesät. Ich glaube, nun ist wohl alles ziemlich versorgt. Hoffentlich gibt es wieder bald einen Gewitterschauer. So allmählich spüren wir wieder die Trockenheit. Sobald Regen kommt, müssen wir die Runkeln pflanzen. Und in einigen Tagen beginnt die Heuernte! Ob Ihr wohl recht behaltet mit Euren Prophezeiungen? Wir wünschen es ja alle so sehr! [...] Hoffentlich erhältst Du diesen Brief bald! Gott schütze Euch in der Gefahr. Wir warten jeden Tag sehnsüchtig auf eine Nachricht! Dir Du Lieber noch recht herzliche Grüße von Deiner Nanny

[Spetzerfehn]   Sonntagabend, 9.6. [1940]

Du mein Lieber Johann!
[...] Morgen früh hat unser Liebling [Berta] Geburtstag. Wie sie sich wohl zu der Schokolade freuen wird. Sie hat noch nichts davon gesehen, das wollte sie nämlich nicht. [...] Die ganze Familie Bohlen will auch kommen. Heute nachmittag haben wir Gerta's Geburtstag gefeiert. Hast Du auch an Tante Anna's Geburtstag gedacht? Georg und Loet haben in den letzten Tagen beide geschrieben. Ich war heute zur Kirche. Heute nachmittag war die Trauerfeier für einen Gefallenen aus Moorlage. [...]
Der einzige Bruder von Hanna v. Höveling [...] ist auch gefallen. Der ältere Bruder Gerd fiel ja wohl im [1.] Weltkriege. – Heute meldete der O.K.W. Bericht wieder viele schöne Erfolge. Auf diese Weise wird Herr Weigand [Weygand; Oberbefehlshaber der französischen Truppen] auch wohl bald wieder abgeschoben werden. Die ganze Regierung steht dort wohl schon auf wackligen Füßen. Das haben die Franzosen in ihrem Größenwahn sich doch sicher nicht träumen lassen. Die arme Bevölkerung! Wenn nur die Richtigen gefaßt würden! Die Engländer sind ja noch emsig dabei, ihre geliebten Mannen in Sicherheit zu bringen. Vielleicht wird es auch hohe Zeit! Bertalein meinte neulich so treuherzig, als wir hörten, wie die Engländer in Dünkirchen ins Wasser getrieben wurden: „Mien Papa kann ook swemmen!" Sie dachte wohl, Ihr würdet sofort die Verfolgung aufnehmen.
Nun noch einiges von uns: Es geht uns allen sehr gut! In den nächsten Tagen wollen wir Runkeln pflanzen. Hoffentlich gibt es bald etwas Regen. So trocken wie vor vierzehn Tagen ist es aber noch nicht wieder. Die Kuh und das Enter [Rind] haben genug Weide. Es hat alles sein Teil Kunstdünger erhalten, es gab allerdings kein Patentkali, sondern Kalkammon. Auch die Weide haben wir noch wieder gedüngt. Unsere beiden „Mannlü" haben alles alleine geschafft. Das Gras werden wir wohl mit der Maschine mähen lassen müssen. Vom Roggen kann Albert vielleicht schon etwas mähen. Er übt jeden Tag, er ist so stolz auf seine Fertigkeit. Mit der Heuernte wollen wir vielleicht bis zu den Ferien warten. Der Roggen ist nach Deinem Fortgang mächtig gewachsen. Nach allen Seiten ist die Aussicht jetzt beschränkt. Das Korn steht in voller Blüte. Wie wird es wohl zur Erntezeit sein? Wann werden wir wieder Hand in Hand spazieren können? Oder eine

Meedenwanderung [Meede = Gras-, Grünland] machen? Wie herrlich wird dann alles sein! Bis dahin muß aber noch viel Schweres erkämpft werden. Wir wollen aber nicht so weit in die Zukunft schauen, sondern dankbar sein für das, was schon errungen ist! - In unserm Garten ist es jetzt wunderbar. Es steht alles so prächtig. Könntest Du doch für einen Tag oder eine Stunde hier sein! [...] Für heute nun Schluß.

Herzl. Grüße von uns Nanny

**Johann
an Nanny
14. Juni 1940**

[Belgien, vermutlich Ostende]   *14/6 40*

Meine Nanny, Ihr Lieben alle!

Ihr würdet Augen machen, wenn Ihr mich sehen könntet. Ich bin Hotelgast geworden, d.h. nicht nur ich, sondern unser Zug. Mit drei Mann haben wir ein Hotelzimmer (Nr. 10 - wie unsere Hausnummer) belegt. Betten haben wir zwar nicht, aber prima Matratzen auf dem Fußboden. [...] Eine Klingel ist auch da - einmal Klingeln gilt dem Hausdiener, zweimal dem Zimmermädchen, dreimal dem Geschäftsführer und viermal dem Direktor. Wir können aber ruhig 10 mal und mehr klingeln, es kommt doch keiner. Dafür haben wir Selbstbedienung. Wir speisen sogar an der table d'hôte im Speisesaal, auftragen, abwaschen und ausfegen müssen wir aber selber. Dafür stehen uns die ganzen Einrichtungen des Hauses zur Verfügung. Heute nachmittag habe ich gewaschen. Eine große Waschmaschine ist im Keller, Waschkessel und Wringmaschine sind auch da. Seifenpulver habe ich ein ganzes Paket genommen, es ist genug da. Aber richtig sauber war die Wäsche in der Waschmaschine nicht geworden, die Kanten habe ich mit der Bürste nachschrubben müssen. -

Heute bin ich allein auf meinem Zimmer, meine beiden Kameraden sind auf Wache. Gestern hatte ich das Vergnügen. Wir hatten Proviant zu bewachen - Zucker, Wachsbohnen, Zwieback, Milch usw. Es war kondensierter Rahm, stark gesüßt, ein Löffel voll genügt für eine Tasse Kaffee. Vorläufig brauchen wir keinen ungesüßten Kaffee zu trinken. -

Die Bevölkerung stand richtig Schlange an den Lägern, wir hatten Mühe, sie abzuwehren, besonders nachts. Einige taten es ja aus Gewinnsucht, viele aber auch aus Not. Bei unserer Feldküche warten jedesmal viele, um etwas zu erhalten. Auf der Straße sprechen sie uns vielfach um Brot an. Es ist überhaupt ein großer Unterschied zwischen dem reichen Holland und Belgien. Einige Stadtteile haben schwer durch die Beschießung gelitten. Unter den Trümmern werden wohl auch noch Tote liegen. Jetzt ist mit den Aufräumungsarbeiten begonnen worden. Gestern wurde noch ein Mann geborgen, der in dem Keller eines eingestürzten Hauses steckte und sich von Zucker ernährt hatte. Das Villen- und Hotelviertel hat weniger gelitten. -

Heute nachmittag wollte ich eigentlich baden, aber erstens hatte ich ja Waschtag, und dann ist es hier kalt und regnerisch, so lange wir hier sind. - Vielleicht morgen. - Meine Uhr habe ich vor mir liegen. Um 1/2 7 Uhr muß ich nämlich in besonderem Auftrag zur Kompanie, die in einer Stadt in der Nähe liegt. Es ist 6.25 Uhr, ich muß schließen. Nächstens mehr.

Hoffentlich bekomme ich heute einen Brief.

Dir, meine Nanny, Euch Lieben alle

herzliche Grüße Dein Johann.

[Belgien, vermutlich Ostende]   Sonntag, 16/6 40

Meine liebe Nanny, Ihr Lieben!

[...] Mir geht es noch immer gut, Unterkunft und Verpflegung sind großartig. Für letztere hat der Tommy in sehr liebenswürdiger Weise gesorgt, auch Wäsche, Seife, Rauchwaren usw. hat er uns in reichen Mengen hinterlassen. Hier im Ort ist freilich nicht so viel vorhanden, aber nach Dünkirchen, Nieport ist alles vorhanden. Dazu die unvorstellbaren Mengen an Munition, Kraftwagen usw. Hunderte stecken im Sand der Nordsee. Sie sind hineingefahren, dann haben die Burschen Bretter darübergelegt, um bloß noch auf ihre Schiffe zu kommen. Langsam versinken sie im Meer, jede Flut überspült sie. Alle können Unsere nicht bergen. Diesen Abgang hat der Tommy sich bestimmt nicht träumen lassen. Er wird es bald wohl noch schlimmer spüren. Paris ist ja schon gefallen. Verdun, der Blutsäufer auch, wie ich soeben hörte. Soll mich mal wundern, wie lange er noch mitmacht. Es wird aber wohl noch allerhand Opfer kosten. Die Verluste sind aber doch nur ein Bruchteil von dem im [1.] Weltkrieg. Damals fehlte uns das Material, und die Infanterie mußte alles ausbaden. Daß Hanna Hövelings Bruder gefallen ist, habe ich auch in der Zeitung gelesen [J. Schoon und einige seiner ostfriesischen Kameraden ließen sich die Ostfriesische Tageszeitung nachschicken]. Sein Halbbruder Gerd fiel 1915 auch in Frankreich. [...] Es freut mich, daß es Euch allen so gut geht. [...]

Heute will ich etwas Kakao absenden, dann trinkt noch nachträglich zu Bertaleins Geburtstag. Bernhard will ich auch etwas schicken. Es ist sehr schön von ihm, daß er Euch schon wieder Geld geschickt hat. Kaufe Albert ein gutes Rad, am besten „Göricke". Vielleicht nimmt Rindert das alte in Tausch. Grüße Rindert von mir, ebenso alle anderen Freunde und Bekannte. – Wie steht es mit der Schulgeldermäßigung? Habt Ihr schon Bescheid? [...]

Dir meine Nanny, Euch allen
recht herzliche Grüße Dein Johann.

[Belgien, vermutlich Ostende]   22/6 40

Ihr Lieben daheim, meine Nanny!

Zweimal habe ich jetzt eine Karte geschrieben, jetzt sollt Ihr auch einmal einen Brief haben. Auf einsamer Wacht am Meeresstrand habe ich Muße genug. Soeben habe ich in der See gebadet, es war ein Hochgenuß. Bloß die Quallen brennen so eklig, wenn man mit ihnen zusammengestoßen ist. Ein strammer Nordost, die Brecher sausten nur so über uns hinweg. [...]

Soeben habe ich eine Strandstreife gemacht und bin über die Dünen zurückgekommen. Von dort hat man eine wundervolle Fernsicht. Weit dehnt sich das Land mit seinen weiten Marschweiden, seinen Gehöften, Dörfern und Städten, seinen Kanälen, Brücken und den hohen Türmen seiner Kirchen. Wuchtig, oft schwermütig ist die Landschaft, ganz anders als im blumenseligen, heiteren Holland. Vielleicht liegt es daran, daß die Erde so viel Menschenblut getrunken hat. Die Menschen sind anders als in Holland, von Ausnahmen abgesehen auch nicht so unbeschwert, heiter und freundlich. Sehr entgegenkommend sind die Geschäftsleute. Auch wenn wir ohne etwas zu kaufen den Laden verlassen, sagen sie: „Dank jou!" [...]

Hier ist die Bevölkerung, wenn auch in der Hauptsache Flamen, doch international. Sie sprechen

häufig 3 bis 4 Sprachen. Wir können uns aber auch sehr gut auf plattdeutsch unterhalten. Wenn sie langsam sprechen, dann verstehen wir jedes Wort, sie uns ebenfalls. [...]
Es gibt hier mehr Armut als im reichen Holland. Jeden Mittag finden sich viele Personen bei unserer Feldküche ein, um Essen zu holen. Häufig nehmen sie dann aber die Gelegenheit wahr, eine Fleischbüchse oder sonst etwas zu mopsen. Darin sind sie überhaupt groß, d.h. ein Teil der Bevölkerung. Schuld daran ist aber wohl auch die große Arbeitslosigkeit und die allgemeine Notlage. Vor einigen Tagen stand ich mit Gfr. Wübbenhorst auf Posten bei einem Zuckerdepot. An allen Ecken standen Menschengruppen und warteten auf Zucker. Wübbenhorst machte sein grimmigstes Gesicht, wenn sie sich näherten, deshalb wandten sie sich an mich. Ich muß wohl etwas freundlicher ausgesehen haben. Wir versicherten ihnen aber, daß all ihr Warten umsonst sei, und wir brachten sie dann ordentlich auf den Marsch. Dann hatten einige sich einen neuen Trick ausgedacht. Ein Kind hatten sie auf dem Arm oder dem Velo [Fahrrad], das müßte unbedingt „Zuiker" haben. Drei oder vier hatten sie nach ihren Angaben noch zu Hause, alle zyk [krank]. „Gaht weg, ji Düvels", fuhr Wübbenhorst sie an, „zyke Kinner düürn gien Züiker eten!" – „In Duitsland nich, in Belgien woll", erklärten sie dann. Die Burschen würden sich ja ins Fäustchen gelacht haben, wenn sie uns übertölpelt hätten. –
Hier ist es bedeutend ruhiger. Nach jeder Flut kommen aber Leute, den den Strand nach Holz oder anderem Strandgut absuchen. Zuweilen haben sie auch Glück und finden eine Kiste mit Zwieback oder anderen Konserven von einem gestrandetem Schiff. Was wir hier bewachen, das darf ich natürlich nicht schreiben. Gestern abend haben wir den Bericht über die Übergabe der Waffenstillstandsbedingungen gehört. Hoffentlich sieht Frankreich ein, daß es sinnlos ist, sich weiter für England zu opfern. Jetzt ist England endlich dran. Amerika kommt auch zu spät, wenn es kommt, was noch sehr zweifelhaft ist. Es muß doch für die französischen Unterhändler ein eigentümliches Gefühl gewesen sein, daß sie in demselben Wagen im Wald von Compiègne die Bedingungen entgegennehmen mußten, wie 1918 die Deutschen. [...]
Dir, meine Nanny besonders und Euch Lieben alle
recht herzliche Grüße   Dein Johann.

[Spetzerfehn]   *Sonntag-abend, 24.6. [1940]*

Du mein lieber Johann!
Es ist wohl schon spät, aber Deinen Sonntagsbrief sollst Du doch haben. [...] Eigentlich wollte ich schon heute nachmittag schreiben, aber zuerst habe ich einige Stunden geschlafen. Dann wollte ich auf einen Sprung nach Wrisse, wegen Heu zu fragen. Unterdes kam ein Gewitter und ich bin dort eingeregnet. Kurz vor 10 Uhr war ich erst wieder zu Hause. Dann Teetrinken, melken, da kannst Du Dir wohl vorstellen, daß die Uhr schon ziemlich weit vorgerückt ist. Gestern abend um diese Zeit hörten wir am Rundfunk die letzte Viertelstunde der Waffenstillstandsverhandlungen. Nun ist doch dieses Blutvergießen bald zu Ende. Es ist noch alles so unglaublich und unfaßbar. Da muß ich Dir doch auch gleich mitteilen, daß leider Epke Ulrichs auch zu den Vermißten zählt. Er lag in den Argonnen, vor ihnen die Marokkaner. Er soll aus dem Wald nicht zurückgekommen sein. Es wird wohl wenig Aussicht sein, die schwarzen Bestien haben wohl niemand am Leben gelassen, der in ihre Hände geriet. – Wie gut, daß wir gestern und heute Regen hatten. Die Weide war ausgetrocknet. [...]

Morgen oder übermorgen will Johann Schmidt mit dem Mähen beginnen. Überall hört man jetzt schon die Maschinen und es riecht so herrlich nach frischem Heu. Johanna und Eti werden uns auch wohl beim Heu helfen. Du siehst, es geht mit allen Arbeiten ganz gut, wenn wir Dich sonst auch schwer vermissen. Ich bin aber doch stolz und froh, daß Du in dieser Zeit auch irgendwo mit dabei sein und Deine Pflicht erfüllen kannst. Manche beneiden Dich darum. Heute war R. Müller hier zum Sammeln. Ich habe ihm ein Päckchen Tee gegeben. Er war sehr froh darüber, er wollte den Tee seiner Mutter mitnehmen, der es ja auch immer so schlecht geht. Almine ist noch immer im Krankenhaus. Sie liegt still, hat auch noch immer Fieber und soll wie ein Gerippe abgemagert sein. Was ihr fehlt, wissen die Ärzte immer noch nicht, jedermann ist aber der Ansicht, daß sie sich überarbeitet hat und total zusammengebrochen ist. Für die Familie Dahms ist sie ja unersetzlich. – Ich möchte, Du könntest einen Blick in unseren Garten tun, wie herrlich alles steht. Heute hatten wir schon zum 2. Male Zuckererbsen. Bald sind die Dopperbsen und großen Bohnen auch so weit. Beerenobst gibt es überreichlich, auch Himbeeren. [...]
Diese Woche beginnt das Einkochen. [...] Dir zum Schluß von allen herzliche Grüße.
Du Lieber, sei besonders herzl. gegrüßt von Deiner Nanny.

[Spetzerfehn]   *Donnerstagabend, 3.7.40*

Mein lieber Johann!
[...] Heute haben wir einen richtigen Ruhetag. Es hat nämlich den ganzen Vormittag geregnet. Wir können nicht genug Feuchtigkeit gebrauchen. Ich glaube, es ist für alle Leute gut, daß sie mal einen Tag ausspannen können. Es wird aber trotz Mangel an Arbeitskräften noch wohl alles geschafft werden. [...] Die Kinder haben heute Ferien bekommen, und zwar sieben ganze Wochen. Albert wird noch wohl viel in Anspruch genommen werden, er ist ganz wichtig, daß er schon viele Arbeiten machen kann. [...]
Morgen kommt unsere große Erntehilfe: Almuth. Heta schrieb Dir wohl schon davon. Eigentlich sollten die Mädel, auch Heta, ins Erntelager gehen. Ich bin aber froh, auch einige Wochen selber Hilfe zu haben. – Heute nachmittag hörten wir am Radio den Abschlußbericht von dem Kampf im Westen. Es ist doch großartig, was unsere Soldaten in so kurzer Zeit geleistet haben. Die Verluste hätten wir uns doch weit höher gedacht. Wenn nur der Erzfeind [England] erst soweit wäre! Es wird noch wohl viel Kampf und Opfer kosten. Vielleicht ist das Ende nicht mehr so weit und wir dürfen schon mal an die große Heimkehr denken. Vielleicht braucht unsere Generation nicht noch einmal die Schrecken eines Krieges erleben. [...]
Sei nun von allen und besonders von mir recht herzl. gegrüßt Deine Nanny

[Spetzerfehn]   *Donnerstagabend, 11.7.40*

Liebster! Zwei Brief an einem Tage, da kannst Du doch zufrieden sein, nicht wahr? Das hat natürlich seinen besonderen Grund. Um 6 Uhr war ich zur Post, Deinen Brief hinzubringen. Da sagte Hannes mir, daß Jann Trauernicht uns noch besuchen werde. Wie ich nun gerade wegfahren wollte, sah ich mich noch einmal um, da kam J. Tr. gerade über die Schienen gefahren und wollte zu uns. Er ist dann auch gleich mitgefahren und hat uns viel von Euch erzählt. Wie wir uns gefreut haben, kannst Du Dir wohl vorstellen. Es war doch gerade, als wenn es ein Stück von Dir selber wäre. Ich werde heute nacht wohl nicht schlafen können, dazu bin ich zu aufgeregt. Lieber hätten wir Dich selber ja hier gehabt. Doch das wird noch wohl eine Weile dauern. Ich grüble manchmal darüber, warum alles so sein muß. Das Zusammenleben ist so kurz, wieviel schöne Zeiten und Stunden muß jeder doch hergeben in dieser Zeit. Vielleicht sind aber ja alle Opfer nicht zu groß für die Zukunft unserer Kinder. Einmal werdet Ihr doch noch wohl stolz sein, daß Ihr mit dabei gewesen seid im Kampf um den Bestand unseres Volkes. Dann werden wir wohl diese Zeit als kleines Opfer betrachten. [...]
Ich muß jetzt wohl Schluß machen, es ist bald Mitternacht und vielleicht kommen sie diese Nacht wieder, die Engländer [englische Bomber]. Die Kinder wollen Dir auch jeden Tag schreiben. Der gute Wille ist wohl da, aber sie kommen nicht dazu. [...]
Herzlichste Grüße Dir, Du Lieber, von Deiner Nanny

[Belgien]   *17/7 40*

Ihr Lieben, meine Nanny!
[...] Deine beiden Briefe [...] habe ich erhalten, besten Dank! Es freut mich, daß Jann Trauernicht Euch gleich eben besucht hat. Jetzt könnt Ihr Euch doch ein Bild von unserem Leben und Treiben machen und es nicht als falsche Bescheidenheit ansehen, wenn ich immer schreibe, daß Ihr mir nichts schicken sollt. Bertalein kann beruhigt sein, Papa kommt vielleicht auch bald. Die Jahrgänge 94-96 sollen im Laufe des Nachsommers und Herbstes in die Heimat entlassen werden. Ob dies aber für alle gilt oder nur für Landwirte, das ist noch nicht bestimmt. Wenn ich aber dann schließlich doch bald wieder eingezogen und einer anderen Formation zugeteilt werden sollte, wo man immer zuerst als „Hammel" angesehen wird, dann verzichte ich lieber. Hier bei der Ostfriesenkompanie haben wir uns so schön eingelebt, die Kameradschaft möchten wir doch nicht gern gegen eine neue eintauschen. Wie schnell doch die Zeit vergeht. Jetzt sind wir schon bald 5 Monate Soldat. Wenn wir nicht so schnell oder überhaupt nicht entlassen werden, dann komme ich in den nächsten Monaten einmal auf Urlaub, denn die Urlaubssperre ist aufgehoben. Ich bin aber ja nicht an der Reihe, zuerst kommen natürlich diejenigen, die im Frühjahr noch nicht gefahren sind. Die Aussichten sind also gut, nicht wahr? [...]
Ich muß Schluß machen. [...]
Euch Lieben alle
recht herzliche Grüße Dein Johann.

Spetzerfehn, *den 17.VII.1940*

Lieber Vater!
Jetzt komme ich auch endlich dazu, Dir einen Brief zu schreiben. Bis jetzt hatte ich überhaupt keine Zeit. Ich habe sehr viel zu tun mit der Kleintierzucht, mit den Küken und Kaninchen. Von unseren 30 Eintagsküken leben noch 18, 4 Hähne sind dabei. Die Glucke und 11 Küken, die ich von Andreas de Wall gekauft habe, sind wohlbehalten. Sie laufen jeden Tag schon frei herum. [...] Mein großer Kaninchenbock wiegt 7 1/2 Pfund. Ich habe Aussicht, ihn nächstens für 5 RM zu verkaufen. Vor einigen Tagen habe ich mir von Andreas de Wall [...] 2 kleine Riesenkaninchen geholt, eins hat sich Dahms schwarze Katze leider schon einverleibt. Doch dieses Mal geht es ihr an den Kragen. Auf ihre Ersäufung ist 50 Pf ausgesetzt. [...]
Mit den Bienen geht es leidlich. Das erste Mal war noch zuviel Brut in den Waben, so konnten wir nur 6 Rahmen schleudern (15 Pfund). Vor einiger Zeit habe ich meinen ersten Bienenschwarm in den Korb gehauen. Das ging ganz gut, nur 1 Biene hat mich gestochen. Aber als wir und Groß schleuderten (ich habe Johann Groß auch geholfen), haben mich 17 Bienen gestochen. Wir hoffen, in etwa 14 Tagen wieder schleudern zu können, aber mehr. -
Tante Fiffi hat unser Enter in die Weide genommen, ich habe es ganz allein hingebracht. -
Unser Heu haben wir unter Dach und Fach, Rolf Ideus hat es geholt. Geld hat er nicht genommen, ich habe ihm einige Nachmittage dafür geholfen. Wir wollen noch ein Fuder kaufen, wenn wir etwas bekommen können. - Sonnabend morgen sind wir weggefahren nach Emden, Folkert und ich. Bis Oldersum fuhren wir mit dem Rad, von dort mit dem Zug. Am Mittag langten wir in Emden an. Wir haben uns durchgefragt bis zum Zollwachschiff Frisia IV., das dort vor Anker lag. Auf diesem Schiff fährt Onkel Groß als Koch. Auf diesem Schiff wohnten wir. Auch Rudi, der jetzt auf einem anderen Schiff ist, lag in Emden. Wir haben ihn Sonntag besucht. In der Nacht vom Sonnabend zum Sonntag war etwas los in Emden. Als wir so recht gemütlich in der Koje lagen, ging es los. Die schwere Flak (50 m von unserem Schiff entfernt standen zwei schwere Flaks) ballerten los, daß man fast aus der Koje fiel. Wir zogen uns an und wollten zum Luftschutzkeller. Doch als wir den Kopf aus der Luke steckten, hörten wir den Tommi. Es ging: Huiiiiiiih - Huiiiiiiih - Bumm, Bumms. Darauf flogen die Bombensplitter auf das Deck, daß es nur so eine Art war. Abgekriegt haben wir nichts. Als es ein wenig stiller wurde, sausten wir mit Handgepäck zum Luftschutzkeller. Dort waren schon viele versammelt.
In der anderen Nacht waren wir dreimal im Luftschutzkeller. In Emden hat der Tommi ziemlichen Schaden angerichtet: 8 Tote und 82 Verletzte, 5 Häuser und 1 Güterwagon sind dahin, 4 Bomben sind noch nicht explodiert. Am Sonntag nachmittag sind wir mit einem Boot im Hafen gefahren, auch sonst hat es uns gut gefallen. Montag nachmittag waren wir wieder zu Hause. -
Vor einigen Wochen bekam ich ein neues Fahrrad, Marke Göricke. [...]
Es gefällt mir sehr gut. Ich glaube, ich kann das alte wohl verkaufen.
Jetzt muß ich meinen Brief schließen.
Viele Grüße senden Albert und Berta.

[Spetzerfehn] *Sonntag-abend, 21.7. [1940]*

Mein lieber Johann!

In den letzten Tagen brauchen wir uns nicht beklagen, daß keine Post ankommt. Gestern kam ein Brief vom Sonnabend und gestern Dein Sonntagsbrief. [...] Herzlichen Dank für alles, Du Lieber! [...] Jetzt ist wieder ein Sonntag zu Ende. Wieviele Sonntage werden wohl noch so vergehen. Es scheint ja nicht danach, daß England noch einmal zur Vernunft kommt. Habt Ihr auch die Führerrede gehört? Welch bitteres Erwachen wird es doch für die geben, denen noch einmal Gelegenheit gegeben ist, ihr Land und Volk vor dem Schwersten zu bewahren! Während ich jetzt schreibe, höre ich schon wieder die Flak. Und dabei ist es erst 11 Uhr. Das kann ja noch schlimm werden diese Nacht! Wie schön, daß Ihr so gut mit der Bevölkerung auskommt. Das ist doch eine ganz andere Sache als in Polen. Ich freue mich trotz der langen Trennung, daß Du so vieles miterleben und Deinen Teil mittun kannst. –

Wir hatten wieder einen trüben Sonntag, viel Regen und Gewitter. Dabei sind noch viele Leute mit der Heuernte beschäftigt. Ich habe mich nach dem Teetrinken gleich ins Sofa gepackt und ein Buch über Imkerei gelesen, das Eduard mir neulich mitbrachte. Es ist alles so interessant, ich glaube, ich habe noch viel Freude an der Arbeit, wenn ich nur alles erst genau weiß. Nur ist ja schade, daß ich nicht den geeigneten Anzug dazu habe. Ich werde doch einmal irgendwo anfragen. Das Beste wäre ja, ich könnte einen Stoff und ein Schnittmuster dazu bekommen. Der ganze Anzug muß ja einteilig und möglichst ohne Knöpfe sein. – Vorhin war Tante Heta da auf Teevisite. Die Kinder waren zu Folkert. Der hat sich gestern in einer zerbrochenen Flasche das ganze Knie zerschnitten. Die Schwester war da zum Verbinden. [...]

In einer Woche wird die Roggenernte wohl ihren Anfang nehmen. Dann macht alles draußen schon wieder einen herbstlichen Eindruck. Wie schnell ist doch der Sommer verflogen! Dir von der Heimat die herzl. Grüße   die ganze Familie und besonders Deine Nanny

[Belgien] *23/7 40*

Liebe Kinder!

Eine halbe Stunde habe ich noch Zeit, bis ich zur Küche fahren, Verpflegung holen und die Post mitnehmen muß. Da sollt Ihr auch doch noch einen Brief haben. Albert hat ja allerlei erlebt, wie er mir schrieb. Ja, mein Junge, so sieht der Krieg aus, wenn Du auch nur etwas davon gespürt hast. Hoffentlich bekommt der Hauptfeind bald sein Teil, damit er ein für alle Mal genug hat. Wie ist es mit Eurem Schutzgraben, ist er fertig? Hoffentlich bleibt er nur eine Vorsichtsmaßnahme. – Bei den Bienen hast Du Dich ja sehr tapfer benommen, das ist allerhand. Auch, daß Du morgens so früh aus den Federn steigst, um Briefe zur Post zu bringen, wundert mich sehr. Wie es scheint, willst Du Hetas gutem Beispiel folgen. –

Daß mit der Kaninchenzucht etwas nicht stimmte, habe ich mir schon gedacht. Wart Ihr auch mit dem Bock wieder zum Bock? Der Belgier, bei dem wir wohnen, hat 7 Stück. Er hat mehr gehabt, aber die belgischen und französischen Soldaten haben mehrere in den Kochtopf befördert. Auch unter dem Federvieh haben sie aufgeräumt. –

Unsere Küken haben ihre 7 mageren Jahre bald hinter sich. Seht nur zu, daß Ihr die alten Hühner gut verkauft. Zum Schlachten eignen sie sich nicht besonders. [...]
Wenn Ihr einmal Zeit habt, schreibt mir ein Brieflein.
Euch Dreien recht herzliche Grüße
Euer Vater

[Belgien]   *Donnerstag, 25/7 40*

Ihr Lieben, meine Nanny!
[...] Ich kam soeben von einer langen Streife in die Umgegend zurück. Es war eine schöne Tour, mit 6 Mann beim schönstem Wetter über Land. Die Straßen könnten ja besser sein, stellenweise gibt es Radfahrwege, aber gewöhnlich geht's über Feldsteine. Eine solche Tour ist sehr nützlich für jemanden, der Medizin eingenommen und vergessen hat, sie vorher zu schütteln. Am meisten freut Eilert Beyen sich wohl, wenn er eine solche Streife mitmachen kann. Dann sieht er doch einmal Land, Getreide, Vieh, Gras und Bauernhäuser. In der Stadt mag er nämlich nicht sein. [...]
Überall sieht man die Leute bei der Feldarbeit. Gerste ist stellenweise schon gemäht, Weizen, Bohnen, Hafer reifen auch. Der Boden ist schwer und fruchtbar. Weite Flächen sind mit Flachs bebaut, auf einem Felde sieht man oft 20 und mehr Leute den Flachs ausrupfen. Vieh sieht man auch genug, aber auf die Farbe scheint man kein Gewicht zu legen. Einige sind schwartwitt (wie man hier für schwarzbunt sagt), andere hellrot, dunkelrot und oft greulich mißfarben [...] Hin und wieder stehen noch die Bunker des [1.] Weltkrieges in der Landschaft verstreut, grau, kantig und hart, als wenn sie noch eine Ewigkeit überdauern wollen. [...]
Meine liebe Nanny [...] den Inhalt Deines Briefes [Geld] habe ich auch erhalten, besten Dank. Schicke mir aber bitte nichts mehr, es wird nicht mehr gegen Kreditkassenscheine eingetauscht. Ich habe aber noch Geld und in 6 Tagen gibt es wieder was. Wollgarn bringe ich mit bzw. schicke ich im nächsten Monat und auch Kleiderstoff kaufe ich. Ich bin froh, daß ich noch nichts gekauft habe, denn der Kurs des Franken ist im Vergleich zu den Kreditkassenscheinen herabgesetzt. [...] Ich habe ja allerlei Geld zur Verfügung, nur für Zahnpasta, Wichse, Streichhölzer, Tabak und Haarschneiden muß ich etwas ausgeben. Dann braten wir uns jeden zweiten oder dritten Tag 2 Eier (12-14 Pf) und trinken dazu 1/2 l Bier für 7 1/2 Pf. Wir können also billig leben. Zucker, Milch, Seife usw. bekommen wir geliefert. [...]
Es ist bald 10 Uhr. Ihr werdet wohl gemütlich beim Köppke Tee sitzen. Laßt ihn Euch gut schmecken. Gute Nacht, Ihr Lieben!
Herzlichste Grüße Dir, meine Nanny und Euch Lieben alle
Dein Johann.

[Belgien,   *26. Juli 1940]*

Meine Nanny!

Einen Brief sollst Du wieder für Dich allein haben, mein liebes Mädel. Heute nachmittag stand ich Posten an der Ortskommandantur, da habe ich so recht einen Vergleich ziehen können. Viel holde Weiblichkeit trippelte dort vorbei, vielfach raffiniert geputzt und bemalt. Aber es gibt doch bloß eine Nanny. „Dat meenst Du", wirst Du jetzt denken. Nein, das ist meine feste Überzeugung und auch die Wahrheit. Es gibt ja sonst genug Gelegenheiten zum Anbändeln. Es mag ja hin und wieder ein schwarzes Schaf unter den Kameraden sein, aber das sind doch Ausnahmen, wenigstens bei den Verheirateten. Die Jungen denken in dieser Beziehung vielfach anders, wer sich aber als Familienvater mit fremden Weibern abgibt, ist ein Waschlappen. Übrigens ist Euer Bild der beste Talisman, besonders mein bester Kamerad in der Mitte. Ihm gilt morgens der erste, abends der letzte Blick. –

Für Dich habe ich noch ein Hemd und einen Schlüpfer im Koffer. Damenwäsche darf aber nicht mitgenommen werden in Urlaub, ebenso keine Gold- und Silbersachen. Ich wollte deshalb die Sachen unter meiner Wäsche anziehen, deshalb hättest Du sie doch wohl noch getragen. Da wir aber jetzt noch 500g-Päckchen schicken dürfen, werde ich sie Dir zuschicken. Nun behauptet Christian, der sich auch Wäsche gekauft hatte, die Schlüpfer wären anders als bei uns, sie hätten keine Beinlinge. Dann muß Du eben noch einen anderen überziehen. Wir sind eben reichlich frei, lassen Sonne, Luft und Männerblicke heran, das bringen Badeleben und internationales Publikum mit sich. – Mit Urlaub brauche ich noch nicht zu rechnen, ich werde wohl mit dem letzten Schub Ende September oder Oktober fahren. [...]

Nun gute Nacht, meine liebe, liebe Nanny. Es grüßt Dich vieltausendmal

Dein Johann.

[Spetzerfehn]   *Sonnabend 3.8. [1940]*

Du Lieber!

Es ist Sonnabendnachmittag, ich sitze in der Veranda und schreibe. Habe soeben mein Haar gewaschen. Es wird wohl hin und wieder ein Wassertropfen auf das Papier fallen. Doch das ist wohl nicht so schlimm, nicht wahr? Es geht nicht gut ohnedem. Und ich möchte die Zeit des Haartrocknens auch nützlich verwenden. [...] Dein Brief vom 26. kam gestern morgen. Herzlichen Dank, Du Lieber. [...]

Du bist doch immer noch der dumme große Junge, der Du schon immer warst. Aber bleibe nur ruhig bei Deiner Meinung! Daran denke ich aber nicht im entferntesten, daß Du diesen „Weiblein", wie Du schreibst, nachlaufen würdest. Ich glaube, Du darfst mir bei Deiner Heimkehr ruhig in die Augen schauen! – Uns geht es recht gut. Bei diesem schönen Wetter, das wir seit gestern haben, sind wir alle wieder so richtig aufgelebt. Das scheint der Anfang der amerikanischen Hitzewelle zu sein. Der größte Teil des Roggens steht in Hocken. Dahms haben heute schon mit Einfahren angefangen. Montag können wir vielleicht auch unsern Roggen hereinholen. [...]

Heute morgen kam das Päcken mit Hemd, Schlüpfer und Tee, danke vielmals. Die Wäsche war sehr schön und noch sehr gut. Die Beinlinge sind lang genug, sie sind ja für den Sommer

berechnet. Ich trage auch ähnliche. Darüber kannst Du also beruhigt sein. [...] Bertalein ist gerade in der Badewanne, vorhin war sie erst im Kanal. Es hat ihr sehr gefallen. [...]
Ich hätte bald vergessen, Dir mitzuteilen, daß Frau Fahrenholz heute morgen gestorben ist. Sie war einige Zeit krank. – Nun, Du Lieber, lebe wohl, wir grüßen Dich herzlich   Deine Nanny

[Belgien]   *Sonntag, 4/8 40*

Meine liebe Nanny, Ihr Lieben!
[...] Soeben habe ich mich gründlich gewaschen. Einen Kessel frischen Wassers habe ich mir aus der Küche mitgebracht. Ich habe nämlich heute mit abgewaschen. Sonst macht das die Freiwache, ebenso Treppen, Flur und Speiseraum säubern, aber jetzt müssen alle auf Wache ziehen, weil die Urlauber fehlen. Kartoffeln schälen alle gemeinsam, in einer halben Stunde haben wir 3 Eimer voll geschält. [...] Als Belohnung für unsere Arbeit bekommen wir ein Stück Fleisch extra, so groß wie ein Gesangbuch. Wenn wir im vorigen Krieg in der Küche arbeiteten, dann steckten wir uns heimlich einige Kartoffeln in die Stiefelschäfte oder schmissen sie durch Tür und Fenster, wo die Kameraden sie dann auffingen. Welch ein Unterschied. – Soeben komme ich vom Posten zurück. Es ist kein Vergnügen, in der brennenden Hitze eine Stunde als Posten vor Gewehr still zu stehen. Meinem Vorgänger, der noch 30 Pfd. schwerer ist als ich, lief der Schweiß von der Nase herunter, als ich ihn ablöste. So schlimm ist es bei mir nicht. [...]
Ich muß öfter diese Wache machen. Es müssen stramme, große Soldaten sein. Unser erster Zug ist damit ja gut versehen. Was der eine oder andere in der Länge etwas zu wenig hat, das ersetzt er durch die Breite. [...]
Unsere Kompaniekameraden sind durchweg groß und stark, nur ein Teil des dritten Zuges macht eine Ausnahme. Dafür sind die aber umso lebendiger. Es ist ja meistens so, je kleiner, desto kreveller [munter, aktiv]. – Wir stehen dort nun nicht nur als Repräsentanten der Wehrmacht, wir müssen vielseitig Auskunft geben. Das Mundwerk muß also auch in Ordnung sein. Im übrigen läßt sich der Dienst wohl aushalten. Die Jungen werden wohl etwas mehr hochgenommen. [...]
Im Vergleich zu dem, was wir aber im [1.] Weltkrieg vier Jahre aushalten mußten, ist ihr Dienst mit allem Drum und Dran doch erheblich leichter. Die Hauptsache ist, daß man mit Lust und Liebe dabei ist. Wir wären auch lieber zu Hause, aber sonst macht es mir Spaß, jetzt Soldat zu sein. Soviel hätte ich unter anderen Umständen bestimmt nicht erlebt und gesehen. – Der Bogen ist alle, ich muß Schluß machen. Gestern habe ich ein Päckchen mit 450 g Tee abgeschickt. Bernhard hat eins mit Kaffee und Schokolade erhalten. Er schrieb mir, es wäre nicht nötig, aber er wird sich jedenfalls darüber freuen. [...]
Euch Lieben alle und Dir, meine Nanny, besonders herzliche Grüße   Dein Johann.

[Spetzerfehn]   *Donnerstagabend, 8. August 1940*

Du mein lieber Johann!

Ein schlechtes Gewissen habe ich doch, daß ich Dir gestern nicht mehr geschrieben habe. Es ist der erste Tag, daß ich nicht schreibe seit längerer Zeit. Aber gestern abend waren Tanti und ich noch so spät am Erbsen einkochen (5 Gläser), daß ich das Schreiben auf heute verschob. Für Deinen Brief vom 2. Aug. herzl. Dank. Er kam heute morgen. Da wird Jakob sich bestimmt gefreut haben, daß Du ihn einmal aufsuchtest. Es ist doch schade, daß Ihr nicht zusammen bleiben konntet. Vielleicht kann er doch eher in Urlaub fahren als Du. Die Vorfreude ist ja schön, bei uns dauert sie dann wohl noch etwas länger. Gesine wird die Zeit auch wohl lang werden. Ich wollte sie immer einmal besuchen, aber bei dem guten Vorsatz ist es bis jetzt noch immer geblieben. Wenn Jakob in Urlaub kommt, wird er uns doch bestimmt auch einmal besuchen. Vielleicht können wir dann ja in 8 Tagen auch Deinen Kameraden Wübbenhorst besuchen, um das Päckchen abzuholen. Ich werde doch wohl selber hinfahren. Ich sehe Euch so ganz lebhaft vor mir, wie Ihr Euch alle um ein Köppke Tee versammelt und Heimaterinnerungen oder Betrachtungen über die Ostender Meisjes!!! austauscht. Vielleicht bildet Ihr alten Knaben Euch auch noch ein, Eindruck auf die weibliche Jugend zu machen!

Na, Spaß beiseite, die Hauptsache ist, daß Ihr es Euch einmal heimatlich gemütlich macht und auch die Gelegenheit dazu habt, daß Ihr es könnt. Für einen echten Ostfriesen, hauptsächlich wenn er schon älter ist und das Bierglas nicht die Hauptrolle spielt, geht es doch beim gemütlichen Beisammensein nicht ohne den Tee. Aber den besten Genuß haben wir hier in der Heimat doch wohl von dem Tee. Wir denken jetzt garnicht mehr an unsern Kaffeetopf.

Man möchte ja gerne noch vielen eine Freude machen, aber ich kann ja auch nicht alles verschenken. Onkel hat schon immer Angst, der Vorrat könnte einmal zu Ende gehen. Er freut sich aber auch von Herzen, wenn wir jemand mit einem Päckchen beglücken. Heute abend holte Heta ihr „Liebesgabenpaket". Das Freudengeheul von Albert kannst Du Dir ja denken. Die Nüsse wurden gleich gezählt und geteilt, und spät abends wurde der letzte Rest der Nüsse verzehrt. Schokolade und Bonbons hat Tanti in Verwahrung genommen. Sie werden Dir in den nächsten Tagen wohl gleich schreiben. Albert war heute zu Hause, Heta war wieder nach Wrisse. Dort haben sie auch den letzten Roggen geborgen.

Albert hat vorhin seinen Verdienst gezählt. Ich glaube, er hat es auf beinahe 18 Mark gebracht. Jetzt ist die Roggenernte hier wohl ziemlich zu Ende. Ich freue mich auch, daß sie einige Tage zu Hause sind und sich mal wieder ordentlich erholen können. Übrigens haben wir seit heute abend wieder das trübseligste Regenwetter. Albert und ich kamen wie begossene Pudel heim. Wir waren nämlich im Regen mit 17 Büchsen Bohnen. [Rest fehlt]

Kurze Zeit später wird J. Schoon vorläufig entlassen und Ende September 1940 wieder eingezogen. Er wird in Schleswig-Holstein in verschiedenen Kriegsgefangenen-Wachkommandos eingesetzt, und zwar zumeist als Kommandoführer. Schoon ist nach wie vor Angehöriger eines Landesschützenbataillons und bekleidet – bis zur erneuten Entlassung am 20.7.1942 – die Dienstgrade Gefreiter, Obergefreiter und Unteroffizier.

[Kriegsgefangenen-Wachkommando Augustenhof,
bei Oldenburg/Holstein]   Dienstag, 8/10 40

Meine Nanny, Ihr Lieben alle!

Endlich doch ein Brief, vom 4., besten Dank. Es freut mich, daß alles bei Euch in Ordnung ist, und daß vor allem der Torf unter Dach ist. Es ist doch ein beruhigendes Gefühl, wenn man weiß, daß Hans Winter ruhig kommen darf. Es scheint ja allerlei Torf zu sein, den Ihr bekommen habt. –

Wie ist es denn mit den Kartoffeln, halten sie, was sie versprechen? In den nächsten Tagen werdet Ihr wohl damit fertig sein. Dann noch die Rüben, dann ist die Hauptarbeit gemacht. Hier gibt es noch weite Rübenfelder, aber auch die Kartoffeln müssen vielfach noch gerodet werden. Auf dem Gut Augustenhof arbeiten 40 – 50 Mann, eine Schafherde, eine große Schweinezucht, ca. 120 Milchkühe, eine Silberfuchsfarm sind dort vorhanden, da könnt Ihr Euch wohl ungefähr ein Bild von dem Leben dort machen. Wir essen beim Verwalter. Das Essen ist gut, fett, aber etwas ungewohnt. Es gibt bald zu jeder Mahlzeit eine Milchspeise, zuweilen auch gesüßte Buttermilch mit Buchweizengrütze. Abends gibt es abwechselnd Bratkartoffeln oder Kartoffelsalat, außerdem natürlich Milchspeisen. Brot gibt es nur morgens zum Frühstück und nachmittags zum Kaffee. Wir wohnen in einem etwas abseits gelegenen Hause, der sogenannten Kabbelkate. Früher hieß sie Pappelkate. Kate wird hier jedes Wohnhaus genannt, und weil sie von vielen Pappeln umgeben war, hieß sie Pappelkate. Zwei Familien wohnten darin, die ständig Krach hatten, und deshalb taufte der Volksmund sie Kabbelkate. Jetzt wohnt nur eine Familie darin, und wir logieren in der anderen Wohnung. Unser Zimmer ist recht gemütlich, ein Ofen ist auch da, den wir morgens und abends in Betrieb setzen. Mit den Kameraden komme ich sehr gut aus, der eine ist von Bremen gebürtig, die anderen beiden sind Holsteiner. – In der Hauptsache haben wir Lager mit Kriegsgefangenen (Belgier) zu verwalten. – Du schreibst, liebe Nanny, daß Ihr die Uhr noch nicht gefunden habt. Ich kann mich nicht erinnern, wo ich sie hingelegt habe. [...]

Euch allen und Dir besonders, meine Nanny, recht herzliche Grüße Dein Johann.

[Spetzerfehn]   *Montag-abend, 28.10.40*

Du mein lieber Johann!

Ich weiß ja, daß Du genauso sehnsüchtig die Post erwartest wie wir. Deshalb will ich Dir von jetzt ab wieder häufiger schreiben. Wir haben ja so allmählich etwas mehr Zeit. Nur wenn ich durch den Garten gehe, stehen mir die Haare zu Berge. Ich weiß garnicht, wo ich wohl zuerst anfangen soll. Heute habe ich die letzten Früchte hereingeholt. Die letzte Nacht hatte es ganz mächtig gefroren. Wir hatten schon Eisblumen an den Fenstern. Hoffentlich wird der Frost nicht gleich zu stark. Die Leute sind ja noch alle mitten in der Arbeit. – Morgen will Albert Dir den Fahrradmantel schicken. Heute wurde es zu spät dafür. [...]

Heta sagte mir heute, daß sie Dich gefragt hätte, ob sie zu Ostern auf die Oberschule dürfe. Sie sprach ja schon lange davon und recht war es ihr ja nie [daß sie statt der Oberschule die Mittelschule besuchte]. Es sind noch verschiedene aus ihrer Klasse, die Ostern umsiedeln sollen. Nun kam sie heute damit aus der Schule, daß Almuth zu Ostern auch hinkäme. Ihr Vater wollte den

Beiden dann zusammen Lateinunterricht geben, weil sie <u>das</u> noch nachholen müßten. Ich weiß nun auch nicht, was ich dazu sagen soll. Es wäre ja für alle Fälle besser, wenn sie ihr Abschluß-zeugnis hätte. Zu einem Bürofräulein taugt sie ja doch nicht. Nach dem Kriege gibt es ja auch bestimmt eine ganze Reihe Möglichkeiten, vorwärts zu kommen. [...]

Wie es auf der Oberschule mit Schulgeldermäßigung wird, weiß ich auch nicht, ich müßte mich ja schon danach erkundigen. [Rest fehlt]

Johann an Nanny 30. Oktober 1940

[Kriegsgefangenen-Wachkommando Augustendorf]   *Mittwochabend, 30/10 1940*

Meine liebe Nanny, Ihr Lieben alle!

[...] Du schreibst, liebe Nanny, wie ich den Sonntag verlebt habe. Am Vormittag haben wir gebadet - wir haben nämlich einen großen Waschkessel hier und nachmittags haben wir einen Spaziergang an die Ostsee gemacht und einen Eimer voll Schlehen für unsere Wirtin gepflückt. Sie will nämlich Wein daraus herstellen. Schlehen gibt es hier in Unmengen, und jetzt sind sie gut, weil es schon einige Nächte gefroren hat. Am Abend gab es dann echten schwarzen Tee, aber die Zubereitung (!!). Der Trank war ja ziemlich braun, aber er wurde aus einer Kaffeekanne eingeschenkt, die Tassen waren halbe Kaffeetassen, es gab feinen Zucker dazu, aber keine Milch oder Sahne. Ich entbehre den Tee fast garnicht, aber wenn ich schon ein Köppke trinke, dann muß es vorschriftsmäßig sein. Und dabei meinte die Frau, sie hätte mir das ostfriesische Natio-nalgetränk zubereitet. Ich habe ihr dann anschaulich geschildert, auf welche Art wir den Tee trinken, da hat sie Augen gemacht. Ja, sagte ein Kamerad - ein Hamburger, der hin und wieder auch nach Ostfriesland kommt, er hat nämlich eine Vertretung in Uhren - wenn ich in Ostfries-land Tee trinke, dann bitte ich um eine kleine Kanne mit heißem Wasser, damit ich ihn verdün-nen kann, sonst ist er mir zu stark. -

Sonst können wir mit der Bewirtung durchaus zufrieden sein. Hin und wieder gibt es wohl einmal einen fleischlosen Tag, geschlachtet wird erst Anfang November, aber Fisch und Wild bringen eine angenehme Abwechslung in den Speiseplan. Der Gutsherr ist zurzeit in [Heimat]Urlaub und er geht ständig auf Jagd. Gestern hatte er einen kapitalen Hirsch erlegt, auch Rehe sind reichlich vertreten. Gemüse und Obst gibt es aber wenig. - Vorläufig ist [...] [an Urlaub] nicht zu denken, denn die Kommandos haben keine Ablösungsmannschaften. Wenn es nur zu Weihnachten klappt, das ist die Hauptsache. Bis dahin wird die Heizung auch wohl in Ordnung sein. Oder ist der Heizofen schon da? Sonst müßt Ihr doch sehen, ob Ihr Sonntag nicht eben ein Öfchen dort aufstellen könnt, damit Hetas Geburtstag im molliger Wärme gefei-ert werden kann. [...]

Schläft Bertalein in meinem Bett? - Wir haben es hier abends oft viel zu warm, aber mein Zimmergenosse ist sehr für Wärme. Holz haben wir genug. Es ist zwar meist Pappelholz und man muß alle Augenblicke nachstecken, aber das läßt man sich gerne gefallen. Die Hälfte von dem Holz, das hier herumliegt, müßten wir zu Hause haben. [...]

Heute gab es schon Löhnung, weil der Abschnittsoffizier nach hier kam. Ich lege deshalb 10 RM bei.

Es grüßt Euch alle vielmals und Dich besonders, meine Nanny

Dein Johann.

Du mein lieber Johann!

Augenblicklich haben wir es doch recht schön, bald jeden Tag ein Brief. [...] Heute ist Martinitag, aber stiller wie früher. Bertalein war mit Kippkappkögel [Laterne] los, Heta begleitete sie. Sie kam sehr befriedigt nach Hause. Nachher waren noch einige Masken da. Ich hatte Kuchen gebacken und Äpfel geholt aber Albert und Heta haben das meiste geschafft. Das Wetter war heute trocken und kalt, ich war garnicht draußen. Außer Fritz de Wall sehen wir Sonntags keine fremde Menschenseele. – Tini Dahm ist noch immer krank. Heinrich liegt auch öfter wegen Rückenschmerzen zu Bett. – Johann Groß kommt jetzt alle drei Wochen nach Hause. – Lübbe Aden hatte heute Hochzeit. – Unsere Kuh ist jetzt endgültig aufgestallt, heute war der erste Tag. Die ganzen Länder sind sehr naß, sie sollen vielfach unter Wasser stehen. Bei Schmidt's ist es schon schlimm genug. Wie gut, daß der Brennstoff unter Dach ist. Anna hat ja selber Torf gegraben, [Schwager] Albert hat Torf von Wilhelm Meinen bekommen. Frieda hat keinen Torf bekommen, wie es mit ihrer Unterstützung aussieht, weiß ich nicht, seit Deinem Fortgang war ich nicht mehr dort. Hinrich soll das Soldatenleben gut gefallen. Thomas Ulrichs ist schon längst in Frankreich. [...]

Du fragst, wie es mit unserm Teevorrat aussieht. Einige Monate werden wir unser Köppke wohl noch trinken können. Ob er bis zum Kriegsende reicht, richtet sich wohl mehr nach den politischen und militärischen Ereignissen. So im Stillen hatte wohl jeder gehofft und geglaubt, bis Weihnachten würden die Friedensglocken wohl läuten, aber ein solch starker, zäher Gegner ist wohl nicht so schnell niederzuringen. Aber so allmählich wird er doch wohl auf die Knie gezwungen werden. Gerade in der letzten Zeit waren die Schiffsverluste für ihn ja ungeheuer. So kann es doch nicht lange weitergehen. So allmählich wird es dem hartgesottenen Churchill auch wohl an die Nerven gehen. Man sollte meinen, die arme Bevölkerung Londons müsse bald wahnsinnig sein. Wie gut haben wir es dagegen doch, wenn auch hier und dort allerhand zerstört wird! Damit werden sie den wahren Zweck auch nicht erreichen. Wenn man an den langen, einsamen Winter denkt, wird der Mut ja manchmal klein, da ja bei uns auch solange die Zukunft ungewiß bleibt, doch ist es ja das gemeinsame Schicksal des ganzen Volkes. Mit uns sehnen Millionen das Ende und die Wiedervereinigung herbei. Aber ohne die gänzl. Niederlage England's wollen wir uns keinen Frieden wünschen, er würde doch nur kurz und unsicher sein. – Ich muß jetzt wohl aufhören, es ist still geworden, die Kinder sind schlafen gegangen. Tanti macht gerade den Stapel Butterbrote [für morgen] fertig. Gute Nacht, Du Lieber, vielleicht schläfst Du schon. Herzlichst grüßt Dich Deine Nanny

[Fehmarn] *Freitagmorgen, 6/12 40*

Meine liebe Nanny, Ihr Lieben alle!

Heute bin ich 2 Tage hier, und schon habe ich 2 Briefe. Das ist doch allerhand, nicht wahr. Kamerad Lange hat mir sie nämlich nachgeschickt. Fehmarn habe ich mir etwas angenehmer vorgestellt. Im Sommer soll es hier ja ganz schön sein, aber jetzt im Winter pfeift der kalte Wind über die Insel. Dreck gibt es hier auch genug, denn der Boden ist schwer, lehmig-schlickig. Kohl (Weißkohl, Rotkohl, Wirsingkohl) gibt es hier in großen Mengen, weite Felder sind damit bestellt. Die Kost ist sehr gut, fett, reichlich und wohlschmeckend. Das Hauptgericht - abends - sind natürlich Bratkartoffeln und „Melk mit Krüm", Milch mit geweichtem Roggenzwieback. Man lernt doch so allerhand Nationalgerichte kennen. -

Ich bin hier Kommandoführer auf dem Wachkommando Schlagsdorf. Ca 20 Franzosen haben wir hier zu betreuen. Keiner von ihnen spricht deutsch, keiner von meinen Kamderaden französisch. Etwas spreche ich ja, außerdem habe ich mir ein Wörterbuch gekauft. Die Schrift ist aber sehr klein, es wäre mir sehr lieb, wenn Du mir eine Lupe oder das Leseglas eben zuschicken würdest, liebe Nanny. Sonst wird man sehr gut mit ihnen fertig, und auch unser Dienst läßt sich schon aushalten. - Heute ist Sünnerklaas [Nikolaus], hat er auch Stutenkeerls [Nikolausfiguren aus Hefeteig] gebracht? - Heute abend oder morgen früh schreibe ich mehr. Ein Kamerad fährt nämlich jetzt nach Petersdorf. Er nimmt die Post mit.

Euch Lieben alle und Dir, meine Nanny, besonders herzliche Grüße
Dein Johann.

Spetzerfehn, *den 8. Dezember 1940*

Lieber Papa!

Es wird doch endlich Zeit, daß ich Dir wieder einmal schreibe. Es ist ja sehr schade, daß Du jetzt nicht auf Urlaub kommen kannst. Wir hatten auch bestimmt damit gerechnet. -

Jetzt hat Albert den Adventskranz angesteckt und ich muß mein Schreiben unterbrechen. -

So, jetzt kann ich weiter schreiben. Am 30. November haben wir in unserer Schule Zeugnisse bekommen. Ich hatte von unserer Klasse das beste. In Deutsch, Englisch, Französisch, Mathematik, Turnen, Zeichnen und Handschrift hatte ich eine 2, in Musik eine 4 und in den übrigen Fächern eine 3. Morgen haben wir wieder Latein. Ich muß es mir gleich oder morgen früh in der Schule noch einmal durchlesen. Wir brauchen jetzt erst immer um 20 Minuten vor neun in der Schule sein. Dann müssen diejenigen, die mit dem Zug fahren, solange in der Aula bleiben. Wir bekommen am 21. Dezember Weihnachtsferien. Am 7. Januar fängt die Schule wieder an. Hoffentlich ist in den Ferien das Eis fest. Bis jetzt hat es wohl schon einmal gefroren, aber war auch gleich wieder „Deiweer" [Tauwetter]. Bei den Gifhornern habe ich mir ein Paar Schraubenschlittschuhe gewünscht. Hoffentlich bekomme ich welche. -

Es klingt wohl sehr spaßig, wenn Du mit den Franzosen französisch sprichst; hoffentlich verstehst Du auch ihr Kauderwelsch. Wenn wir hier einen Franzosen sehen, sagen wir nur: „Bon jour, Monsieur!" Dann grüßen sie uns auch. Neulich sagte ein Franzose zu einem andern, la petite fille (damit war ich gemeint) hätte ihn gegrüßt. Das konnte ich gut verstehen. Auf dem

Gymnasium fangen wir wieder ganz von vorne mit Französisch an, aber es ist doch gut, wenn wir schon etwas können. [...]

Jetzt habe ich keine Zeit mehr; Mama will nämlich auch noch mit diesem Füllfederhalter schreiben.

Herzliche Grüße Deine Heta.

Viele Grüße von dem kleinen Bertalein.

[Kriegsgefangenen-Wachkommando]   *Lübbersdorf, 27/12 40*   **Johann an Nanny 27. Dez. 1940**

Meine Nanny, Ihr Lieben alle!

Lange hat die Lübbersdorfer Herrlichkeit nicht gedauert. Soeben kam ein Anruf von der Kompanie, daß ich in Augustenhof das Kdo übernehmen muß. Etwas freue ich mich ja, daß ich wieder nach A. komme, da ich Menschen und Verhältnisse dort kenne. Es gefiel mir hier sonst auch sehr gut. [...] Augustendorf war meine erste Station bei dieser Kompanie, es wird auch wohl meine letzte sein. Ich habe mit dem Hauptmann eingehend gesprochen und einen Antrag auf Entlassung eingereicht. (Heta wird wohl schimpfen!) Die älteren Jahrgänge sollen entlassen werden, aber über den Zeitpunkt ist noch nichts bekannt. Zuerst muß Ersatz da sein, und das kann noch einige Monate dauern. [...]

Heute will ich einmal sehen, ob ich Schöfels [Schlittschuhe] bekommen kann. – Meine Adresse heißt also wieder: Wachkommando Augustenhof ü/Oldenburg (Holstein). Morgen werde ich von dort ausführlich schreiben.

Euch Lieben alle und Dir, meine Nanny, besonders herzliche Grüße

Dein Johann.

[Kriegsgefangenen-Wachkommando]   *Augustenhof, 28/12 40*   **Johann an Nanny 28. Dez. 1940**

Ihr Lieben alle, meine Nanny!

Jetzt bin ich glücklich wieder in Augustenhof gelandet. Es gab ein großes Hallo, als ich hier anlangte, bei den Augustenhofern und auch bei den Gefangenen. [Kamerad] Lange war in Urlaub gefahren und sein Nachfolger konnte die Situation nicht meistern. Mein Kamerad Meyer ist auf Nachmittagsbesuch zu seiner Frau. Diese wohnt nämlich in der Nähe, d.h sie ist dort in Pension. Im übrigen ist hier noch alles beim alten, das übliche Dreckwetter fehlt auch nicht. Schnee gab es hier in der letzten Zeit mehr als bei uns, stellenweise liegt er fußhoch. [...]

Schlittschuhe konnte ich für Heta bislang noch nicht auftreiben. Morgen komme ich nach Heiligenhafen, vielleicht erwische ich dort ein Paar [...]

Kamerad Marks in Schlagsdorf habe ich angerufen, er hat mir das Päckchen zugeschickt. Der Kuchen schmeckt tadellos. Ich habe mir ein Köppke Tee gemacht – 1 1/2 Tabletten auf 3/4

Kochgeschirr Wasser – das gibt einen Hochgenuß. – Das Leseglas war auch noch drin, ebenso Zeitungen und Äpfel. Besten Dank für alles. Mein NSV-Päckchen ist noch nicht da, aber von der Kompanie habe ich eine Weihnachtstüte mit Äpfeln, Zigarren, Zigaretten und Süßigkeiten sowie eine Flasche Wein erhalten. –

Hier im Lager haben sie auch Weihnachten gefeiert. Es gab einen Weihnachtsbaum mit Zubehör sowie für jeden ein Päckchen Tabak, Zigaretten und Keks. – In Lübbersdorf habe ich in den letzten beiden Tagen soviel Kuchen u.s.w. bekommen, daß es für eine Woche langt. Bei 4–5 Bauern mußte ich eine Antrittsvisite machen und überall gab es Leckereien. Dann bin ich sang- und klanglos wieder abgehauen. [...]

Im übrigen scheint es ein trockenes Sylvester zu werden. Rum, Arrak u.s.w., sogar Wein, sind hier nicht zu kriegen. Na, es schadet auch nichts. Die Hauptsache ist der Korn des neuen Jahres. Möge es uns den Frieden bringen. [...]

Euch Lieben alle und Dir, meine Nanny, besonders herzliche Grüße und ein frohes neues Jahr Dein Johann.

Postkarte von Johann an Berta, Strandvergnügen im »3. Reich«

»Reichsarbeitsdienstmann«, Postkarte von Johann an Berta

»Der Meldefahrer«, Postkarte von Johann an Berta

Propagandaplakat

6. Februar	Aufstellung des deutschen Afrikakorps unter General Rommel
6. April	Angriff auf Jugoslawien und Griechenland
17. April	Kapitulation Jugoslawiens
21. April	Kapitulation Griechenlands
20. Mai	Luftlandung auf Kreta
22. Juni	Angriff auf die Sowjetunion
5./8. August	Militärische Erfolge im Osten (Kesselschlachten Smolensk und Uman)
Juni/August	Zahlreiche Pogrome durch Wehrmacht und SS in den besetzen russischen Gebieten
1. September	Einführung des „Judensterns" in Deutschland
2.–20. Oktober	Weitere deutsche Erfolge (Doppelschlacht von Wjasma und Brjansk)
12/13. Oktober	Massaker durch Deutsche in Dnjepropetrowsk
23. Oktober	Verbot der Auswanderung von Juden aus Deutschland
24. Oktober	„Deutschblütige" Personen, die sich freundlich gegenüber Juden verhalten, sind in Schutzhaft zu nehmen, die betreffenden Juden ins KZ einzuliefern
Nov./Dez.	Blutbad in Riga unter den ersten deutschen Judentransporten
5./6. Dez.	Beginn der sowjetischen Winteroffensive
7. Dezember	Japanischer Angriff auf Pearl Habour; Beginn des Krieges zwischen Japan und den USA
11. Dezember	Kriegserklärung Deutschlands und Italiens an die USA

Die Londoner Bevölkerung sucht Schutz in U-Bahn-Schächten

London, nach deutschen Luftangriffen

Warschauer Ghetto

Vertreibung ins Ghetto

Die Wehrmacht geht gegen griechische
Zivilisten vor

Albert 1941

Kriegsgefangenen-Wachkommando Vitzdorf/Fehmarn, in der Mitte: Johann Schoon

Mühle Spetzerfehn, Vordergrund ein Stürmerkasten

Johann Schoon in Vitzdorf/Fehmarn, Frühjahr 1941

Meine Nanny! Ihr Lieben alle!

Vom gemütlichen Sonntagsnachmittagstee sende ich Euch die allerbesten Grüße. Nanu, werdet Ihr denken, „Tee?" Es stimmt aber doch. Wir sitzen mit 3 Ostfriesen zusammen. Den Tee habe ich spendiert und sie den Zucker. Ein Ostfriese, Mimke Behrends von Haxtum, ist nämlich der eine von meinen Wachleuten, der andere ist von Oldenburg gebürtig. Ein anderer Ostfriese, Bents von Wittmund, ist von einem Kommando in der Nähe auf Besuch gekommen. Es ist also recht gemütlich hier. – Als ich gestern nachmittag in der Wachtstube in Göhl ankam, lag dort schon der Bescheid vor, daß ich als Kommandoführer nach Neukirchen versetzt wäre. Ich bin dann um 4 Uhr mit dem Zuge nach hier gefahren, es liegt nämlich auf der Strecke Oldenburg – Heiligenhafen. Es gefällt mir sehr gut, die Kameraden sind gut, und Quartier und Verpflegung sind sehr gut. [...]

In Göhl bekam ich gestern noch Deinen Brief vom Donnerstag, liebe Nanny, und Bertaleins Brief, für beide besten Dank. Es freut mich sehr, daß die Schlittschuhe endlich angekommen sind. [...] Hier ist es so recht mollig jetzt. Ihr denkt vielleicht: „Jetzt schreibt er und läßt seine Gäste allein." Sie haben aber auch eine feine Beschäftigung. M. Behrends hat einen Stapel OTZ-Zeitungen bekommen, und diese studieren sie gemeinsam. Es ist doch eine ganz andere Sache, als wenn man hier in die Kieler oder Hamburger Blätter blickt. – 6 Uhr abends. Ich schreibe jetzt weiter. Der Besuch ist fort. Der Wind fegt um's Haus, der Schnee stiebt über die Koppeln. Es scheint wieder ein Schneetreiben zu werden. Hoffentlich wird es nicht wieder solch ein Winter wie der vergangene. Es ist ja ein Glück, daß es Brennmaterial genug gibt. Wie sieht es mit den Eierkohlen aus, habt Ihr sie erhalten? Wie steht's mit dem Radio? Ich hoffe doch, daß es wieder in Ordnung ist. [...]

Wie ist es mit dem Füllhalter für Heta? Hast Du noch einen geschickt bekommen? Hier kann man sonst auch noch welche kaufen, aber ob sie so gut sind wie die „Artus", das ist ja fraglich. Am besten ist ja ein Tintenkuli, aber den kann man jetzt nicht bekommen. – Wie es wohl mit meinem Geburtsgeschenk ist? Ich bin ja neugierig (?!) Zu Hause werde ich ihn doch wohl nicht feiern können. – Morgen mehr. Euch Lieben und Dir, meine Nanny, besonders herzl. Grüße Dein Johann.

J. Schoon ist nach einem kurzen Heimaturlaub wieder nach Schleswig-Holstein zurückgekehrt; dieser sowie die folgenden Briefe J. Schoons sind z.T. mit Maschine geschrieben.

Meine liebe Nanny, Ihr Lieben alle!

Bis jetzt habe ich die Lohn-, Verpflegungs- und Unterkunftslisten ausgefüllt, nun habe ich sie zur Seite gelegt und tippe. Sonst geht der Brief heute abend nicht mehr ab. Es ist ja sowieso fraglich, ob er ohne Verspätung ankommt, denn die Bahnen sind schon wieder verschneit und verweht. Auf den Straßen und Wegen ist es natürlich nicht besser. Wir müssen uns die Mahlzeiten schwer

verdienen, hin und zurück 5 km durch den Schnee, das ist kein Vergnügen. – Sonnabendnachmittag bin ich hier gelandet. Die Kameraden waren froh, daß ich wieder da war. Der Oldenburger, Nieberding heißt er, ist in der Zwischenzeit krank geworden und liegt in Heiligenhafen im
Lazarett, Mandelentzündung. Dafür habe ich einen Sachsen vom Lager 1 bekommen, Schirmer
heißt er. Er ist ein guter Kamerad. –
Meine Schreibmaschine war die Sensation des Tages. Gestern haben die beiden, M. Behrends und
der Sachse, ihr Heil darauf versucht, während ich an den Listen arbeitete. Sie wollten Nieberding
einen gemeinsamen Brief schreiben. Zuerst kam der Sachse. 'Donnerwetter', sagte er, 'jetzt habe
ich schon den Bogen raus. Habe ein ganzes Wort richtig geschrieben!' – Behrends gab ihm
zwischendurch Belehrungen. 'Nun hab ich mich natürlich verhauen, das kommt von deinen
Zwischenrufen! Nimm dich bloß in acht, daß ich mich nicht auf meine militärische Wut besin-
ne, dann kannste dein blaues Wunder erleben, das kann ich dir flüstern! Nu hab ich in einem
Wort 3 Fehler gemacht, ich möchte mich vor Wut in den Arsch beeßen! [...] Bei Behrends ging
die Schreiberei nicht viel besser. –
Bei der Kompanie habe ich mich gleich nach meinen Aussichten betr. Entlassung erkundigt. Sie
konnten mir noch keine Auskunft geben. Inzwischen bin ich zum Obergefreiten befördert. [...]
Du hattest wohl im stillen damit gerechnet, nicht wahr?
[...] Euch Lieben alle und Dir, meine Nanny, besonders herzliche Grüße
Dein Johann

**Johann
an Nanny
15. Februar 1941**

*[Kriegsgefangenen-Wachkommando
Neukirchen/Holstein]*   *Sonnabendnachmittag, 15./2 41*

Meine liebe Nanny, Ihr Lieben alle!
Der gestrige Brief war nur kurz, dafür soll dieser umso länger werden. Es war gestern abend
schon spät, als ich von Oldenburg zurückkehrte. Die Verbindung ist nämlich sehr schlecht. [...]
Ich wäre ja am liebsten mit dem Rade hingefahren, aber es ließ sich schlecht machen, weil wir mit
2 Gefangenen zum Zahnarzt mußten und außerdem Sachen von der Ausgabestelle abholen mußten.
Das gab ein Hallo, als wir abends die Sachen [an die Gefangenen] austeilten. Besonders die
Schuhe waren sehr begehrt. Das Schuhwerk bei vielen ist natürlich auch sehr belämmert, dabei
müssen viele bei diesem Matsch 5 km und mehr tippeln. Einige tragen schon lieber Holzschuhe
als ihre kaputten Schuhe. Einige sind aber auch nachlässig, mit einigen Nadelstichen wäre vieles
noch zu machen. Solche Brüder merken wir uns übrigens, sie bekommen Extraarbeit: Schrub-
ben, Scheuern, die Latrinen säubern usw. Zuweilen gibt es ja auch Drückeberger, die einmal das
Faulfieber haben und einen Tag im Lager bleiben wollen, indem sie krank spielen. Ihnen wird
dann die Temperatur gemessen, und wenn sie kein Fieber haben, dann gibt es den ganzen Tag
nichts zu essen, aber ständig Beschäftigung. Das hilft am besten, am nächsten Morgen sind sie
dann die ersten, die sich auf die Socken machen. – Für morgen ist Kirchgang angesetzt, morgens
8 Uhr im Lager Heringsdorf, 5 km von hier. Ein katholischer Pfarrer, der französisch spricht,
wird dort predigen. Vielleicht gehe ich eben mit und höre mir die Sache an. [...]
„Donnerwetter", sagt gerade der Sachse, „jetzt tippst Du schon so lange und hast schon eine
Seite vollgeschrieben. Ich könnte gar nicht soviel zusammenlügen. Du mußt eine blühende Phan-
tasie haben!" Soviel Stoff hat man hier natürlich nicht wie in Holland und Belgien, aber es langt

doch immer noch. – Der kleine Sachse ist jetzt meine rechte und auch meine linke Hand, denn Mimke Behrends ist nach Heide zum Exerzieren abkommandiert. Unser Feldwebel sagte übrigens vor einigen Tagen, daß die älteren Jahrgänge bis zum 1. April entlassen sein müßten. Es soll mich mal wundern, ob er recht behält. Auf mein Entlassungsgesuch habe ich noch keinen Bescheid erhalten. [...]

Ich habe auf die Post gewartet, aber sie ist noch nicht da. Es hilft nichts, der Brief muß fertig, sonst geht er heute abend nicht mehr ab. [...]

Euch Lieben alle und Dir, meine Nanny, besonders herzliche Grüße
Dein Johann.

[Kriegsgefangenen-Wachkommando] Neukirchen, *Montag, 17./2 41*

Meine liebe Nanny, Ihr Lieben alle!

Da es Euch doch wohl etwas schwerfällt, jetzt zu schreiben, so muß ich wohl desto häufiger die Schwingen meines kleinen Adlers [Fabrikat der Schreibmaschine] rühren. Schade, daß ich jetzt nicht dort bin, ich würde Euch schon alle kurieren. Ich würde Euch alle in's Bett stecken, Euch einige Aspirin geben, damit Ihr in's Schwitzen kämet. Bei mir habe ich es nämlich auch so gemacht. Am nächsten Morgen war ich wieder auf dem Posten. Deinen Brief vom Donnerstag bekam ich gestern, und heute einen von Heta. [...]

Ich habe doch Augen gemacht, daß Du nicht einmal einen Gruß beigefügt hattest, da muß es doch recht schlimm mit Dir sein. [...] Bei diesem Wetter ist es auch ja kein Wunder, gestern regnete es, heute nacht hat es gefroren, und jetzt schneit es, als wenn Hans Winter sich noch so recht austoben will. Und es muß doch Frühling werden! [...]

Gestern war ich mit den Gefangenen nach Heringsdorf zum Kirchgang. Ich dachte, daß der Pfarrer französisch sprechen würde. Das war aber nicht der Fall. Er suchte sich einen Mann vom Fach aus, der den Gottesdienst leitete, und im übrigen waren es lateinische Wechselgesänge und die bekannten Zeremonien. Ich habe mich bald dünn gemacht und bei einem Kamerad im Heringsdorfer Lager eine schöne Tasse Kaffee getrunken. Als ich wiederkam, hatte Kamerad Sachse schon ein schönes Köppke Tee fertig – der letzte Rest – das war ein Hochgenuß bei dem matschigen Wetter. Eigentlich hätte er ja mitgehen müssen, aber ich wollte mir doch auch einmal die Sache ansehen. [...] Jetzt muß ich morgen an das Waschgeschäft. Es geht ganz gut. Wir haben uns einen Waschkessel besorgt und kochen dann die Wäsche auf dem Ofen des Lagers. In unserer Wachtstube trocknet sie dann an einem Tage. [...]

Nun wünsche ich Euch allen recht gute Besserung!

Euch Lieben alle und Dir, meine Nanny, besonders herzliche Grüße
Dein Johann.

[Kriegsgefangenen-Wachkommando Neukirchen/Holstein]   *Donnerstag, 6./3 41*

Meine liebe Nanny, Ihr Lieben alle!

Du hast recht, so ein bißchen hatte ich doch auf einen Sonntagsbrief gewartet, aber ich habe der Post die Schuld gegeben. Aus Deinem Montagsbrief habe ich aber ersehen, daß Du anderweitig verhindert warst. Es freut mich, daß Du Dich auf die Socken gemacht hast, Ihr habt auch ja sehr schönes Wetter gehabt. [...] Hier wird der Matsch langsam etwas weniger. Heute ist richtig einer von den 7 Sommertagen, die der März uns bringen soll. [...]

Der Bruder von Bauer Ehrich, wo ich jetzt esse, hat auch einen Bienenstand, und die Bienen hielten heute ihren Reinigungsausflug. [...] Hoffentlich sind unsere Immen auch schon alle an die frische Luft geflogen. Halte sie nur weiter warm verpackt, das ist die Hauptsache. Zucker wird es auch wohl bald noch etwas geben. Mit den Kunstwaben wartet nur so lange, bis ich einmal in Urlaub komme. Wenn es noch etwas lange dauert, müßt Ihr landwirtschaftlichen Urlaub beantragen, ich werde Euch ein Muster zuschicken. Jetzt sind 2 Mann in Urlaub, der eine kommt Sonntag zurück, dann fährt Mimke Behrends. [...] Es ist doch überall gleich, Urlaub ist bei den Soldaten das erste Thema. [...]

Kamerad Behrends hat gestern noch eine Serie von Briefen verfaßt. Allen Freunden und Bekannten hat er einen Brief getippt. Um die Sache zu vereinfachen, machte er eine Kladde von dem Brief, nahm 5 Bogen, legte Blaupapier dazwischen und machte dann seine 5 Durchschläge. Er hatte den Brief auch einigermaßen richtig geschrieben, sauber eingeteilt und sich die größte Mühe gegeben. Leider hatte er beim Einstecken die Bogen umgedreht, so daß auf den restlichen 4 Bogen nur Spiegelschrift war. Der erste Bogen war sogar an beiden Seiten beschrieben, vorne normal und an der andern Seite Spiegelschrift. „Na", sagte der Sachse, „Du bist aber erst eener, Du bist ja noch schlimmer wie die Juden. Die lesen von hinten und Du schreibst sogar von hinten!" Wer den Schaden hat, braucht eben für den Spott nicht zu sorgen. [...]

Morgen muß ich wieder nach Oldenburg, mit 2 Gefangenen zum Zahnarzt. Es ist aber vorläufig das letzte Mal. Diese beiden sind von einem anderen Lager zu uns gekommen, und sie waren bei dem Zahnarzt in Oldenburg in Behandlung. Sonst fahren wir eben nach Heiligenhafen, das ist bedeutend näher, und wir können mit dem Rade hinfahren. Die Bummelei mit dem Zuge und vor allem das Warten in der Stadt wird einem langsam zuviel, abgesehen davon, daß man immer etwas Geld ausgibt, was man sonst in der Tasche behält.

Euch Lieben wünsche ich allen gute Besserung. Es grüßt Euch alle und Dich, meine Nanny, besonders herzlich

Dein Johann.

Spetzerfehn,   *den 9. März 1941*

Lieber Papa!

Herzlichen Dank für den Brief, den Du mir letztens geschrieben hast. Ich habe noch keine Zeit gehabt, Dir wiederzuschreiben. Wir müssen jetzt noch tüchtig Latein lernen, damit wir die andern einigermaßen wieder eingeholt haben. Wir müssen überhaupt bis zu den Sommerferien noch viel nachholen, damit wir nicht sitzenbleiben. In Mathematik ist die Klasse [in der Oberschule] schon dabei, was wir in unserer Schule erst nächstes Jahr um diese Zeit bekommen. Also heißt es jetzt noch tüchtig lernen.

Heute nachmittag war ich bei Maria Geipel auf Geburtstag. Es war dort sehr schön. Herr Ehmen war schon wieder auf Urlaub. Dies war nur Sonntagsurlaub; er muß morgen abend schon wieder weg. Als Grund hatte er angegeben, seine Schwiegereltern hätten silberne Hochzeit. Es ist zwar nicht wahr, aber dabei kommt es ja so genau nicht drauf an. – Es ist jetzt schon neun Uhr. Ich bin vor einer Stunde erst wiedergekommen. Wilhelm Röbens Land ist noch unwegsam. Der Boden ist dort so naß, daß man bisweilen bis an die Knöchel einsinkt. Aber lange wird die Landplage wohl nicht mehr dauern, denn nach dem Kalender ist ja schon in 12 Tagen Frühling. Hier ist allerdings noch lange kein Frühlingswetter. Meistens regnet es. Ich habe natürlich schon Kniestrümpfe an, aber Du brauchst keine Angst zu haben, daß ich erfriere. Ich tue Euch jetzt ja den Gefallen und fahre noch bis zum 15. März mit dem Zug. Dann ist es aber aus. Mein Rad ist jetzt ja wieder in Ordnung. Allerdings muß es schon wieder geflickt werden, aber das kann Albert ja tun. Ihr braucht gar nicht versuchen, mir das auszureden; diesmal setze ich meinen Willen durch.

Albert ist jetzt schon zu Bett, er war heute abend „frockerg" [mißgestimmt], weil er nicht mehr zur Bahn durfte. Schreiben wollte er Dir auch nicht, weil er sagte, er dürfte Deine Briefe ja doch nicht lesen. Das sagt er, weil Tanti ihm einmal verboten hat, einen Brief zu lesen, weil Mama nicht da war. Da wollte er ihn auch nicht mehr lesen. Sonst war aber heute ganz gut mit ihm auszukommen. Heute vormittag hat er sogar einen Pudding „gebacken", wie er sich ausdrückt. Jetzt habe ich keine Zeit mehr, da ich gleich noch einmal meine lateinischen Vokabeln überlesen muß.

Es grüßt Dich herzlich Deine Heta.

[Kriegsgefangenen-Wachkommando] Neukirchen,   *Sonntag, 9./3 41*

Ihr Lieben alle, meine Nanny!

In der letzten Zeit werde ich ja mit Briefen förmlich überschüttet, gestern morgen erhielt ich Deinen Donnerstagsbrief und gestern abend den von Freitag, besten Dank. Gestern bin ich nicht zum Schreiben gekommen, aber heute will ich es nachholen. Gestern haben wir nämlich Kohlen und Holz geholt und andere Arbeiten gemacht. [...] Heute habe ich dafür umso mehr Zeit. Den ganzen lieben Tag regnet es, das richtige Schlackerwetter. Nur der Sachse kommt getreulich auf Besuch. Er gehört nämlich zum anderen Lager, dort spielt er jetzt Kommandoführer und Wachmann in einer Person. Der richtige Kommandoführer hat sieben Tage Arrest, weil er während des Dienstes besoffen gewesen ist. [...]

Vielleicht fährt Mimke Behrends Dienstag in Urlaub. Mittwochmorgen fährt er von Oldenburg ab und kommt um 8 Uhr abends in Spetz durch. Ich werde ihm ein kleines Päckchen mitgeben. Vorläufig liegt B. aber noch zu Bett, der Ausbildungskurs in Heide hat ihn doch sehr mitgenommen. Soeben habe ich seine Temperatur gemessen, er hatte bald 39. Ich habe ihm ein kräftiges Köppke Tee mit einem guten Schuß Rum sowie eine Aspirin-Tablette gegeben, da wird er wohl an's Schwitzen kommen. Der Sachse hat die Tee-Rum-Mischung probiert und für gut befunden. Er ist nämlich mehr bei uns als in seiner Bude. Wir haben auch einen gegenseitigen Wachdienst eingerichtet. Vergangene Woche hatte er sich an einem Tage verschlafen, jetzt meldet er sich jeden Morgen um 5.15 hier zum Zeichen, daß er hoch ist, sonst wecke ich ihn schnell. Ich wache nämlich jeden Morgen früh genug auf, obwohl unser Wecker nur leise ruttert. Vor einiger Zeit streikte er, weil er einen Salto vom Tisch herunter gemacht hatte. Wir konnten nirgends einen Nachfolger auftreiben. Da haben wir ihn notdürftig repariert und nun geht er wieder. – Nebenan [bei den Gefangenen] geht es ziemlich laut zu. Eigentlich sollten die Brüder ihre Sachen instandsetzen, aber ich habe sie im Verdacht, daß sie Karten spielen. Na, sie hatten heute auch einen schweren Tag, ich habe schon Feuer machen lassen, damit sie sich erst wieder aufwärmen können. Kohlen haben wir ja. [...]

Du schriebst in Deinem letzten Brief, liebe Nanny, daß Du mir Zucker geschickt hättest. Bis jetzt habe ich keinen bekommen. Im übrigen brauchst Du mir keinen Zucker mehr zu schicken, denn wir bekommen hier auch welchen. Wenn Du willst, schicke mir aber gelegentlich einige Bilder mit. Es können solche aus Zeitschriften und Heften sein, am liebsten Landschaften. Die Gefangenen haben nämlich einen Tagesraum, wo sie schreiben, lesen, ihre Sachen flicken und auch Sonntagsnachmittags sitzen. Ich habe schon verschiedene Bilder angebracht, aber es sind noch so viele kahle Wände da, die verschönert werden wollen. Die Burschen wollen ja am liebsten etwas pikant-Erotisches haben, aber damit haben sie bei mir kein Glück. Kriegs- und Soldatenbilder dürfen es auch nicht sein. Aber es gibt ja so schöne Skizzen, Landschaften, Städtebilder und andere unverfängliche Sachen. Vielleicht sehen Albert und Heta einmal in ihren Heften nach. – Du frägst in Deinem letzten Brief, liebe Nanny, ob Ihr das Biest [Rind] verkaufen sollt. Ich glaube auch, daß es das Beste ist, denn melken können wir es im Sommer doch nicht und zum Bullen war es auch noch nicht. Ihr müßt sehen, wenn Ihr es günstig verkaufen könnt, dann bin ich ganz damit einverstanden. [...]

Die Bienen werden jetzt wohl nicht fliegen, es ist doch gar zu winterlich. Wie machen die Erdbeeren sich, haben sie den Winter überstanden? Und die Lebensbäume und Hecken, die wir verpflanzt haben? Was Ihr an Kunstdünger bekommen könnt, das nehmt nur, es ist nie zuviel, d.h. wenn Du es bezahlen kannst. Die erste Gehaltsüberweisung für mich wird auch ja wohl bald eintreffen. – Die Kur bei Kamerad Mimke scheint zu wirken, er hat dicke Schweißdrubbels vor der Stirn. Hoffentlich ist er bis morgen wieder kuriert. Es wäre doch ärgerlich, wenn er nicht in Urlaub fahren könnte. –

So, der Brief ist doch lang genug geworden, er langt schon bald für eine Woche! [...] Den Kindern schreibe ich morgen.

Alles Gute und gute Besserung.

Euch Lieben recht herzliche Grüße und Dir, meine Nanny, besonders

Dein Johann

Spetzerfehn,   *Donnerstagabend, 13. März 1941*

Du lieber Johann!

Da wollte ich gleich gesternabend schreiben, als wir das Päckchen geholt hatten, aber schließlich war es so spät geworden, daß ich garnicht mehr dazu kam. Und heutenachmittag hatte ich niemand, der einen Brief zur Post bringen konnte. [...] Die Kinder kamen nämlich erst um 8 Uhr von Aurich zurück, weil Albert's Klasse einen Elternabend veranstaltete. Es wurden einige Lieder gesungen und dann verschiedene Sachen von Hans Sachs gespielt. Es hat ihnen viel Spaß gemacht. Beide kamen mit einem Bärenhunger zu Hause an, aber dafür taten ja Bratkartoffeln und Spiegeleier gute Dienste. Jetzt liegen sie schon in guter Ruhe. Soeben war Tini Dahm noch hier, um Tabletten gegen Schmerzen zu holen. Börchert Cordes hat nämlich heutenachmittag bei Eilers beim Dreschen den rechten Daumen verrenkt. [...]

Er hatte heute abend ganz wahnsinnige Schmerzen, ist schon schlecht geworden, seine Mutter war von dem Jammern und der Aufregung schon ohnmächtig geworden. Es wäre ja besser gewesen, er wäre gleich zu Frau Gerdes gegangen. – Nun bin ich ganz von meinem Thema abgekommen! Das Päckchen haben Heta und ich gestern um 8 Uhr vom Zug geholt, wir haben auch noch den Behrends gesprochen. Er hat <u>14</u> Tage Urlaub, er meinte bestimmt, nach ihm kämst Du an die Reihe. Na, uns kann es ja nur recht sein. Arbeit haben wir ja bald in Hülle und Fülle. Natürlich hätten wir Dich zu Ostern ja auch gerne hier. [...]

Wir danken Dir für das Päckchen, besonders ja zu dem Tee. Zu den 10 gr. freuen wir uns wohl genauso wie voriges Jahr zu den 100 gr. Päckchen. Die Vorräte gehen doch so allmählich zur Neige. Bis zum Friedenschluß werden sie bestimmt wohl nicht mehr reichen. Denn so schnell wird der Krieg doch wohl noch nicht zu Ende sein. Na, jetzt lassen wir ihn uns noch recht gut schmecken! – Deine Socken habe ich heutemorgen gleich gewaschen, morgen packe ich sie ein. Ich denke mir ja, daß Du sehr darum verlegen bist, da Du doch nur noch ein Paar dort hast. Schicke Dir auch einige Zeitungen mit, Du mußt Dich doch auch überzeugen, daß Albert jetzt fleißig Zeitungsberichte verfaßt. [...] Es wird wohl wieder eine böse Nacht werden, denn der Tommy ist jetzt schon da, und es ist noch nicht mal 11 Uhr. Die letzte Nacht waren sie ja wieder in Bremen und Hamburg. Hoffentlich ist bald Schluß damit. [...]

Wenn das Wetter so bleibt, können wir nächste Woche vielleicht schon mit Gartenarbeiten anfangen. Die Erdbeeren und auch die neugepflanzten Hecken haben den Winter gut überstanden. Die Kinder bekommen zu Ostern allerdings nur 5 Tage Ferien, da können sie ja nicht soviel schaffen. [...]

Morgen bist Du schon wieder 6 Wochen fort und in vierzehn Tagen schon wieder ein halbes Jahr. Ob Du das Ende des Krieges wohl in Holstein verlebst?

Für heute Schluß, Tanti ist schon eingeschlafen. Ich danke Dir noch herzl. für die 10 M im vorigen Brief. Entbehrst Du auch nichts?

Grüße von allen! Deine Nanny

Du lieber Johann!

Trotzdem ich erst gestern abend geschrieben habe, will ich doch die Socken nicht abschicken, ohne einige Worte dazu zu schreiben. Lege auch einige Zeitungen bei. Wenn Du in Urlaub kommst, denk an die alten Zeitungen! [...]

Die Kinder sind gerade mit Mittagessen fertig und wir trinken jetzt gemütlich ein Köppke Tee. Das Wetter ist noch recht kalt, es friert jede Nacht noch tüchtig. Die Mondscheinnächte sind ja so recht geeignet für die Angriffe vom Tommy. Wir hörten wohl die ganze Nacht schießen, aber Bomben sind in der Nähe nirgends gefallen. Nach dem Wehrmachtsbericht war ja der Angriff auf Hamburg gerichtet. Es werden wohl wieder viele Menschen um's Leben gekommen sein! [...]

Unser Rind haben wir noch nicht verkauft. Ich glaube, Rolf Ideus hat wohl Interesse daran, aber man kann ja nicht auf ihn rechnen. Ich werde den Preis auf 250 M setzen. In Wrisse sprach ich mit Focke Bischoff, der hatte ein Tier von demselben Alter für 270 M verkauft. Das wird nun natürlich wohl besser gewachsen sein, aber ablassen können wir ja immer. Lieber wäre es mir natürlich, wenn <u>Du</u> es verkaufen könntest. Wenn der Mimke recht hat, können wir Dich ja in einigen Wochen erwarten. -

Die andern Socken folgen nächste Woche.

Einen herzl. Gruß von Deiner Nanny.

Johann an Nanny 16. März 1941

[Kriegsgefangenen-Wachkommando] Neukirchen 2,   *Sonntag, 16./3 41*

Meine liebe Nanny, Ihr Lieben alle!

[...] Es ist reichlich spät geworden, hoffentlich kriege ich den Brief noch mit dem Zuge. Ich mußte heute nachmittag nach Neu-Rahtjensdorf, etwa 8 km von hier. [...] Die Tour hat mir großen Spaß gemacht. Es war herrliches Frühlingswetter, die Vögel sangen schon in Busch und Strauch. [...]

Jetzt habe ich den Ofen angemacht, er raucht wieder wie ein kleiner Fabrikschornstein. Es ist ein Glück, daß wir bald auf den Lümmel verzichten können. Eigentlich müßte er einmal gereinigt werden, ebenso die Rohre, aber das ist eine heillose Arbeit, da wollen wir lieber darauf warten, daß wir auf seine Dienste verzichten können. Es ist eigentlich ein alter ausgedienter Schulofen, aber er muß eben noch seine Dienste tun, weil kein Nachfolger aufzutreiben ist. Es ist genau so wie mit dem Radio. Wir sind schon lange scharf auf so ein Ding, aber es ist keins zu erhalten. Na, wir werden auch so ja gewahr, was los ist. Heute nachmittag habe ich des Führers Rede gehört. Er hat den Burschen ja ordentlich Bescheid gesagt. Das können die Amerikaner sich auch hinter die Ohren schreiben. Aber viel werden sie doch nicht darnach fragen, denn das internationale Judentum steht dahinter. Na, sie werden auch schon wissen, daß der Japaner nicht zum Vergnügen nach Berlin gefahren ist. -

So, jetzt hat der Ofen es geschafft. Wenn er eben einsieht, daß es nichts hilft, dann tut er brav seine Pflicht und hält die ganze Nacht Feuer. Wir brennen jetzt Koks, da keine Kohlen mehr da waren. Das ist vielleicht zuviel gesagt, es ist wohl noch etwas da, aber er ist fein wie Kies! Schirmer sagt: „Schreib man ruhig in Dein Kohlenbuch: Einen Zentner Dreck erhalten. Das sind ja keene Kohlen mehr, das ist deitscher Grus." Er kann zuweilen sehr witzig sein. Wir werden eben warten müssen, bis es wieder Kohlen gibt. [...]

Jetzt wird es aber die höchste Zeit, wenn der Brief noch mit dem Zuge soll. [...]

Euch allen und Dir, meine Nanny, besonders herzliche Grüße

Dein Johann

Spetzerfehn,   *16. März 1941*

Lieber Papa!

Herzlichen Dank für Deinen Brief. Ich habe heute gerade Zeit zum Schreiben. Sonst müßtest Du sicher noch eine ganze Woche warten. In der Woche ist ja an Schreiben gar nicht zu denken. Heute nachmittag um 3 Uhr ist bei Hinrichs Film: Das Gewehr über. Die andern Mädchen sind alle hin. Ich hatte keine Lust. Ich bleibe lieber zu Hause und lese. Heute vormittag hatten wir hier Heldengedenkfeier. Wir Jungmädel mußten auch hin. Es war sehr kalt draußen zu stehen. Harm Hagen hat geredet. Er hat es aber abgelesen. Mitten im Satz mußte er umschlagen. Das ging nicht so schnell, und es entstand eine ziemliche Pause. Sonst klappte aber alles.

Letzten Donnerstag hat Klasse 5 Oberschule einen Elternabend veranstaltet. Es fing um 1/2 5 Uhr an. Almuth und ich konnten nach dem Lateinunterricht noch gerade hinkommen. Es hat uns sehr gut gefallen. Den Programmzettel hat Berta Dir jawohl in ihrem letzten Brief mitgeschickt. Das Schönste war das Stück: Das Kälberbrüten. Du kennst es sicher. Johann de Witt war der Bauer. Das konnte er sehr gut . [...]

Auch die andern Stücke waren sehr schön. Um 8 Uhr sind wir mit dem Zug wiedergekommen. Gleich wollen Mama und Berta aus[gehen] nach Gerhard sien Gretje. Berta freut sich schon sehr. Albert ist heute nachmittag natürlich auch zum Film. Als Berichterstatter [für die Zeitung] muß er das ja auch unbedingt. In letzter Zeit schickt er immer sehr viel hin. Vor einigen Tagen standen einmal 3 Berichte drin. Es waren zusammen 30 Zeilen. Wenn er so weitermacht, lohnt es sich doch.

Morgen fahre ich mit dem Rad. Aber das wird wahrscheinlich der einzige Tag in diesem Monat sein. Die Dieskoppen [Dickköpfe] wollen es nämlich nicht haben. Es wird hohe Zeit, daß Du bald einmal kommst und ein Machtwort sprichst. Morgen muß ich mit dem Rad, weil ich mir keine Monatskarte geholt habe.

Jetzt habe ich keine Zeit mehr, ich muß gleich noch lernen.

Herzliche Grüße von Deiner Heta.

Schreibe mir bitte bald wieder einmal

[Kriegsgefangenen-Wachkommando Neukirchen/Holstein]   *Donnerstag, 20/3 41*

Meine liebe Nanny, Ihr Lieben alle!

[...] Heute war ich den ganzen Tag sehr seßhaft, abgesehen von meinen Reisen nach Oelendorf, wo ich esse. Kamerad Braun ist nämlich mit einem Kranken nach Schleswig gefahren. [...] Der Gefangene mußte zum Lazarett, denn er hat wahrscheinlich ein Magengeschwür. Nun mußte ich heute eine Unzahl Formulare schreiben und an die Kompanie, an die Verwaltungsstelle in Oldenburg, an das Lazarett in Schleswig, an die Postüberwachung, die Verwaltungsabteilung, die Abteilung Arbeitseinsatz usw. einsenden. Wir werden mit der Zeit die richtigen Bürokraten. Hoffentlich fährt bald ein anderer Wind dazwischen, damit man etwas vom Kriege spürt. Vorläufig sind wir aber noch hier, die Stalag wird wohl ein Machtwort gesprochen haben, daß die alten, bewährten Kräfte bleiben müssen, genau so wie bei mir. Für den Sachsen muß ich auch noch einen großen Teil erledigen. Er ist ja sonst sehr helle, aber an die Formulare traut er sich doch nicht so heran, besonders, wenn sie mit der Tippmaschine aufgesetzt werden müssen. Na, er nimmt mir auch manche Arbeit ab, er geht zum Kaufmann, uff de Post, heizt unseren Ofen und macht Stubendienst [...]

Heute haben wir den 20. März, aber der Lenz läßt auf sich warten. [...] Was machen die Immen? Ihr Reinigungsausflug wird wohl noch auf sich warten lassen. Halte sie nur weiter hübsch warm, auch wenn Heta meint, daß sie die Sonne mit ihren Kniestrümpfen locken kann. [...]

Dir, meine Nanny, und Euch Lieben alle die herzlichsten Grüße

Dein Johann

[Kriegsgefangenen-Wachkommando] Vitzdorf [Fehmarn]   *5/4 41*

Meine liebe Nanny, Ihr Lieben alle!

Das ist der erste Brief von meinem neuen Wohnort. Es soll mich mal wundern, wieviele noch folgen. Gestern vormittag um 11 Uhr bin ich von Neukirchen abgereist, und mittags um 1.30 Uhr war ich an Ort und Stelle. Von Burg aus mußte ich noch ungefähr 3 km tippeln. [...] Dies Lager ist in Ordnung. Es ist eine Meierei gewesen, Wasserleitung, Waschräume, Wasserbottiche usw. sind vorhanden. Auch unsere Wachstube ist mustergültig. Nebenan ein Badezimmer mit W.C. und großer Badewanne. [...]

Zwei Wachleute habe ich bei mir, einen von Nienburg und einen von Stade. Ein dritter ist noch in Urlaub, er wird in der nächsten Zeit wohl kommen, da wegen der Sperre die Urlauber bis zum 10. alle zurück sein müssen. [...] Es wird auch zu dunkel, ich muß aufhören. Morgen schreibe ich mehr.

Viele herzliche Grüße Euch Lieben alle und Dir, meine Nanny, besonders

Dein Johann

[Spetzerfehn]   *Dienstag-abend [7. April 1941]*

Mein lieber Johann!

Eigentlich hätte ich Dir ja schon eher schreiben müssen, aber gesternabend war ich nach Wrisse und heute kam so vieles, wenig Erfreuliches dazwischen, daß ich auch wieder nicht dazu kam. Von Dir erhielten wir auch noch keine Post von Deinem jetzigen Standort. Hoffentlich geht es Dir dort gut. Gesternabend habe ich von Fiffi ein Schwein gekauft, es wird wohl 160 Pfd wiegen. Es wird also wohl kein billiges Vergnügen sein, aber ich bin doch froh, daß wir wieder ein gutes Schwein haben. Im Winter hätten wir ja doch keins füttern können. Morgenabend müssen wir von Dahm's die Ferkel holen. Also – wenn nur das Mehl und das übrige Futter da wäre! – Soeben war der Kadaverwagen da und hat unsere beiden toten Kälber geholt. Ich muß es Dir wohl erst ausführlich erzählen. [...]

Onkel meinte in den letzten Tagen schon, daß die Kuh noch vor Ostern kalben würde, dabei war sie so dick, daß jeder der sie sah, schon damit rechnete, daß sie zwei Kälber bekommen würde.

Heutemorgen schien dann auch die Geburt vor sich zu gehen. Dann war aber auf einmal Schluß. Sie lag und fraß ganz ruhig, als ob nichts geschehen wäre. Heinrich und Johann Coordes haben bald zwei Stunden gewartet. Gegen Mittag habe ich dann Kortmann angerufen. Er war aber nicht zu Hause und kam deshalb erst gegen drei Uhr. Das erste Kalb lag dann auf dem Rücken und rückwärts. In kurzer Zeit hatte er aber beide Kälber geholt, sie waren aber beide tot, vollständig ausgewachsene Kälber. Kortmann meinte, sie würden am Morgen noch gelebt haben. Wir sind ja so froh, daß wir wenigstens die Kuh behalten haben. Es tat mir aber doch so furchtbar leid, und ich mache mir noch immer Vorwürfe, daß ich nicht gleich am Morgen den Tierarzt gerufen habe. Aber es läßt sich ja nichts mehr daran ändern. Heinrich und Johann C. sahen ja auch nicht ein, daß etwas nicht in Ordnung sei. Doch jetzt Schluß davon, sorge Dich aber nicht darum, es wird uns schon gut gehen. Ich freue mich Onkels wegen, daß der Tag zu Ende ist. Es war doch etwas zuviel für ihn. – Morgen bekommen die Kinder Ferien, aber nur für eine Woche. Heute nachmittag haben sie schon fleißig im Garten gearbeitet. Wir haben unser Spargelbeet in Ordnung gebracht. Wenn das Wetter einigermaßen gut ist, muß mit Volldampf draußen gearbeitet werden. Unsere ersten Aussaaten keimen aber doch schon in der Erde. [...] Ich glaube, ich mache jetzt Schluß, die Augen fallen mir zu. Morgen oder übermorgen schreibe ich weiter. [...]
Ich wünsche Dir nochmals ein frohes Ostern und sende Dir herzl. Grüße!   Deine Nanny

[Spetzerfehn]   *Mittwochnachmittag [8. April 1941]*

Du lieber Johann!
Damit Du über die Vorgänge zu Hause auf dem Laufenden bist, muß ich Dir doch noch schnell Nachricht geben. Das war ja heute wieder ein ereignisreicher Tag, bei uns zu Hause und auch ja auf dem Balkan. Die Sondermeldungen überstürzen sich ja, man kann es ja garnicht glauben, daß unsere tapferen Soldaten wieder solche herrlichen Taten vollbringen. Wie mag jetzt den Serben zumute sein und auch den Griechen! Da hat der Engländer ja noch einmal wieder Kanonenfutter gefunden. „Schiet kummt achteran!" [Das dicke Ende kommt hinterher]
Du wirst nun wohl gespannt sein, wie es hier aussieht. Mit der Kuh ging es heute nicht besonders, es scheint wohl, daß sie Fieber hat. Sie frißt auch nichts. Heutevormittag war ich schon zur Apotheke und habe Kapseln und Medizin geholt. Die Nachgeburt ist natürlich auch steckengeblieben. Gegen Abend hat sie aber doch wieder etwas gefressen. Wenn sie nur erst wieder soweit ist, müssen wir sie ja tüchtig füttern. Bohnen haben wir noch etwas. Zum Stecken bleibt dann natürlich nichts übrig. Auf Bezugsschein haben wir statt 50 Pfd. Bohnen nur Hafer bekommen. Sie haben uns alle geraten, der Kuh in der ersten Zeit täglich 10 Eier zu geben. Hoffentlich bekomme ich soviel zusammen, es ist ja schlecht, daß es gerade zu Ostern ist. – Dann hatten wir noch Alberts wegen ein Erlebnis, was sich aber als ein Irrtum aufgeklärt hat. Da es jetzt zu Ostern keine Zeugnisse gab, bekamen alle, die irgendein Fach nicht besonders konnten, eine Nachricht. Daß der „Mister Weers" ihm in Erdkunde ein 5 gab, wußte er schon. Nun kam der Brief auch heute morgen. Da stand aber neben Erdkunde auch noch gleich Latein. Ich war ja ganz sprachlos. Wie mir zumute war, kannst Du Dir wohl denken. Onkel und Tanti hatte ich nichts gesagt. Wie ich Albert die Mitteilung machte, sagte er aber gleich, sowas könnte nie und nimmer möglich sein. Er war aber ganz krank und niedergeschlagen. Er meinte, ich sollte selber zu Dr. Frerichs gehen, das ist ein Sohn von Lehrer Frerichs, früher Spetz. Da habe ich mich dann gleich

auf den Weg gemacht und bin dann erst zu van Senden gegangen. Er meinte aber auch, ich sollte gleich zu Frerichs gehen und auch dem Mister ganz gehörig die Wahrheit sagen. Wie ich dann zu dem Frerichs kam, war der ganz sprachlos. Zuletzt lachte er aber und meinte, das wäre ganz unmöglich, da müsse ein Versehen vorliegen. Er hat dann auch noch sein Buch nachgeschlagen, aber Albert war nicht dabei. Er war sehr nett, es tat ihm so leid, daß ich deswegen den weiten Weg gemacht hatte. Er wollte morgen gleich zur Schule fahren und sehen, wo der Irrtum steckte. Er meinte aber, zum Mister sollte ich lieber nicht hingehen, ich würde mich nur unnötig aufregen, das wäre auch garnicht so wichtig. Van Senden sagte mir auch im Vertrauen, daß er schon viele Klagen über den Mister in Erdkunde gehört hätte. Also die Sorge sind wir erst wieder los.

Die letzten Nächte friert es wieder ganz furchtbar, tagsüber ist es dann schön, wenn wir auch noch immer den kalten Ostwind haben. Heute haben wir viel im Garten gearbeitet.

Heute kamen Deine beiden ersten Briefe aus Vitzdorf. Die Post kommt also doch schnell. Ich will Schluß machen, es ist spät.

Herzl. Grüße Deine Nanny

Morgen schreibe ich wieder, wenn es auch nur eine Karte ist. Vorhin hat Albert 2 Ferkel von Dahm's geholt (38 M).

Johann an Nanny 16. April 1941

[Kriegsgefangenen-Wachkommando Vitzdorf/Fehmarn]   *Mittwoch, den 16/4 41*

Meine liebe Nanny, Ihr Lieben alle!

Es ist zwar schon spät, aber Euren Brief sollt Ihr doch haben. [...] Du frägst, liebe Nanny, wie die Leute hier sind. Ich war gestern mit einem Wachmann nach Gahlendorf, um die Verhältnisse dort kennenzulernen. Überall gab es Kaffee, Kuchen, Bier und Zigarren, die Leute sind durchweg gastlicher als auf dem Festlande. Vor allem unsere Quartierwirte sind ganz nette Leute. Dies war früher eine Meierei. Die ist stillgelegt, und unser Lager ist darin eingerichtet. [...]

Die Besitzung gehört einem Sieck aus Eckernförde. Der Verwalter heißt Kramer. Er ist gebürtig von Nienburg, seine Frau von Fehmarn. Wir sitzen meistens in ihrer Stube, d.h. wenn wir zu Hause sind. An ihrem Schreibtisch erledige ich meine schriftlichen Arbeiten. Ein Radio ist auch da. Dafür betreuen wir ihr Kind, ein Mädel von einem halben Jahr. Es ist aber eine leichte Arbeit. Die Kleine lacht schon, wenn sie nur einen Soldaten sieht. Aus Zivilisten macht sie sich nicht soviel. Ein Schweizer ist noch da, der wohnt mit seiner Familie in einem besonderen Haus. Es gehören nämlich etwa 50 ha Land zu der Besitzung. –

Meine Kameraden sind ganz in Ordnung, sie sind zwar erst einige Monate Soldat, aber ich werde ihnen den nötigen Schliff schon beibringen! Zu unserem Kommandobezirk gehören noch Gahlendorf und Katharinenhof, zwei Dörfer an der Ostsee. Im Sommer muß es dort sehr schön sein. Die dänische Insel Laaland kann man deutlich sehen. Vielleicht fahre ich einmal hinüber. Nach dort soll auch die Fährverbindung eingerichtet werden. – Unsere Kuh ist ja Gott sei Dank wieder über den Berg. Die Kartoffeln haben auch ja nichts abgekriegt, wie Du schreibst. Das ist doch ein großes Glück. [...]

Der Bogen ist zu Ende, morgen Fortsetzung!

Es grüßt Euch Lieben alle recht herzlich und Dich, meine Nanny, besonders

Dein Johann

Meine liebe Nanny, Ihr Lieben alle!

Jetzt sind die Würfel gefallen, nun kommt Rußland dran. Ob das auch für mich gilt, das muß sich ja in nächster Zeit entscheiden. Wir hatten gestern früh die Morgennachrichten nicht gehört, weil wir unterwegs waren, Ihr könnt Euch denken, mit welcher Spannung wir nachher die Proklamationen abhörten. Rußland ist groß und Moskau ist weit, aber es wird nun doch wohl etwas schneller gehen als im [1.] Weltkrieg, wo wir Tag für Tag hinter den Rußkis herrannten und sie doch nicht richtig fassen konnten. Wir wollen abwarten. –

Einen Brief habe ich von Euch noch nicht erhalten, heute bekam ich einen von Irmgard. Die Sendung von mir hat ihren Beifall gefunden, sie will den Karton zurückschicken, dann kann ich noch einmal eine folgen lassen. [...] Heute war ein schöner Tag, den hättest Du hier verleben müssen. [N. Schoon hatte Mitte Juni 1941 ihren Mann in Vitzdorf besucht] Wir haben gebadet, es war herrlich an der See. Einige Steine machen sich ja breit, aber sonst ist es ein Hochgenuß. Wer weiß, wo ich im nächsten Jahr bade, vielleicht in der Wolga oder im Kaspischen Meer. Unter diesen Umständen wird es wohl noch etwas dauern, bis ich in die Heimat zurückkehre. Es ist aber besser so, als wenn die Auseinandersetzung später gekommen wäre. Einmal mußte sie doch kommen, daran führte kein Weg vorbei. –

Heute hatte ich wieder Bezirkskontrolle, es war eine schöne Spazierfahrt. Besser war es ja am vergangenen Sonntag, als Du mit mir fuhrst, liebe Nanny. Aber es war doch eine schöne Zeit, nicht wahr? Ich bin ja neugierig, was sie bei Deiner Rückkehr gesagt haben, besonders Bertalein. Heute werde ich ja wohl einen Brief erhalten. [...] Es wird schon dunkel, ich muß schließen. Morgen mehr!

Euch Lieben alle und Dir, meine Nanny, besonders herzliche Grüße

Dein Johann.

Liebster, Du!

Einen Brief habe ich Dir Sonntag nicht geschrieben, vor lauter Aufregung kam ich nicht dazu. Deinen Brief vom Sonnabend erhielt ich heute, herzl. Dank! Was ist nur in diesen Tagen schon wieder alles geschehen! Daran hätten wir doch alle nicht gedacht. Ich hörte es schon gleich gestern morgen um 1/2 6 Uhr [im Radio]. Im Nu war das ganze Haus auf den Beinen. So ist es also endlich doch soweit gekommen, was wir alle wohl im Innersten ahnten, daß doch einmal die Auseinandersetzung mit dem Bolschewismus kommen mußte. Vielleicht ist es besser, sie kommt jetzt als später. Daher auch nie ein Angriff auf England! Der Führer wird wohl wie immer den richtigen Augenblick gewußt haben. Daß Du dort jetzt wie auf Kohlen sitzt, kann ich mir wohl denken. Wie gerne wärst Du doch mit dabei! Hoffentlich bald! Deine [alte] Komp. liegt schon in Polen! Die Kinder waren gestern nämlich nach Bangstede, da hat es Lehrer Schmidt ihnen erzählt. [...]

Es war allerdings eine Gluthitze, sie sind erst gegen 1/2 5 Uhr losgefahren. Kunstwaben haben sie auch mitgenommen. Herr und Frau Schmidt wollen uns im Sommer einmal besuchen. [...]

Die Kinder waren dort reich bewirtet und kamen froh wieder nach Hause. Soeben bekamen wir wieder einen dicken Schwarm aus dem ersten Kasten. Es ist doch nichts, daß sie nicht beizeiten eingehängt wurden. Ich werde es jetzt doch heute noch selber machen. Es ist heute eine glühende Hitze, bei Euch wohl auch. Die Heuernte geht ja jetzt rasch vonstatten. Wir werden wohl noch nicht gleich damit anfangen.

Anbei ein Exemplar der dummen englischen Propaganda! Sie scheinen noch immer zu glauben, daß wir unter Papierknappheit leiden. Es ist nur schade, daß sie sämtliche Blätter bedruckt haben. Sonst wären sie wohl noch zu gebrauchen. Die letzte Nacht hat der Tommy uns so gar keine Ruhe gelassen, bis die Nachtjäger ihn zuletzt auf den Trap brachten. Ich freue mich doch so unendlich, daß ich Dich noch besuchen konnte. Wer weiß, wann wir das nächste Wiedersehen feiern können! [...]

Bis morgen, Du Lieber!

Deine Nanny

Spetzerfehn,   *Dienstagabend, 24. Juni 1941*

Du Lieber!

Ein heißer Tag liegt hinter uns. Jetzt ist es angenehm kühl, es ist aber auch bald Mitternacht. Ich hatte einen arbeitsreichen Tag, nämlich Waschtag. Bin um 1/2 4 Uhr morgens angefangen und war um 3 Uhr fertig. Dann habe ich von 4 - 1/2 6 Uhr geschlafen. Morgen früh werde ich wieder um dieselbe Zeit in den Garten gehen. In der Mittagszeit ist es nämlich nicht zum Aushalten. Nur gut, daß ich in diesen Tagen nicht reisen brauche. Ich glaube, bei Euch habe ich zuviel gegessen, jetzt schmeckt es gar nicht. Wäre ich bei dem gemütlichen Leben und dem Appetit dort geblieben, ich hätte wohl bald Ähnlichkeit mit einer kleinen Tonne gehabt. Bertalein kommt gerade wieder aus dem Bett spaziert, sie kann noch nicht schlafen. –

Wie mag es jetzt im Osten aussehen? Die armen Menschen, und dazu diese Hitze. Vielleicht müssen wir noch einige Tage auf nähere Angaben warten. Es stehen sehr viele Ostfriesen und Oldenburger vorne an der Front. Loet ist in Ostpreußen, Ernst marschiert von Rumänien mit. Johann Groß hat vorige Woche schon aus der Ostsee geschrieben, vielleicht Richtung Finnland. Hoffentlich können wir jetzt einige Stunden in Ruhe schlafen, der Tommy ist ja in den letzten Tagen recht „rührig". Na, es wird ihm schon einmal vergehen!

Grüße Familie Kramer recht herzlich.

Lebe wohl, Du Lieber!

Alle lassen Dich grüßen und besonders herzlich grüßt Deine Nanny

[Spetzerfehn]   Freitagabend [27. Juni 1941]

Du mein lieber Johann!
Heute wartete ich wieder vergeblich auf Post. Die letzte Nachricht von Dir war vom Montagmorgen. Vielleicht ist ja auch die Post schuld daran. Wenn etwas geschehen wäre, daß Du fortkämst, hättest Du doch bestimmt Nachricht gegeben. Ich hoffe ja noch immer, daß Dein sehnlichster Wunsch in Erfüllung gehen werde. – Wir sind nun alle voller Spannung auf den Verlauf der neuen Kämpfe. Vielleicht ist ja morgen der Schleier gelüftet. Der Wehrmachtsbericht spricht ja schon jeden Tag von großen Erfolgen. Vielleicht wird der Russe schon in der nächsten Zeit entscheidend getroffen.
Sonnabendnachmittag
Nun muß ich heute doch weiterschreiben. Gestern abend war ich so müde, daß ich tatsächlich nicht mehr schreiben konnte. Nun nimm mir das bitte nicht übel. Ich hatte mir diese Woche wohl zuviel Arbeiten vorgenommen, aber sie mußten auch getan werden. Von jetzt ab will ich lieber am Nachmittage schreiben, dann bin ich doch nicht so abgespannt. [...] Heute morgen erhielten Albert, Heta und ich einen Brief und Bertalein die schöne Karte. [...]
Wir danken alle für Deine Briefe. Albert tut es so sehr leid, daß er nicht nach dort kommen kann, aber sie mußten schon in der Schule ihre Arbeitsplätze für die Ferien angeben, sonst werden ihnen vom Arbeitsdienst in den Ferien Arbeitsplätze angewiesen. Da hat er sich bei de Witt's angemeldet. Dann war Dina de Wall vorigen Sonntag auch schon hier, um ihn sich für die Ernte zu sichern, dann soll er noch zu Hellmuth Trauernicht kommen und auch Rolf Ideus rechnet damit. Du siehst also, er hat mehr Arbeit, als er ausrichten kann. Ob das nun aber für die ganze Ferienzeit gilt, weiß ich nicht. Vielleicht könnte er ja später noch kommen, falls Du dann noch da sein solltest. Heta freut sich schon auf ihre Fahrt nach Gifhorn. Nun Du Lieber, ich muß heute wohl Schluß machen, Heta muß schnell zur Post. Morgen ausführlich!
Gruß Deine Nanny

[Spetzerfehn]   Sonntagabend [29. Juni 1941]

Geliebter Du!
Für Deine lieben Worte, durch die Du mir einen schönen Sonntag bereitet hast, vielen, herzlichen Dank. Trotz der großen Entfernung fühlte ich mich nicht allein, Deine Worte begleiten mich immer. Du weißt garnicht, wie sehr ich solche Briefe gebrauche. Sie helfen den Alltag verschönern und lassen alles leichter erscheinen. Wenn ich auch genau weiß, daß ich Dir viel bin, so muß ich es aber immer wieder aus Deinem Munde hören. Im großen und ganzen haben Deine Briefe ja ein nüchternes Gesicht, da Du ja zugleich auch für die ganze Familie schreibst. Ich warte sooft auf ein persönliches Wort aber vielleicht sind sie kostbarer, wenn sie selten geschenkt werden. Unsere Trennung wird wohl noch lange Zeit dauern aber wenn nur ab und zu Meilensteine an dem langen Wege stehen, wo man ausruhen und wieder Kraft schöpfen kann, dann geht auch einmal dieser Weg zu Ende. Und am Ende steht doch die Hoffnung auf eine schönere Zukunft. [...]

Du schreibst noch nichts von einem Abschied aus Fehmarn. Inzwischen wirst Du noch wohl tüchtig bei der Ernte mithelfen. [...]

Wir stehen wohl alle noch unter den gewaltigen Eindrücken des heutigen Tages. Es schwindelt einem ja vor den ungeheuerlichen Zahlen. Und diese Leistungen! Was haben unsere tapferen Soldaten doch alles in so kurzer Zeit vollbracht! Man kann es ja gar nicht glauben. So etwas ist doch nur einmalig in der Weltgeschichte. Hoffentlich geht alles so erfolgreich weiter. Dann kann der Feldzug gegen die Bolschewiki's doch nicht allzulange dauern. Dann sind wir doch dem ersehnten Frieden um vieles näher gekommen, und es kann mit ganzer Kraft gegen England gehen. Was jetzt wohl der Amerikaner macht? Ich glaube, er wird es sich wohl noch gründlich überlegen. Jetzt kann man aber doch sehen, wie der Russe den Angriff vorbereitet und alles zusammengezogen hat. Der Führer hat mal wieder den richtigen Zeitpunkt abgepaßt.

Nun noch von hier. Sonnabend beginnen die Ferien. Heta freut sich schon auf ihre schöne Reise. [...] Albert wird wohl gleich seine Erntearbeit beginnen müssen. Wir werden wohl diese Woche noch nicht mähen, das Gras kann noch etwas wachsen. Es ist schade, daß es wieder keinen Regen gibt, es ist wohl abgekühlt und bedeckt, aber dabei bleibt es auch. [...] Schade, daß es so wenig Obst gibt. Die ganzen Blätter und Fruchtansätze sehen so zerfressen aus. Im nächsten Jahre müssen wir doch unter allen Umständen die Bäume spritzen.

Für heute Schluß, Du Lieber! Ich glaube, Heta hat auch geschrieben. Die anderen lassen Dich herzl. grüßen. Ganz besonders dankt u. grüßt Deine Nanny

**Nanny
an Johann
7. Juli 1941**

[Spetzerfehn]   *Montag, 7.7.41*

Du lieber Johann!

Aus unserer Einsamkeit heraus Dir die herzl. Grüße. Es ist heute so still und dabei so drückend heiß, 29° im Schatten. An arbeiten ist garnicht zu denken. Ich habe soeben einige Stunden geschlafen. Es ging mir nicht so besonders. Die letzten Tage war es wohl zu unruhig. Und dann das Wetter! Heta ist gesternabend nach Gifhorn abgefahren. Sie schlief bei van Senden's. Dann ging es heutefrüh über Sande direkt nach Hannover. (12.55) Jetzt wird sie wohl schon lange in Gifhorn sein. Albert ist zur gleichen Zeit nach Ludwigsdorf gefahren. Es wird wohl heute bei der Hitze gleich tüchtig arbeiten müssen. Onkel und Tanti vermissen die Kinder sehr. Am liebsten hätten sie die beiden ja nicht fortgelassen. Aber wir wissen sie doch immer noch gut aufgehoben. Wieviel schlimmer sind dann doch die Leute daran, die jede Stunde um das Leben ihrer Lieben in Rußland bangen müssen. Es sind auch wieder viel von hier an der Front. Loet hat seit dem 23. nicht mehr geschrieben. Er ist scheinbar in Littauen, Estland, wenigstens weiter im Norden. Vielleicht ist es dort auch so heiß wie hier. Die armen Menschen! Warum wohl all' diese Grausamkeiten und dieses große Menschensterben! Es wird einem ja schlecht, wenn man von all' den Greueltaten hört und liest. Sind das denn noch Menschen? Und dabei in Europa! Was soll man dann noch von den andern Völkern erwarten. Man kann den Gedanken daran die ganzen Tage nicht los werden. Hoffentlich wird diesen Zuständen ein für allemal ein Ende bereitet! Aber das dafür nun wieder soviel deutsches Blut fließen muß, das ist ja noch das Traurigste wieder dabei. Hoffentlich ist der größte Widerstand der Russen bald gebrochen! –

Heute kam Dein Brief vom Freitag, Du schreibst von einem ausführlichen Donnerstagsbrief, den haben wir aber nicht erhalten. Es tut Albert ja so leid, daß er nicht zu Dir fahren kann, aber die Menschen sind hier auch ja verlegen. Schreibe fleißig, wenn Du Zeit hast, Du Lieber! Wir warten ja jetzt nur jeden Tag auf die Post. Hoffentlich kommt bald der ersehnte Regen, damit wir endlich unsere Runkeln pflanzen können.

Herrn Kramer gute Besserung!

Einen lieben Gruß Deine Nanny

[Kriegsgefangenen-Wachkommando Vitzdorf/Fehmarn] Montagabend, den 11/8 41

**Johann
an Nanny
11. August 1941**

Ihr Lieben, meine Nanny!

Gestern hat's geregnet, heute regnets's auch. [...] Bislang waren es noch Schauer, nun aber scheint es ein Dauerregen werden zu wollen. Mit der Ernte ist nicht weiterzukommen. Dabei hat Kramer noch eine große Roggenkoppel, die am Boden liegt, d.h. auf dem Halm. Ein Teil ist gemäht. [...] Hoffentlich ist bei Euch das Wetter besser. Wenn es hier so bleiben sollte, dann ist es am besten, wenn wir von hier verschwinden. Es scheint auch so, als wenn es in der nächsten Zeit losgehen soll. Es findet aber bloß ein Austausch innerhalb des Bataillons statt. Es hat mir hier ja ganz gut gefallen, aber man will doch einmal etwas anderes sehen. Lieber wäre es mir ja, wenn wir unsere Zelte irgendwo in Feindesland aufschlagen würden. Damit wird es aber wohl vorläufig Schluß sein. Nach Rußland möchte ich aber doch lieber nicht, ich kann es mir lebhaft vorstellen, wie es dort aussieht. Wir haben bei der letzten Wochenschau einen Eindruck davon bekommen. Dann war es im Westen doch besser. Wie geht es Loet und Ernst, haben sie in der letzten Zeit geschrieben? Was macht Jürgen, ist er noch immer am alten Platz? [...]

Soeben war ich draußen und habe das Licht im Lager ausgeschaltet. Es regnet immerzu. Hoffentlich ist es morgen besser, denn dann haben wir große Wäsche. Auch meine andere Uniform muß ich einmal waschen und flicken lassen, denn wer weiß, wann wir wieder Gelegenheit dazu haben. Und morgen müssen wir ran, denn übermorgen braucht Frau Kramer den Waschkessel, weil sie Seife kochen will. Seifenstein hat sie bekommen, zeitweise war er sehr knapp. Da fällt mir übrigens ein, daß ich Dir geschrieben habe, der Seifenstein dürfte erst in die Lauge, wenn sie 1 Stunde gekocht hätte. Das stimmt nicht, der Seifenstein muß auch drei Stunden kochen, das Salz aber nur die letzte Stunde. In der nächsten Zeit werde ich Euch noch Seife und Pulver schicken, denn wir haben unser Quantum von der Kompanie empfangen. Vielleicht kann Albert es mitbringen. Der Bogen ist zu Ende und es ist Schlafenszeit.

Gute Nacht Ihr Lieben!

Euch allen und Dir, meine Nanny, besonders herzliche Grüße Dein Johann

[Spetzerfehn]

Sonntagabend, 31.8.1941

**Nanny
an Johann
31. August 1941**

Du mein lieber Johann!

Es ist gerade 7 Uhr. Gleich wollte ich noch zu Onkel Albert, es muß ja endlich etwas mit unserm vorderen Schornstein geschehen, er leckt nämlich immer ganz furchtbar. Albert und Rudi sind gerade zur Bahn gegangen, Rudi hat nämlich Sonntagsurlaub. Du mußt nicht böse sein, daß ich gestern garnicht schrieb. Wir hatten es aber in den letzten Tagen recht geschäftig. Ich spüre es doch gleich, daß ich jetzt ohne die Hilfe der Kinder auskommen muß. Gestern hatten wir es auch so besonders drock [viel zu tun], wir haben nämlich Torf bekommen, gut die Hälfte. Albert ist gleich nach der Schulzeit zum Moor gefahren. Da das Land aber noch zu weich ist, haben sie erst einen Teil zum Weg gefahren und später wieder aufgeladen. Gegen 7 Uhr kamen sie hier an. Um 1/2 10 Uhr hatten wir alles geschafft, es wurde auch schon ziemlich dunkel im „Törfbau". Anni und Folkert haben fleißig mitgeholfen. Nun haben wir doch wenigstens einen Teil, der Rest wird auch schon kommen. Die Hauptsache ist ja, daß sich das Wetter bessert. [...]

Was Du wohl heute machst? Es ist ja voraussichtlich der letzte Sonntag auf Fehmarn. Du wirst bestimmt froh darüber sein und auch wohl die andern. Es gibt doch erst wieder mehr Abwechslung. Du Lieber, wie Du schreibst, sind ja die Aussichten auf baldigen Urlaub sehr gering. Das ist doch eigentlich ungerecht, daß jetzt auch der Arbeitsurlaub voll angerechnet wird. Da werden wir wohl bis zum Winter warten müssen, bis wir uns wiedersehen. Und die Sehnsucht ist doch manchmal so stark! Nur im Blick auf die andern, die noch schlechter daran sind, gibt man sich ja zufrieden. Es gibt aber doch so manche Stunde, wo man die Trennung so recht schwer empfindet. Auch Dir wird es wohl so gehen. Ich glaube doch bestimmt, daß Du auch oft Heimweh hast. Es ist doch nicht das Richtige, wenn Menschen, die zusammengehören, solange getrennt sein müssen. Und wieviel Sehnsucht und Heimweh geht doch jetzt durch die Welt! Und all' das Weh und der Schmerz um die, die nicht wieder heimkehren! Welche große Schuld haben doch diejenigen auf sich geladen, die die Verantwortung für diesen grausamen Krieg haben! Welch' ein Glücksgefühl muß es doch für ganz Europa und ja bald die halbe Welt sein, wenn die Völker die Waffen wieder aus der Hand legen. Wann die Zeit wohl da ist? Der Wirtschaftskampf wird ja wohl nie so richtig wieder aufhören. Morgen vor zwei Jahren begann der Krieg. Das hätten wir damals doch bestimmt alle nicht geglaubt, daß sich der Kampf solange hinziehen würde.

Ich möchte Dich wohl so manches fragen, aber brieflich ist es doch nicht das Richtige. Und es ist so vieles im Garten und auf dem Lande, das besprochen werden muß. Ich freue mich ja, daß die Kinder schon so groß und vernünftig sind. [...]

Gestern kam das Päckchen und heute morgen Dein Freitagsbrief. Herzl. Dank. Wie so gerne möchte ich wieder einmal an Deiner Brust schlafen und ausruhen! Gute Nacht, Du Lieber! Deine Nanny

| Johann an Nanny 8. Sept. 1941 | *Kiel,* | *Montagmorgen, 8/9 41* |

Meine liebe Nanny, Ihr Lieben alle!

Gestern abend bin ich nicht mehr zum Schreiben gekommen, aber Ihr habt inzwischen wohl meinen Kurzbrief mit meiner Anschrift bekommen. [...] Ich bin noch mutterseelenallein auf dem Kdo, die Kameraden von der 5. Komp. sind schon abgereist und meine Kameraden kommen erst morgen oder übermorgen. Es ist eine große Ziegelei, der Betrieb ist ganz interessant. Mit der Straßenbahn kann man direkt nach hier fahren, ein Fahrrad brauche ich also nicht. Zurzeit fährt die Bahn aber nicht, denn der Tommy hat einen Blindgänger auf die Straße gesetzt, und der muß erst fortgeräumt werden. Um 11 Uhr gestern abend war er schon da und störte unsere Nachtruhe bis 4 Uhr. Einige Bomben hat er abgeworfen, aber wenig Schaden angerichtet.

Dafür sind mehrere dieser Nachtpiraten abgeschossen worden, drei habe ich selbst brennend abstürzen sehen. Ihr Hauptziel ist ja nach dem Heeresbericht Berlin gewesen. Wenn die Ballerei der Flak zu doll wurde, dann sind wir in den Brennofen untergetaucht. Das ist nämlich ein idealer Luftschutzkeller, vor allem mollig-warm. Die Wände sind sehr dick, da schlägt so leicht keine Bombe durch. – Nun noch etwas von dem Leben und Treiben hier. In meiner Wachstube habe ich einen Schreibtisch, ein Sofa, ein Radio – nur der Hamburger Sender ist zu kriegen – einen Ofen, eine Bratpfanne und einen Kessel. Wir haben nämlich Selbstverpflegung. [...] Mittags essen wir aber in der Werkküche und zwar sehr gut und reichlich. [...]
Ihr dürft mir ja nichts schicken!! Bernhard habe ich auch noch ein Paket E. [Erbsen] zugeschickt. – Soeben habe ich in Vitzdorf angerufen und meine Adresse mitgeteilt. [...]
Frau Kramer sagte, sie hätte noch immer Hoffnung, daß ich zurückkäme, weil dort noch kein Kdo-Führer eingetroffen wäre. Ich habe sie aber enttäuschen müssen. Dafür ist man eben Soldat, daß man hingeschickt wird, wo man gebraucht wird. Dann ist eine Großstadt auch ja einmal eine Abwechslung nach der ländlichen Stille. [...] Liebe Nanny, ich lege Dir 20 RM bei, ich kann sie entbehren, und Du wirst sie gebrauchen können. Kramer hat mir auch noch 10 RM als Reisegeld in die Hand gedrückt. Es sind doch sehr nette Leute. [...] Es soll mich mal wundern, ob die Post von hier aus schneller befördert wird als von Fehmarn. Hoffentlich brauche ich nicht zu lange auf Post zu warten. – Die Straße heißt hier übrigens 'Hamburger Chaussee', nicht Straße!!!
Euch Lieben allen und Dir, meine Nanny, besonders herzliche Grüße Dein Johann

[Kiel]   *Donnerstag, 11/9 41*

Johann
an Nanny
11. Sept. 1941

Meine liebe Nanny, Ihr Lieben alle!
Mit der Tippmaschine kann ich nicht schreiben, denn es ist schon zu dunkel. Unsere Lichtleitung streikt nämlich, und die kümmerliche Kerzenbeleuchtung reicht nicht aus. Und der Brief soll doch noch zum Kasten, wenn es irgend geht. Ich glaube, um 9 Uhr wird er noch einmal geleert. Eigentlich hätte ich heute auch noch zum Kaufmann gehen und meine Zuteilung holen müssen. Aber morgen ist auch ja noch ein Tag. Ich hatte soviel zu erledigen, daß ich nicht aus dem Lager herauskam. Heute nachmittag habe ich endlich einen Mann Verstärkung bekommen, hoffentlich folgt bald noch einer. Er ist ein Hamburger, 35 Jahre alt, also nicht allzu jung, heißt Ehlers und scheint in Ordnung zu sein. Es ist doch besser, wenn man mit einem oder mehreren Kameraden zusammen ist. – Soeben habe ich mir eine Pfanne voll Bratkartoffeln gebraten, d.h. für uns Beide. Wir nehmem uns gewöhnlich mittags noch etwas für den Abendtisch mit, Kartoffeln, Suppe oder auch „Milch" und Zwieback. Dadurch spart man Fett und Aufstrich. Ich komme sonst sehr gut mit der Zuteilung aus, vor allem habe ich Brot genug. – Die Köchin ist ein Original, sie wiegt ungefähr 3 Ztr. und ist somit der beste Beweis für ihre Kochkunst. Sie ist verheiratet und kommt bloß tagsüber nach hier. Die Gefangenen sind sehr mit ihrer Kocherei zufrieden, sie helfen ihr, wo es nötig ist. Es sind Franzosen und sehr ordentlich und arbeitswillig. – Liebe Nanny, ich lege wieder 10 RM bei. Was soll ich mit dem Geld anfangen. Ich hatte noch einen Bestand von Fehmarn aus, dann habe ich meine Löhnung bekommen und hier erhalten wir ca. 2 RM Verpflegungsgeld pro Tag – der Rest wird für das Mittagessen berechnet. – Heute erhielt ich keinen Brief, hoffentlich morgen. [...]
Euch Lieben und Dir, meine Nanny, ganz besonders herzliche Grüße Dein Johann

Meine liebe Nanny, Ihr Lieben alle!

In Belgien war ich es schon so gewöhnt, daß ich auf Wache meine Briefe schrieb, ich werde es hier auch so halten. Ich bin nämlich Wachhabender der Lagerwache, es ist ja kein schwerer Posten, aber man muß wach sein. Dafür ist das Schreiben ein bewährtes Mittel, besser als lesen. Leider habe ich nur einen halben Bogen zur Verfügung, aber für diesmal muß er genügen. Hier ist es sonst sehr gemütlich, d.h. in der Wachstube. Die Nachtposten sind ausgezogen, die anderen Kameraden schlafen, bis sie an die Reihe kommen. -

Soeben war ich draußen und habe die Posten kontrolliert und einen Rundgang durchs Lager gemacht. Es ist eine schöne Nacht, sternenklar, aber etwas nebelig. Es ist ganz gut, dann kommt der Tommy wenigstens nicht. Bis jetzt war er noch nicht da. Er wird auch wohl nicht mehr kommen, es geht schon auf Mitternacht. - Ich schreibe jetzt weiter, es ist schon bald 1 Uhr. Ich habe die Ablösung geweckt und den Posten nähere Anweisung gegeben. Jetzt werde ich mich auch 2 oder 3 Stunden hinlegen, mein Stellvertreter muß so lange wach bleiben. Es geht hier militärischer zu als auf einem Bauernkommando. Bei 45 Wachleuten und 5-600 Gefangenen kann es aber auch ja nicht anders sein. Die Gefangenen sind alle Franzosen und Serben, es ist also gut mit ihnen fertig zu werden. Das Kommando ist sonst auch ganz in Ordnung. Kdo.Führer ist Stabsfeldwebel Sachte, ein strammer Soldat, aber ein sehr guter Kamerad. Es ist ganz gut, daß man einen solchen großen Betrieb auch einmal kennenlernt. Hier hat man auch einen geregelten Dienst, heute haben wir ab 1 Uhr, wenn wir abgelöst sind, bis zum nächsten Tage dienstfrei. - Ich schreibe diesen Brief mit der Feder, denn meine Schreibmaschine hat Uffz. Klüver noch in Kiel-Wiek. Ich werde sie nächstens von dort abholen. -

Eine Ansichtskarte für Bertalein lege ich das nächste Mal bei, ich habe keine hier.

Euch Lieben allen und Dir, meine Nanny, besonders herzliche Grüße Dein Johann.

Liebster! Wo magst Du jetzt sein! Wie hast Du den Sonntag verbracht? Das ist nun schon wieder der zweite Sonntag der Trennung! Das Wetter ist ungemütlicher wie sonst, wenn es auch besser ist wie gestern und vorgestern. Das Barometer steigt wieder und wir hoffen alle noch so sehr auf schöne Herbsttage. Ganz besonders wünschen wir sie auch ja unsern Soldaten im Osten. Hoffentlich geht des Führers Hoffnung in Erfüllung, den Russen bis Eintritt der Kälte zerschlagen zu haben. Wenn zu all' den Strapazen und Märschen auch noch die grimmige Kälte kommen sollte, dann würde es doch zuviel für die Soldaten. Der Russe muß auch doch jetzt wohl schon einsehen, daß ein weiteres Kämpfen nutzlos ist. Und wann mag dann der letzte Kampf ausgekämpft werden? Endlich muß doch einmal wieder das Massenmorden und das viele Kriegsleid zu Ende sein.

In Ulbargen sind in diesen Tagen wieder 2 Hiobsbotschaften eingetroffen. Zuerst von Johann Siebens, der erst im September nach Rußland gekommen, und hinter der Front von einem Bombensplitter getroffen wurde. Und gestern erhielt die Familie Bleß die Nachricht, daß der älteste Sohn, Hermann, in Holland bei einem Luftangriff ums Leben gekommen ist. Er war 3

Wochen vorher noch in Urlaub. Wieviel Leid und Not bringt doch der Krieg über die einzelnen Familien! Die Familie Hardy hat jetzt auch die Bestätigung erhalten, daß der Bruder Johann gefallen ist.

Wir sind heute den ganzen Tag allein, nur Rudi nimmt vormittags und nachmittags den Tee oder vielmehr Kaffee bei uns ein. Jetzt sind er und Albert zum Münkeweg. Antje und Gerta sollen uns morgen beim Kartoffelroden helfen. Schmidt's haben keine Zeit mehr, da sie ihre eigenen noch roden müssen. Diese Woche fangen die Leute schon bei den Runkeln an. Die letzte Nacht hatte es schon tüchtig gefroren.

Rolf Ideus habe ich versprochen, den beiden Mädchen aus alten Mänteln von Albert und Heta neue zu machen. Hoffentlich habe ich noch diese Woche Zeit dazu. Wir hätten ja auch gerne, daß er uns bald das Land fertig macht für den Roggen. Er hat ein neues Pferd bekommen. Mit dem Grünland wird es ja wohl bald Zeit.

Hast Du schon wegen Schulgeld an die Direktion geschrieben? Für Albert habe ich bis jetzt noch nichts abgeschickt. - Morgen bekommen wir unsern Saatroggen. - Ich hätte gerne für ein Beet Tulpen. Ich weiß nicht, ob es hier wohl welche gibt. Hast Du nicht dort Gelegenheit, welche zu kaufen? [...]

Nun Schluß für heute. Es lassen Dich alle herzl. grüßen

Einen herzl. Gruß von Deiner Nanny

Wachkdo Kiel-Elmschenhagen Süd I   *[Oktober 1941]*

Liebe Heta!

Was man verspricht, das muß man auch halten. Also habe ich mich gleich hingesetzt und Dir das beiliegende Gedicht geschrieben. Ich hoffe, daß es Deinen Beifall findet. Hoffentlich ist es auch lang genug. Es wird wohl etwas zu spät sein, aber die Hauptsache ist doch der gute Wille. Heute ist Euer letzter Ferientag, morgen fängt die Kopfarbeit wieder an, nachdem Ihr in diesen Tagen wacker Handarbeit geleistet habt. Heute abend werdet Ihr wohl erst mit der Badewanne nähere Bekanntschaft machen müssen, damit der Staub wieder heruntergespült wird. - Ich will den Brief gleich zum Kasten bringen, hoffentlich wird er heute noch befördert. Ich glaube, die Verbindung von hier ist nicht so gut, wie von Ziegelei Wulf.

Schreibe doch eben, wann Du ihn erhalten hast, und wenn Du Zeit hast, dann schreibe eben wieder.

Viele Grüße sendet Dir Dein Vater.

Vererbung

Die Ahnen leben in mir fort,
Sie haben mir all das gegeben,
Was ich geworden, was sich noch entwickelt,
Gestalt und Geist, mein Denken und Streben.

Als Schiffer fuhren Ahnen einst zur See,
Im Sonnenschein, im Sturm, im Licht der Sterne,

Von ihnen habe ich den Wandersinn,
Den Drang zum Meer, die Sehnsucht nach der Ferne.

Und wieder and're schufen Neuland aus dem Moor,
Aus totem Boden wuchs das Junge, Neue,
Von ihnen erbte ich den Schaffensdrang,
Die Heimatliebe und die Schollentreue.

Und meinen Eltern dank ich die Gestalt,
Beharrlichkeit und unverzagtes Wesen,
Den Sinn für Schönheit, Kunst und für Humor,
Die Häuslichkeit, die Lust am Bücherlesen.

**Nanny
an Johann
Oktober 1941**

[Spetzerfehn]   *Montagabend [Ende Oktober 1941]*

Du mein lieber Johann!

Trotz vorgerückter Zeit muß es doch noch zu einem Kurzbrief langen. Ich habe sowieso kein
gutes Gewissen. Sonnabend hatte ich geschrieben und der Brief ist erst heutemorgen zur Post
gekommen. Gestern kam ich nicht mehr dazu. Du wirst also dort wohl tagelang ohne Post sein
müssen und bekommst sicher schon eher Heimweh, ehe Du Dich dort eingelebt hast. Warum
mußt Du auch wohl immer so rastlos umherwandern. Ob das die ganze Kriegszeit über wohl so
bleiben wird? Ich weiß ganz bestimmt, daß es Dir dort nicht gefallen wird. Ich werde den
Gedanken daran garnicht los.

Und dann kommt die kalte ungemütliche Jahreszeit bestimmt. Heute morgen war das Wetter
z.B. ganz wunderbar und nun heult der Wind ums Haus und es regnet dazu, daß einem bange
wird. Man merkt eben, daß es Herbst ist. Heutenachmittag war ich noch ein zeitlang im Garten.
Da spürt man die Kälte ja nicht so.

Nun bin ich ja ganz von meinem Thema abgekommen. Wie sieht es denn dort mit der Wachstube aus. Könnt Ihr heizen? Gibt es auch Kohlen? Wenn Du etwas Warmes brauchst, schreibe
gleich. Die Postverbindung scheint ja ganz gut zu sein. Heute erhielten wir schon den zweiten
Brief von dort. Auch kam das Paket heutemorgen mit Heta's Geburtagsgeschenk. Die wird sich
aber freuen!

Bertalein's schöne Ansichtskarten stecken jetzt alle hinter den Scheiben vom Küchenschrank.
Jeder der kommt, muß sie unbedingt bewundern. Und der Atlas, das war ja ein Wunder. Ich habe
gleich ein Stück Goldleiste von oben geholt und die Karte daran befestigt. Jetzt hängt sie an der
Wand in der Küche. Berta weiß aber auch alles ganz genau. Sie hat jetzt manche Stunde Zeitver-
treib. Für die Seife auch herzl. Dank. Das Glas, natürlich von Dir verschraubt, war nicht wieder
loszukriegen. Ich habe es im Schraubstock zerbrochen. Hast Du in Kiel die Zeitung immer noch
nicht bekommen? [...]

In dem Päckcken, was wir Dir schickten, war keine Wurst sondern nur ein Stück gebratenes
Fleisch. Außer Leberwurst haben wir ja weiter nichts gemacht.

Albert fragt nur immer, ob Papa noch nicht Unteroffizier ist. Groß ist schon Gefr., das gab ihm
doch einen Stich. Vielleicht beschwert er sich nächstens bei dem Hauptmann darüber.

Nun wollte ich Dir doch noch von der Untersuchung der Jungens berichten. Die ganze Hitlerjugend aus dem Kreise war wohl versammelt bei Brems [Lokal in Aurich]. Ein Psychologe hat so 50-60 Stück herausgesucht. Es soll der Nachwuchs für die S.S. sein. Das sind aber doch Freiwillige! Einige der älteren Jahrgänge haben sich gleich gemeldet. Von Spetz haben sie W. Behrends, Helmuth und Albert ausgesucht. Die sind dann noch untersucht, gemessen und gewogen worden u.s.w. Wohl so ähnlich wie bei der Musterung. [...]

Gute Nacht, Du Lieber!

Dein Nanny

[Spetzerfehn]   *Sonntagabend, 2.11.41*

Mein lieber Johann!

Eigentlich würde es ja jetzt Zeit, schlafen zu gehen, aber vorher sollst Du doch noch einen Brief haben. Gestern kam ich ja auch wieder nicht so weit. Du beschämst mich ja förmlich durch Deine lieben ausführlichen Briefe. Aber Du weißt ja, daß der gute Wille wohl da ist, wenn ich auch oft nicht soweit komme. Und meine Gedanken wandern in jeder Stunde zu Dir. Der Weg ist manchmal so einsam und das Ende der Trennung ist ja nicht abzusehen. [...]

Und für Dich ist es ja noch schlimmer. Wie wirst Du in dem langen öden Winter das Zuhause entbehren! Aber gleich uns erwarten ja Millionen und Abermillionen mit Sehnsucht das Ende diese Kampfes. Es ist jetzt das vierte Mal, daß Du Heta's Geburtstag nicht mitfeiern kannst. Aber ob wir es wohl erleben, daß in der ganzen Welt wieder die Waffen ruhen.

Montagnachmittag. Nun muß ich doch tatsächlich heute weiterschreiben. Ich war gesternabend zu müde, um den Brief zu Ende zu schreiben. An den Abenden vorher war es auch spät geworden und gestern hatte ich ja keine Minute Zeit zum Ausruhen. Almuth und Magda Tammen waren schon um 11 Uhr gekommen, waren also auch zum Mittagessen da. Dann kamen neben den großen Mädchen am Nachmittage auch noch die vier Bahntjers. Dann natürlich Rudi nicht zu vergessen. Ich war froh, als um 8 Uhr endlich das Haus wieder leer war. Der Geburtstagstisch lag voll Bücher, das war ja auch für sie die Hauptsache.

Hinter einen Bilderrahmen, den sie von Bertalein bekommen hatte, hatte sie ein Bild von Dir gesteckt. Also warst Du mitten darunter. Wir haben Dich natürlich alle vermißt. Du wirst auch wohl mit Deinen Gedanken bei uns gewesen sein. Hoffentlich ist dies das letzte Mal, daß Du an dem Tage nicht hier bist. [...]

Jetzt muß ich wohl Schluß mnachen. Albert muß zur Post und zur Mühle, es wird sonst zu spät. Von allen sei herzl. gegrüßt!

Deine Nanny

Spetzerfehn,   *den 16. November 1941*

Lieber Papa!

Heute kam Dein Brief an, vielen Dank dafür. Ich habe es mir auch zum Grundsatz gemacht, einen Brief gleich zu beantworten. Also mit den Schlittschuhen das stimmt, sie müssen Nr. 39 sein. Du wirst Dich wohl bald einmal umsehen müssen, heute haben wir schon den ganzen Nachmittag geschöfelt! (Schlittschuh gelaufen)Morgen wird es aber wohl alle sein mit der Herrlichkeit, denn jetzt ist schon wieder „Deiweer" [Tauwetter]. Richtig fest war das Eis heute aber noch nicht, das mußten einige am eigenen Leibe spüren. Nita z.B. hat auch ein kühles Bad genommen. Wir werden wohl noch einen Monat warten müssen, bis wir richtig schöfeln können. [...] So schlimm, wie Du glaubst, ist es morgens [auf dem Weg zur Bahnhaltestelle] gar nicht. Wir sind ja auch immer zwei Mann, Anita und ich. Kalt werden wir gar nicht, denn meistens ist es schon so spät, daß wir von der Norderwiekster Brücke bis zur Bahn schnell laufen müssen. Schlimm dunkel ist es auch nicht, augenblicklich ist morgens immer Mondschein. Unterwegs überlegen wir immer, was wir wohl tun würden, wenn uns ein russischer oder polnischer Kriegsgefangener überfallen würde. Dies Thema ist besonders jetzt naheliegend, da, wie Mama Dir wohl schon geschrieben hat, Eti Schmidt letzte Woche von einem Mann - vermutlich war es ein Kriegsgefangener - überfallen worden ist. Mama würde uns am liebsten morgens gar nicht mehr alleine zur Bahn lassen. Wir werden den Rußki aber wohl schnell ins Jenseits befördern!
Recht herzliche Grüße von Deiner Heta.
Sofort wiederschreiben!

*[Kriegsgefangenen-Wachkommando
Barmissen, Preetz/Holstein]*   *Sonnabendmorgen, 29./11 41*

Ihr Lieben, meine Nanny!

Es ist zwar erst 5 Uhr, aber es ist schon mollig warm. Das ist nämlich meine erste Arbeit, daß ich Feuer anmache. Vorher wecke ich natürlich die Gefangenen, indem ich gegen die Tür bumse und das Licht anknipse. Mit 5 Minuten schließe ich dann auf und schmeiß die Melker aus den Betten, falls sie noch nicht aufgestanden sind. Die anderen gehen eine halbe Stunde später. Ihr werdet Euch noch wohl einmal auf die andere Seite drehen. Nach all der Arbeit in den vergangenen Tagen ist das auch ja nötig. [...]
Aber nun ist ja alles erledigt. Die Wurst werdet Ihr schon alle kriegen, sonst sind ja genug Putzer da, die gerne mitmachen. Bernhard ist Euch jedenfalls nicht böse, wenn Ihr ihm eine Kostprobe schickt. Ich habe ihnen gestern ausführlich geschrieben und meinen Glückwunsch [zur Geburt eines Sohnes] mitgeschickt, besonders auch zu der Tatsache, daß sie keine 'bevölkerungspolitischen Blindgänger' sind, wie es beim Militär so schön heißt. Etta wird jetzt wohl eine Zeitlang ins Enterhuck [Stall für einjähriges Rind] kommen, aber sie hat ja Vaterköpfchen und Mutterwitz genug, um sich durchzusetzen. -
Es ist nun 6.30 Uhr. Soeben bin ich von meinem Morgenspaziergang zurückgekommen. [...]
Der Himmel ist bewölkt, gestern abend war es sternenklar. Es ist aber doch bedeutend kälter, es hat auch stark gefroren.

Vielleicht kommen die Schöfels [Schlittschuhe] für Heta zur rechten Zeit an. [...]
Morgen schreibe ich meinen Sonntagsbrief.
Herzliche Grüße Euch Lieben allen und Dir besonders, meine Nanny,
Dein Johann

[Spetzerfehn]   *30.11.41*

Du lieber Johann!
Erster Advent, und doch keine rechte Stimmung dafür. Wir hatten vorhin den Adventskranz angezündet, aber ich glaube, Bertalein hatte nicht mal die richtige Freude daran. Wenn Papa nun noch dabei gewesen wäre, oder wenigstens die Aussicht auf einen nahen Urlaub, dann wäre es schon was anderes gewesen. Wie mag Dir zumute sein in Deiner Einsamkeit. [...]
Die Kinder sind gerade zu Bett. Heta war heute zur Kirche, Albert war den ganzen Tag zum Fußballspiel. Es war ja eigentlich reichlich kalt dafür, denn es friert wieder ganz tüchtig. Dort wird das Wetter wohl genau so sein. Und wie mögen die Soldaten in Rußland frieren müssen. Morgen wollen wir auch für Ernst und Hinrich ein Päckchen abschicken. Die sind beide auf der Krim.
Hier wurden vor einigen Tagen die serbischen Kriegsgefangenen entlassen. Jetzt sollen auch ja wohl die Franzosen abreisen. Hier sollen wieder Weißrussen hinkommen. Wie mögen die Menschen froh sein, zu Weihnachten heimkehren zu dürfen. [...]
Ich schicke Dir morgen eins von Heta's Büchern mit, dann hast Du doch wenigstens abends etwas zum lesen. Du kannst es ja gelegentlich wieder zurückschicken. Hast Du auch besondere Wünsche zu Weihnachten? Oder ein bestimmtes Buch? Schreibe bald darüber.
Heta's Schöfels, die sehnlichst erwarteten, sind noch nicht da. [...]
Von allen zu Hause herzl. Grüße und ganz besonders
von Deiner Nanny

*[Kriegsgefangenen-Wachkommando
Barmissen, Preetz/Holstein]*   *Dienstagvormittag, 2/12 41*

Ihr Lieben alle, meine Nanny!
Gestern abend wollte ich schreiben, aber ich bin nicht dazu gekommen. Durch die Überführung der Ostpolen in das zivile Arbeitsverhältnis war ich bis 10 Uhr abends beschäftigt. Außerdem hatte ich Post und Pakete ausgeteilt und die Gefangenen hatten geschrieben. [...] Gestern und vorgestern hatte ich es drock [viel zu tun] mit den Listen, die zum Monatsschluß fertig sein müssen. Morgen muß ich die Abrechnungen für den Bauernführer machen, dann ist die meiste Arbeit gemacht. – Ich schreibe diesen Brief mit Tinte, da die Maschine notgedrungen streiken muß. Bei mir sitzt nämlich ein kleiner Junge von 1 1/4 Jahren, Uwe heißt er. Er ist mit seiner Mutter bei Frau Mütze, unserer Nachbarin, zu Besuch. Sie konnten ihn nicht zufriedenstellen, er

hatte schon „Kapps" [einen Klaps] bekommen und weinte natürlich. Da habe ich ihn hierher-geholt, und 5 Minuten nachher waren wir die besten Freunde. Ich habe ihn in's Sofa gesetzt, den Tisch davorgeschoben und ein Kissen dazwischen, damit er nicht herunterfallen kann. Einige alte Batterien, einige Feuerzeuge, leere Flaschen, den Löscher und andere Sachen habe ich ihm gegeben, und nun baut er eifrig mit diesen Sachen. Ich sitze neben ihm am Tisch und schreibe. Daß ich tippen kann, das darf er natürlich nicht sehen. Er ist ein ganz lieber Junge, aber „de Froolü" [Frauensleute] sagen, er sei eigensinnig. Heute mittag reisen die beiden wieder ab nach Kiel. Der Vater ist in Rußland. –

Gestern nachmittag bekam ich Deinen Freitagsbrief, liebe Nanny, besten Dank. Mit meiner Einsamkeit ist es nicht so schlimm, wie Du glaubst, liebe Nanny. Tagsüber bin ich meistens unterwegs, und abends habe ich zu schreiben. Du meinst, sie hätten mich in Elmschenhagen lassen sollen. Es werden aber vor allem Kommandoführer benötigt. [...]

Im Munsterlager wäre ich wohl mit unseren Kameraden zusammen gewesen, aber dort sind Russen. Da habe ich doch lieber Franzosen oder Polen, besonders die Westpolen. Zuweilen gibt es auch ganz heitere Momente. Wie Kampfhähne stehen sie einander dann gegenüber, und ich muß Frieden stiften. Gestern abend gab es ein großes Hallo. Einer hatte einen Brief bekommen, daß er Vater geworden wäre. Dabei ist er schon über 2 Jahre in Gefangenschaft. Er hatte den Brief gleich in's Feuer gesteckt, aber die andern hatten den Inhalt doch erfahren. Übrigens eine Ge-meinheit von dem guten Freund, der ihm die Mitteilung gemacht hatte. –

Abgesehen von solchen Zwischenfällen sind sie aber ganz mit ihrem Los zufrieden. Die Ostpolen sind ja nun entlassen, ich denke, daß die westlichen später in ihre Heimat zurückkehren, da sie sich nicht zur Zivilarbeit zu verpflichten brauchen. Die Ostpolen müssen sich auf 2 Jahre ver-pflichten. – Jetzt fällt mir noch etwas ein. Du frägst, liebe Nanny, wie es mit Erbsen ist. Ich werde Euch in nächster Zeit einen Posten zuschicken. – Herzliche Grüße Euch Lieben allen und Dir besonders, meine Nanny,
Dein Johann.

Johann	*[Kriegsgefangenen-Wachkommando*	
an Nanny	*Barmissen, Preetz/Holstein]*	*Donnerstag, 11/12 41*
11. Dez. 1941		

Meine liebe Nanny, Ihr Lieben alle!
Es ist 11 Uhr morgens. Zuerst habe ich, nachdem die Gefangenen weggebracht waren, Feuer gemacht und eine Tasse Fleischbrühe/italienische, getrunken. Diese Würfel kann man genug kaufen, sie schmecken etwas laffig, deshalb muß man Salz zusetzen. Dann habe ich geschrieben, die Post hingebracht und habe dann Kaffee getrunken. Ich esse jetzt bei Frau Planbek. Ihr Mann ist in Rußland. Sie hat den Hof aber gut in Schwung, sie ist nämlich sehr energisch. Die Verpfle-gung ist aber sehr gut, noch besser als bei Hauschildt. Drei Jungen sind da, 4, 6 und 7 Jahre alt. Sie bekommen öfters eine tüchtige Abreibung, aber es nützt nicht viel. Sie heißen Joachim, Hinnerk und Christian. Mit mir haben sie sich schnell befreundet, aber sonst sind es wilde Burschen. – Nach dem Kaffeetrinken habe ich dann einen Kontrollgang zu den nächsten Höfen gemacht und anschließend meine Bude gesäubert und gefeudelt. Jetzt ist es ganz behaglich drin-nen, draußen ist aber ungemütliches Wetter. Grau und regnerisch, Hans Winter hat sich wieder aus dem Staube gemacht. –

Deinen und Hetas gemeinschaftlichen Sonntagsbrief habe ich erhalten, besten Dank. Um der Papierknappheit etwas abzuhelfen, lege ich einige Umschläge und Briefpapier bei. Das Papier taugt wohl nicht viel, aber es ist immer noch besser als gar keins. [...]

Inzwischen habe ich schon 3 Weihnachtspäckchen erhalten, zwei von Bernard und Irmgard, einmal 2 Bücher, dann ein zweites Päckchen, Bücher, einige Leckereien und Rasierklingen und Äpfel. Heti schickte mir einen Honigkuchen und Plätzchen. Ich hätte ja eigentlich mit der Öffnung bis Weihnachten warten müssen, aber es hätten ja Sachen drin sein können, die verderblich waren. Ich werde die Leckereien aber bis zum Fest aufheben. Irmgard schrieb einen längeren Brief. Sie ist ja schon einige Tage wieder zu Hause. Etta wäre sehr begeistert gewesen von dem Brüderlein. Euer Fettpaket ist ihnen eine sehr willkommene Unterstützung des Speisezettels gewesen. Wie Du schreibst, liebe Nanny, hinkt das andere Buttje [Schwein], wenn es nicht besser wird, dann vertauscht es so bald wie möglich, denn mit dem Weitermästen ist es dann meistens nicht weit her. – Soeben komme ich vom Mittagessen zurück. Jetzt will ich auch gleich den Brief fertig schreiben, damit er heute nachmittag noch mitgeht. [...]

Um 3 Uhr will ich auch erst die Reichstagserklärung hören. Wahrscheinlich steht es mit Amerika auf dem Kippen. Das hätten die Burschen sich bestimmt nicht träumen lassen, daß die Japaner gleich so forsch vorgehen würden [Überfall auf Pearl Habour]. Für uns ist es ein großer Vorteil, daß die USA mit hineingeschliddert sind, dann brauchen sie ihren Dreck [Waffen] selbst. Für die Deutschen und die Deutschstämmigen wird es aber drüben wohl eine schwere Zeit werden. Aber die Abrechnung kommt am Schluß. –

Es gab wieder eine Unterbrechung. Feldwebel Bellmann war hier. Er hatte einiges zu besprechen. Ich habe ihm eine Tasse Fleischbrühe gemacht, und er hat seine Butterbrote gegessen. Nun wird es aber höchste Zeit, daß ich Schluß mache.

Dir, meine Nanny, und Euch Lieben allen herzlichste Grüße

Dein Johann

[Spetzerfehn] Donnerstagabend · *[11. Dezember 1941]*

Du mein lieber Johann!

Über den Briefumschlag wirst Du Dich wohl wundern, Du hast ihn wohl mal hier gelassen. Es ist auch der letzte, den ich zu Hause auftreiben konnte. Und die Kinder können beim besten Willen in der Stadt keine auftreiben. Wenn das so weitergeht, müssen wir das Schreiben unbedingt einstellen. Papier kann man allenfalls noch wohl haben, aber die Umschläge waren ja schon lange ein rarer Artikel.

Du wirst wohl neugierig sein, wie es zu Hause zugeht. Wir haben hier das reinste Krankenhaus. Es riecht nach Kamillen, Baldrian, Hingfong [Kräutertropfen] und was es sonst noch so an Hausmitteln gibt. Mir geht es auch noch längst nicht gut, aber doch schon besser als die letzten Tage. Albert hat einen tüchtigen Schnupfen und Husten. Ich habe ihm vorhin ein Kamillendampfbad gemacht. Er hatte aber keine lange Ausdauer, der Kopf war ihm zu ungemütlich heiß und feucht. Geholfen hat es aber doch etwas. Am schlimmsten ist noch Bertalein dran. Sie weint schon stundenlang vor Ohrenschmerzen. Und dabei war sie zum Umsinken müde. Abwechselnd lagen wir schon mit ihr im Bett. Jetzt ist sie aber doch so allmählich eingeschlafen. Wir hoffen ja, daß wir alle zu Weihnachten wieder auf dem Posten sind. Heta geht seit heute wieder zur Schule. Das Wetter ist ja augenblicklich aber auch trostlos. Es regnet jeden Tag, die Sonne sah man lange nicht mehr. Da ist ein gelinder Frost wie neulich doch ganz etwas anderes. Wir stehen noch alle unter dem Eindruck der Führerrede und der neuen weltgeschichtlichen Ereignisse [Pearl Habour/Kriegserklärung Deutschlands an die USA].

Was in dieser Woche geschah, war ja lange voraus zu sehen, wenn man auch nicht mit solchen Anfangserfolgen der Japaner gerechnet hatte. Hoffentlich bleibt es weiter so. Wir müssen alles der Zukunft überlassen und fest an den Endsieg glauben! Welche Lügen und Verleumdungen mögen jetzt wieder gegen uns in die Welt gesetzt werden! Wie mag es den Deutschen drüben [in den USA] ergehen?

[...] Viele herzl. Grüße

Deine Nanny

Heta an Johann 14. Dez. 1941

Spetzerfehn,   *den 14.12.41*

Lieber Papa!

Heute muß ich schreiben, Mama ist krank. Sie hat auch Gelbsucht, wird sie wohl von mir od. Albert „geerbt" haben. Hoffentlich wird sie bald wieder gesund. Sie hat heute den ganzen Tag im Bett gelegen. [...] Eigentlich wollten wir Dir ein Päckchen schicken, und dann Sonnabend noch Kuchen backen. Es war aber schon zu spät geworden. Vielleicht tun wirs heute abend noch. Schularbeiten bekommen wir gar nicht mehr viel auf. Morgen gibt es Zeugnisse und Sonnabend Ferien. Na, mein Weihnachtsgeschenk von Dir habe ich ja schon. Ich wünsche mir von Dir aber auch noch etwas anderes. Nämlich die Erlaubnis, daß ich später einmal nach Deutsch-Südwest darf. Bekommen wir unsere Kolonien wohl wieder? Man meint ja allgemein, nicht. Ich glaube es aber doch. Doch sonst gehe ich eben so hin. Dann brauche ich ja auch nicht mehr länger zur Schule gehn. Schreibe doch mal darüber.

Gestern habe ich Deine Steuerkarte von Harm Hagen geholt. Ich habe sie dann auch noch gleich weggeschickt. Es ist wohl noch früh genug, nicht?

Ich will man jetzt Schluß machen, ich soll gleich auch noch an Onkel Bernhard schreiben.

Viele Grüße von uns allen   Deine Heta.

Johann an Nanny 26. Dez. 1941

[Kriegsgefangenen-Wachkommando Barmissen, Preetz/Holstein]   *2. Weihnachtstag, 26/12.41*

Meine liebe Nanny, Ihr Lieben alle!

[...] Hoffentlich habt Ihr die Feiertage gut verlebt. Daß Du schon wieder ganz gesund bist, liebe Nanny, das glaube ich nun ja nicht, aber Ihr beide, Du und Bertalein, seid doch einigermaßen auf dem Posten. Ich habe auch ganz schöne Weihnachten gefeiert. Bei Priens, wo ich jetzt esse, war es recht gemütlich. Am Weihnachtsabend habe ich dann erst mit den Gefangenen Weihnachten gefeiert. Sie waren schon um 5 Uhr wieder im Lager. Zwei Mann hatten vorher schon den Baum

geschmückt. Er war wohl etwas überladen, aber der Geschmack ist bekanntlich verschieden. Dann haben sie eine richtige Weihnachtsfeier veranstaltet. Einer dirigierte den Chor, und dann haben sie ganz ernst und andachtsvoll ihre Weihnachtslieder gesungen. Es war ganz feierlich. Von den Bauern bekamen sie einige Kisten Bier, Zigaretten und Plätzchen, und ich hatte auch allerhand Liebesgaben herangeholt. Sie waren ganz zufrieden. Ich bekam auch noch etwas vom Weihnachtsmann, Äpfel, Nüsse und Zigaretten von den Bauern. Außerdem gab es natürlich bei Priens Extragerichte, am Heiligabend Karpfen, in den Festtagen Puterbraten und natürlichen Kuchen und Torte. Außerdem an beiden Abenden zur Feier des Tages Tee, und zwar einigermaßen stark. Am ersten Feiertage hat unsere Hausnachbarin, Frau Mütze mich eingeladen. Da haben wir Weihnachtslieder gesungen. Ihre Tochter war auch auf Besuch da, außerdem einige andere Verwandten. Heute sind sie alle nach Kiel gefahren, und ich muß das Haus hüten. Heute morgen habe ich erst die Hühner und die Kaninchen gefüttert, sowie die beiden Katzen versorgt. Mit dem Hühnerfutter, Kartoffeln und Kleie, hatte ich meine liebe Not, denn es friert den ganzen Tag. Der Himmel ist so grau, als wenn es 14 Tage schneien wollte. Etwas Schnee ist schon gefallen, so daß es wenigstens doch weiße Weihnachten gibt. – Im Osten werden sie wohl schon mehr als genug davon haben. Aber das gehört eben so mit zur russischen Winterlandschaft, und im übrigen können sie sich gegen die Kälte schützen. Der Winter in Rußland ist mir immer noch lieber gewesen, als der unergründliche Dreck auf den Wegen und Straßen. – Loet ist auch ja schon wieder an die Front abgereist, wie Anna mir schrieb. Schade, daß er in den Feiertagen nicht zu Hause sein konnte. Ernst wird auch wohl auch nicht das Glück haben, und Hinrich liegt im Lazarett. Hoffentlich werden die Augen ganz wieder gesund. – Es ist jetzt 5 Uhr nachmittags. Soeben habe ich die Hühner in den Stall gesperrt und ihnen noch etwas Körnerfutter gegeben. [...]
6 Eier habe ich aus den Nestern geholt, von 18 Hühnern eine ganz anständige Leistung. [...]
Einen Brief habe ich gestern nicht von Dir bekommen, liebe Nanny, aber Du hast ja angerufen, so weiß ich doch wenigstens, daß es nicht schlimmer geworden ist. Nimm Dich nur ja in acht, daß Du keinen Rückfall bekommst.[...]
Da hätte ich bald etwas vergessen. Wenn es viel Schnee geben sollte, dann müßt Ihr eben die Fluglöcher der unteren Bienenkästen wieder freimachen. Sie stehen etwas tief. – So, nun morgen mehr!
Euch Lieben allen und Dir besonders, meine Nanny, recht herzliche Grüße
Dein Johann

Nanny
an Johann
Dezember 1941

[Spetzerfehn]   *Montagnachmittag [Ende Dezember 1941]*

Mein lieber Johann!
Da dieser Brief Dein Neujahrsbrief sein soll, schreibe ich wieder auf dem schönen Papier. Der Inhalt wird allerdings wohl nicht so festlich werden. Das Briefeschreiben ist nämlich für mich noch immer eine große Anstrengung. Der Kopf ist so müde, ich mache jeden Morgen so große Pläne für mein Tagespensum an Arbeit, wenn es aber Abend wird, sind die meisten Pläne zu Wasser gelaufen. Ich muß mich wohl noch erst einige Zeit in Geduld begeben, es ist ja gut, daß es jetzt Winter ist. Heta hat heute die nötigste Wäsche besorgt. Sie ging mit frischem Mut darauf los, trotzdem es ja ziemlich kalt ist. Gesternabend war die ganze Jugend auf dem „Flack" [über-

schwemmte Wiese] versammelt. Heute ist wohl auch die Norderwieke fest, aber das Wetter ist zu unbeständig, Frost, Regen, Schnee und Hagel wechseln ständig miteinander. Und sie hatten sich schon alle so darauf gefreut, die ganze Nachbarschaft läuft jetzt auf „Schraubenschöfels". Na, der Winter ist ja noch lang, was nicht ist, kann werden. [...]

Von Heti wollte ich Dir eigentlich auch noch berichten, die wieder eine Hoffnung zu Grabe getragen hat. Durch ihren Briefwechsel mit norwegischen Soldaten hatte sie einen Lehrer aus dem Schwarzwald kennengelernt, mit welchem sie sich in seinem Weihnachtsurlaub verloben wollte. Sie haben sich unterwegs getroffen und da hat sich herausgestellt, daß er katholisch war. Nun besucht sie, glaube ich, eine Freundin. Ich weiß auch nicht, ob sie schon wieder hier ist. Schreibe aber an niemanden davon! Dann noch eine Neuigkeit: Gesternnachmittag kam Johann Groß. Von Montag an war er unterwegs. Er hat bis zum 20.1. Zeit. Er hat sogar ein neues Radio mitgebracht. Folge seinem Beispiel, was den Urlaub anbelangt! Auch Herm. Meinders ist gestern gekommen. [Rest fehlt]

Ueberwältigende Tatbereitschaft

Hervorragendes Ergebnis der Sammlung von Pelz-, Woll- und Winterfachen für die Front
Die Sammlung um eine Woche verlängert

dnb. Berlin, 4. Januar. Nach den bis Sonnabend mittag vorliegenden vorläufigen Zählungen hat die Sammlung von Pelz-, Woll- und Winterfachen für die Front ein geradezu überwältigendes Ergebnis gehabt. Es wurden bis zu diesem Zeitpunkt nicht weniger als

32 144 201 Stück verschiedener Art

abgegeben.

Unter den abgegebenen Gegenständen befinden sich u. a.:

3 511 079 Pelze Pelzwesten und andere Pelzbekleidungsstücke,
1 274 353 Hemden,
3 058 601 Unterjacken, Pullover, Wollwesten,
3 714 630 Schals,
373 836 Muffs,
639 937 Brust- und Lungenschützer,
1 092 388 Leibbinden,
5 026 583 Paar Strümpfe und Socken,
61 697 Paar Pelzstiefel und Ueberschuhe,
75 799 Paar Ski-Stiefel,
378 229 Paar Ski,
1 779 840 Kopfschützer,
2 219 171 Paar Handschuhe,
8 963 730 Paar Pulswärmer,
1 324 068 Ohrenschützer,
2 678 169 Kleidungsstücke verschiedener Art,
994 668 Woll- und Pelzdecken und eine Riesenfülle von anderen geeigneten Woll- und Pelzfachen

Bisher konnten

1260 Waggons

mit warmen Wollfachen nach dem Osten in Marsch gesetzt oder in die Umänderungsanstalten gebracht werden. In verschiedenen größeren Städten wurden an die zur Ostfront abfahrenden Truppenverbände auf den Bahnhöfen Winterausrüstungsgegen-

stände aus der Sammlung abgegeben. Das deutsche Volk ist dem Aufruf des Führers, unseren Soldaten in den kalten Gebieten des Ostens durch Spenden von Winterfachen zu helfen, mit einer Begeisterung gefolgt, die kaum zu übertreffen ist. Der Andrang auf den Sammelstellen war am Sonntag so groß, daß viele Tausende nicht mehr abgefertigt werden konnten. Ungezählte Volksgenossen haben weiterhin mitgeteilt, sie seien mit der Herstellung und Umarbeitung der von ihnen zu spendenden Woll- und Winterfachen bis zum 4. Januar nicht fertig geworden und möchten über ihren bisherigen Beitrag hinaus gerne noch weitere Kleidungsstück zur Verfügung stellen.

Reichsminister Dr. Goebbels hat daher angeordnet, daß die Sammlung um eine Woche, bis zum 11. Januar einschließlich **verlängert** wird.

Fliegerkappe Böldes für die Ostfront.
dnb. Dessau, 3. Jan. Gauleiter Jordan wurde eine mit weißem Pelz gefütterte Fliegerkappe überreicht, der eine schlichte Karte beigefügt war: „Das ist die Fliegerkappe von Oswald Bölde. Wer sie bekommt, schreibe bitte an Fräulein Ursula Bölde, Dessau-Ziebigt."

Immelmanns Fliegerpelz gespendet.
dnb. Berlin, 4. Jan. Auf der Annahmestelle für Wollfachen der Ortsgruppe Adlershof-Nord übergab am Sonntagnachmittag Major Franz Immelmann dem Ortsgruppenleiter den Fliegerpelz seines im Weltkrieg gefallenen Bruders, des berühmten Jagdfliegers Max Immelmann. Major Immelmann hat der Gabe folgendes Schreiben beigefügt: „Diesen Pelz hat vor 26 Jahren Max Immelmann als Jagdflieger getragen. In seinem Sinne gebe ich dieses Erinnerungsstück an ihn, damit es einem unserer Soldaten im Osten Wärme und Glück bringt."

Hindenburgs Jagdmuffe in der Wollsammlung.
dnb. Berlin, 4. Jan. Von den Verwandten des Generalfeldmarschalls v. Hindenburg wurden der Wollsammlung die Pelzmuffe übergeben, die der Entschlafene früher auf der Jagd benutzte.

Offenbarung der Gemeinschaft

Wenn etwas den innigen Zusammenhang von Front und Heimat zeigt darum konnte, so war es das überwältigende Ergebnis der Sammlung von Pelz-, Woll- und Winterfachen für die Front. Die Heimat hat gezeigt, daß es ihr ein Bedürfnis war, der Front einmal ihre ganze Sorge und Fürsorge zu beweisen. Es war geradezu, als ob sie darauf gewartet hätte, der Front mit dieser einzigartigen Sammlung ein Weihnachtsgeschenk machen zu können, das als Liebesgabe, die ein Volk nur zu geben vermag.

Die Kriegshetzer in USA und England haben versucht, ihre Völker mit der Lüge, das deutsche Volk wolle nicht mehr, in eine üble Illusion zu wiegen. Der Aufruf, der den Appell des Führers an die Opferbereitschaft des Volkes hat mit diese Illusion vernichtet. Die Mannigfaltigkeit die Güte und die Fülle der abgegebenen Sachen — aber eben im dritten Kriegswinter! — zeigen die innere Anteilnahme des Volkes, das deutsch glück-ist war, seinen Soldaten einmal beweisen zu können, wie sehr es zu ihnen steht. Das Volk hat mit Freude ein letztes gegeben, und das mit der gleichen Begeisterung und dem gleichen Opfersinn, wie seine Brüder in der Freiheitswegen. Die Zeit war sogar zu kurz um alles zu erfassen, was die Heimat abgeben wollte. Unzählige Familien, die mit der Anfertigung von Wollsachen noch nicht fertig geworden sind, wollen noch die kommende Woche dazu benutzen.

Diese Offenbarung des Gemeinschaftsgeistes wird die Front noch dankbarer aufnehmen als die materielle Fülle der Gespenden, so es so froh und unvergänglich gegeben worden ist.

Nordgruppe am 2. Januar in Manila einrücken. Militärische Kreise bezeichnen den Manila-Feldzug als „Rekord im Blitzkrieg". Die Landungstruppe bei Lingan habe in 11 Tagen rund 200 Kilometer, bei größter Höhe und schwersten Kämpfen zurückgelegt, während die Lamon-Gruppe 100 Kilometer in schwersten Gebirgskämpfen und schwierigem Gelände zu überwinden hatte.

14/10 42
Liebes Bertalein!
Bald geht im Osten das große Marschieren wieder los. Auf dieser Karte kannst Du den Vormarsch verfolgen. Albert muß Dir kleine Fähnchen machen, die Du dann weitersteckst.
Viele herzl. Grüße Dein Vater

Rußlandlied
Von Alfred Heinz Jlling

Auf, Kamerad! Die Zeit ist reif —
Am Himmel steht ein Feuerschweif!
Laßt uns nicht länger warten.
Wir werfen die Propeller an!
Die Infant'rie ruft: „Marsch voran!" —
Laßt uns nach Rußland starten!
Der Führer ruft — drum, Schatz, ade!
Zum Siege stürmt die Ost-Armee!
Und schlägt das dreiste Russenpack,
Wie sie geschlagen den Polack.
Drum, Schatz, ade, drum, Schatz, ade!
Zum Siege stürmt die Ost-Armee!

Das Heer der Feinde schreckt uns nicht;
Wir tuen eisern unsre Pflicht
Und werden nicht verzagen,
Bevor der Feind am Boden liegt,
Von uns vernichtet und besiegt, —
Und wir den Lorbeer tragen!
Der Führer ruft . . . usw.

Trifft mich die Kugel gar zu gut,
So lieg ich denn in meinem Blut
In Rußlands roter Erde. —
Doch weiter stürmt das graue Heer
Und treibt den Kosak vor sich her,
Gleichwohl, ob er sich wehrte!
Der Führer ruft . . . usw.

Aurich, den 12. Januar 1942.

Sinnloser Bombenwurf auf Aurich
Drei Todesopfer sind zu beklagen.

In der Sonntag-Nacht warf ein feindliches Flugzeug, das offenbar bei dem Versuch eines Angriffes auf Emden abgeschlagen worden war, völlig plan- und sinnlos seine Sprengbombenlast auf ein reines Wohngebiet der Stadt Aurich ab. Dadurch wurden einige wenige Häuser zerstört und mehrere andere beschädigt. Leider sind als Opfer dieses heimtückischen Ueberfalls auch drei Tote und drei Verletzte zu beklagen.

20. Januar	Wannsee-Konferenz: „Endlösung der Judenfrage"
15. Februar	Die englische Festung Singapur kapituliert vor den Japanern
Ende März	Erste Judentransporte nach Auschwitz
24. April	In Deutschland: Juden dürfen keine öffentlichen Verkehrsmittel mehr benutzen
21. Juni	Deutsche und italienische Truppen erobern die Festung Tobruk (Nordafrika)
28. Juni	Beginn der deutschen Sommeroffensive an der Ostfront
14. September	Die 6. Armee unter General Paulus erreicht die Wolga bei Stalingrad
30. September	Hitler wiederholt öffentlich seine Voraussage der Vernichtung des Judentums
23. Oktober	Beginn der britischen Gegenoffensive in Nordafrika
22. November	Die Rote Armee schließt Stalingrad ein

Brennendes russisches Dorf

Das Massaker von Lidice

Sie fuhren gegen Engelland . . .

DEUTSCHE VERLUSTE
IN DER ERSTEN WOCHE
DES NORWEGISCHEN ABENTEUERS:

 1 Panzerschiff torpediert, kampfunfähig
 1 Schlachtschiff schwer getroffen
 2 Kreuzer versenkt
 1 Kreuzer beschädigt oder versenkt
 8 Zerstörer versenkt
 1 U-Boot (mindestens) versenkt
19 Truppentransportschiffe versenkt
 4 Truppentransportschiffe torpediert
 1 Handelsschiff im Grossen Belt bombardiert
    und in die Luft gesprengt
 1 Tanker selbstversenkt
 1 Handelsschiff selbstversenkt
 1 Handelsschiff gekapert
 3 Vorpostenschiffe gekapert

Und wie viele kehrten zurück?

»Feindflugblatt«

KZ Dachau

Ein jugoslawischer Partisan wird gefangengenommen

Berta, Albert u. Heta mit Jugendlichen aus der Nachbarschaft, Sommer

Lehrgang auf der KLV-Reichsführerschule Steinau/Oder, Albert: stehend, 2.v.l., Juni

Gymnasium Aurich, li. Albert, Herbst

Sportfest des Auricher Gymnasiums, Sommer

Hetas u. Alberts Freundin Gerda Gronewold, Winter 42/43

Albert als Begleiter eines KLV-Transports; in München vor der Feldherrnhalle, Albert

Mein lieber Johann!

[...] Wie Du schreibst, hast Du ja Sylvester und Neujahr gut verlebt. Bei uns ging es in den Feiertagen etwas still und trübe zu. Wir waren alle froh, daß sie vorüber waren. Heute ist nun wieder der erste Schultag. Da sie noch keine Monatskarten hatten, ist Heta heimlich mit dem Rad gefahren. Das hatte ihr natürlich großen Spaß gemacht. Das Wetter war allerdings naßkalt. Jetzt steht das Thermometer 2° unter Null. Bei Frostwetter bekommt man dann die Sonne doch sicher wieder mal zu sehen. Das ist doch entschieden gesünder als der ewige Nebel. Vor zehn Uhr kann man ja kein Licht ausdrehen. Die Stromrechnung wird ja auch danach sein. Doch ehe wir so recht daran denken, kommt der Frühling schon wieder ins Land. –

Wie großartig sind doch die Ergebnisse der Wollsammlung! Auch hier haben sich alle Einwohner beteiligt. Wir haben eine Unterhose, einen Schal und einen Pelzkragen gespendet. Dann habe ich noch zwei Paar Fausthandschuhe gemacht aus dreifachem Stoff. Heta hat noch einen Abend mitgeholfen, die Sachen einzupacken. Die Sachen werden ja von unsern Soldaten freudig begrüßt und benutzt werden. Wir machen uns ja keine Vorstellung, was die dort in der Kälte aushalten müssen! Hinrich liegt jetzt in Hamburg im Lazarett. Mit seinen Augen wird es wohl nicht besonders gut aussehen. [...]

Übermorgen wird Jürgen erwartet. Wenn wir auch erst die Tage bis zu Deinem Urlaub zählen könnten. Ich finde, sie könnten Dich ja jetzt erst nach Hause fahren lassen, nachher können sie Dich dann doch sicher wieder nicht entbehren. Das Thema Urlaub ist doch sicher nicht eher zu Ende, bis Du hier bist! – Sei nun herzl. gegrüßt von uns allen!

Deine Nanny

Meine liebe Nanny, Ihr Lieben alle!

Vier Uhr nachmittags ist es, und doch will es noch nicht recht Tag werden. Der Himmel ist grau und bewölkt, aber viel Schnee hat es nicht gegeben. Für die Kinder wird es heute wohl ein richtiger Schöfeltag [Schlittschuhtag] sein. [...]

Schade, daß Du kein Fleisch essen darfst [wegen Erkrankung], und dabei ist doch jetzt die fette Zeit. Wenn man noch wenigstens Obst, Apfelsinen oder Nüsse bekommen könnte, aber es gibt ja nichts. Erbsen habe ich aber besorgt, ich werde morgen 20 Pfund 'Saat'erbsen abschicken. Es wird wohl einen Daler Porto kosten, aber darnach darf man nicht fragen. Es ist etwas Bruch dabei, aber sie können so verbraucht werden. Ihr werdet ja Augen machen, wenn Ihr den Beutel sehen werdet. Es ist nämlich meine leinene Unterhose. Ich habe sie gewaschen und dann die Hosenbeine als 'Küssenbür' [Kissenbezug] benutzt. Man muß sich eben zu helfen wissen.

Vielleicht fahre ich morgen nach Preetz, dann nehme ich das Paket gleich mit. Die Büchsen und Bücher muß ich auch bald einmal abschicken, ich habe sonst zuviel Ballast, wenn ich einmal auf die Wanderschaft gehe. Es wird aber wohl noch etwas dauern, bis ich auf mein neues Kommando reise, das Lager ist noch nicht fertig. Du meinst, liebe Nanny, dann könnte ich doch vorher einmal in Urlaub fahren. Daran ist jetzt auch nicht zu denken, denn ich bin allein auf weiter Flur, es gibt auch niemand, der mich vertreten kann, denn es mangelt an Kräften. [...]

Abends. Ich schreibe jetzt weiter. Es wurde zuletzt schon dunkel, und dann hatte ich noch allerlei zu erledigen. Ich mußte Appell in Zivilsachen abhalten und die Bestände notieren, dann mußten sie Briefe schreiben und Paketadreßen für die Angehörigen konnten sie abschicken. Viele Pakete bekommen sie aber nicht, die polnischen Legionäre, bei den Franzosen war es anders. Ich glaube aber, dort wird es auch schon weniger. Für gewöhnlich gibt es Zwieback, Rauchwaren und Fleischkonserven. Schokolade, Kakao, Kaffee usw. sind schon äußerst selten. Auch Unterwäsche gibt es nur noch selten. Um so größer ist dann die Freude, wenn einmal wieder ein Paket ankommt. – Bei uns ist die Päckchenhochflut auch ja vorbei. Wenn noch einmal eins ankommt, dann enthält es schmutzige Wäsche und andere Bedarfsartikel. [...]

Du schreibst, liebe Nanny, daß Du und Bertalein eifrig raten, was das wohl für ein Geschenk sein mag, das ich Bertalein zugedacht habe. [...]

Einige Fingerzeige will ich Euch geben. Es ist aus einem weitverbreiteten Material hergestellt, es kann stehen und man kann es auch tragen, man kann etwas hineinlegen, es ist leicht und sieht gelb aus. Das wären so die hauptsächlichsten Merkmale. Ich will es Euch nächstens zuschicken, dann hat die Raterei ein Ende. – Ein Ende hat auch schon dieser Bogen. Morgen oder übermorgen mehr!

Euch Lieben allen und Dir besonders, meine Nanny, die herzlichsten Grüße

Dein Johann

Nanny an Johann 12. Januar 1942

[Spetzerfehn]   Montagabend [vermutlich 12. Januar 1942]

Mein lieber Johann!

[...] Der Tommy beunruhigt uns in letzter Zeit doch mächtig. Sonnabend müssen bei Bagband Bomben gefallen sein. Es dröhnte alles bei uns zu Hause. Aurich hat auch in der Nacht seinen ersten Angriff erlebt. Es hat drei Tote gegeben. Die Marinenachrichtenschule (früher Seminar) ist wohl das Hauptziel gewesen. Flugblätter haben wir gestern auch gefunden, eins fand ich im Garten. Es ist immer derselbe Dreck. Wiesmoor soll gestern oder vorgestern mit Maschinengewehren beschossen worden sein. In Leer haben sie neulich mitten am Tage beim Bahnhof Bomben abgeworfen, mit Maschinengewehren haben sie auf die Zivilbevölkerung geschossen. [...] Emden hat ja in letzter Zeit viel abbekommen. Die Schulen sollen noch diese oder nächste Woche nach Hessen-Nassau verlegt werden. Auch die Frauen und Kinder sollen verschickt werden. Natürlich werden ja auch allerhand Bomber abgeschossen. Die Kinder haben neulich auf dem Eise beobachtet, wie einer abgeschossen wurde. In Engerhafe sind schon 10 Engländer begraben. Heuteabend scheinen sie allerdings ihr Tätigkeitsfeld verlegt zu haben, es ist alles ruhig. – Die Wollsammlung ist ja wieder ein großer Erfolg geworden, mal wieder ein Schlag für die Maulhelden dort drüben. Der Russe setzt jetzt im Winter auch wohl alles in Bewegung, was er hat. Gott sei Dank folgt aber auf diesen Winter auch noch wieder ein Sommer, der hoffentlich im Osten die endgültige Entscheidung bringt. [...]

Wir warteten die letzten Tage immer auf Jürgen, und nun hat Gerta Albert Sonnabend erzählt, daß er garnicht gekommen sei. Alles ist schon reisefertig gewesen, sogar den Wecker hatten sie schon gestellt, da hieß es dann: Urlaubssperre! Das ist nun ja auf beiden Seiten eine große

Enttäuschung. Schlimmer ist es ja mit Hinrich, hoffentlich bleibt ihm noch etwas von seinem Augenlicht. Eine Blindheit ist doch das schlimmste körperliche Gebrechen. Der arme Kerl!.[...] Jetzt muß ich wohl Schluß machen, Du schimpfst sicher, daß ich soviel schrieb. Wenn es mir aber schwer fällt, schreibe ich von selber nur kurz. Hoffentlich bin ich bald für einige Tage frei vom Briefeschreiben!
Gruß Deine Nanny

[Kriegsgefangenen-Wachkommando Barmissen, Preetz/Holstein]   *Mittwochnachmittag, 14/1 42*   **Johann an Nanny 14. Januar 1942**

Meine liebe Nanny, Ihr Lieben alle!
Heute morgen wollte ich schon schreiben, aber da bin ich nicht dazugekommen. Von der Kompanie aus wurde angerufen, ich müßte sofort melden, ob die beiden Serben aus dem eigentlichen Serbien oder aus Kroatien oder aus dem von den Italienern besetzten Gebieten seien. Da mußte ich erst die Burschen aufsuchen, und als ich dann die Meldung durchgegeben hatte, da war es bald Mittag. [...]
Einen Brief habe ich heute nicht bekommen. Ich habe aber auch nicht damit gerechnet. Du hast zuletzt am Sonnabend geschrieben, jetzt wird der nächste wohl erst morgenfrüh fällig sein. Gesche hatte auf dem Umschlag geschrieben, daß Georg Montag auch wieder Soldat sein müßte. Ich habe es mir wohl gedacht, denn für den Endkampf muß alles bereit sein. Gepaßt wird es ihm auch wohl nicht haben, daß er zu Hause war und seine Kameraden waren an der Front. Also wird auch für uns die Parole heißen: Die Stellung halten!
Soeben habe ich die 8-Uhr-Nachrichten und Goebbels Bericht über das Ergebnis der Woll- und Wintersammlung gehört. Es ist doch ein großartiger Erfolg. Jetzt hat General Winter seine Trümpfe ausgespielt. –
Es ist erst 9 Uhr [abends], aber die Flak ballert schon wieder. Dabei ist es so unsichtig, daß man sich wundern muß, wie die Brüder da oben in der Luft sich zurechtfinden. Wahrscheinlich sind sie auf der Durchreise nach Hamburg, dann fliegen sie nämlich häufig über Jütland. Dabei haben sie ihre paar Flugzeuge doch an anderen Stellen wahrhaftig nötiger. Aber sie wollen die Bevölkerung beunruhigen.
In der Zeitung vom Montag las ich heute, daß der Tommy in Aurich Bomben abgeworfen hat und daß 3 Personen getötet und 3 verletzt sind. Das ist das Traurigste, daß die Burschen eben ihre Bomben wahllos auf Wohnviertel fallen lassen und die Zivilbevölkerung treffen wollen. Na, hoffentlich bekommen sie bald die Rechnung quittiert.
Der Amerikaner hat jetzt ja einen netten Plan ausgearbeitet. Die Engländer sollen auf dem europäischen Festland kämpfen und er will in England die Stellung halten. Jetzt soll der Tommy also auch einmal für einen andern kämpfen, während er sonst immer die anderen Völker vorgeschickt hat. Da wird er wohl bald merken, was der Krieg bedeutet. –
Donnerstagmorgen. Ich schreibe jetzt weiter. Ich habe gestern abend das Licht abgeknipst, denn unsere Verdunklung ist doch wohl nicht ganz vorschriftsmäßig und bei Kerzenlicht kann man nicht tippen. Auch im Lager mache ich das Licht gleich aus, wenn es irgendwo ballert, denn öfters wird die Außentür aufgemacht und dann fällt doch ein Lichtschein durch. Ich mache die Tür gleich auf, damit sie im Notfall in Deckung gehen können. –

Es ist bald 7 Uhr, ich muß zum Kaffeetrinken. Ihr werdet jetzt auch wohl beim Köppke Tee sitzen. Hoffentlich habt Ihr noch etwas Vorrat. Sonst muß ich doch einmal sehen, ob ich hier nicht noch etwas bekommen kann.

Nun wünsche ich Dir, meine liebe Nanny und Bertalein recht gute Besserung! Euch Lieben allen die herzlichsten Grüße

Dein Johann

Spetzerfehn, *den 16.1.42*

Lieber Papa!

[...] Vielen Dank für den Brief. Vor lauter Schöfeln [Schlittschuhlaufen] hatte ich gar keine Zeit, ihn zu beantworten. Ja staune nur: vor lauter Schöfeln! Ich gehe nämlich jeden Abend und, wenn es die Zeit erlaubt, auch nachmittags hin. Heute nachmittag habe ich ausnahmsweise keine Schule bzw. Dienst. Gleich um halb 6 laufe ich dann zur Post und bringe diesen Brief hin. Gestern u. vorgestern war ich krank, ich war so erkältet und hatte Kopfschmerzen. Deshalb soll ich heute abend nicht zum Schöfeln, es ist nämlich ganz mordsmäßig kalt. Heute morgen war es sicher 14°. Ich dachte bestimmt, auf dem Wege zur Bahn wäre mir die eine Gesichtshälfte erfroren. Im Zug war es noch kälter als draußen. Das ist doch eine Unverschämtheit. In den Füßen hatte ich überhaupt kein Gefühl mehr. Ich habe einfach meine Schuhe ausgezogen und meine Füße Nita auf den Schoß gepackt. Im Herbst hat die Kleinbahn immer so geheizt, daß man es oft im Zug nicht aushalten konnte. Jetzt sind die Kohlen natürlich alle. Die Kleinbahn ist f.z.d. [spaßige Abkürzung für „viel zu dumm"] Weißt Du, was das heißt? Kannst ja mal raten bis zum nächstenmal. Ich muß Dir auch ja bald wiederschreiben, denn nächste Woche hast Du ja Geburtstag. Hast Du meine Bücher schon aus, die wir Dir geschickt haben? Sie sind schön, nicht? Ich habe noch ganz viele Bücher, die ich noch nicht aus habe. Augenblicklich lese ich das Kolonialbuch, was ich von Dir zum Geburtstag habe. Dazu muß man aber Zeit haben, sonst vergißt man es wieder. Ich mag es sehr gern lesen. In Geschichte nehmen wir auch gerade das durch.

Unsere Klasse bekommt vielleicht bald Zuwachs. Die Emder Schulen kommen wegen der Luftgefahr nach Mittel- und Süddeutschland. Magda Tammen, die in Emden zur Schule geht, soll nicht mit und kommt dann zu uns. Dann brauche ich nicht mehr alleine sitzen. Das muß ich jetzt, weil ich angeblich soviel schwatze. Das ist natürlich gar nicht wahr. [...]

Jetzt will ich aufhören, ich will gleich Schularbeiten machen.

Herzliche Grüße Heta.

Meine Schöfel sind einzigartig!!! Ich hatte das ganz vergessen. Nächstes Mal mehr!

[Spetzerfehn]   *Sonntagabend 18.1.42*

Mein lieber Johann!

Nun sollst Du endlich auch doch mal wieder einen Sonntagsbrief haben. Es ist recht still bei uns, Onkel ist schon vor einigen Stunden schlafen gegangen. Er hat in letzter Zeit wieder viel mit seinen Augen zu tun, hauptsächlich abends ist es schlimm. Albert ist noch auf dem Eise. Heta schläft im Sofa. Sie war den ganzen Nachmittag mit andern Mädchen nach Schirum zum „schöfeln". Zuerst war sie auch noch zur Kirche. Jetzt ist sie doch müde. Nur Bertalein läßt sich noch keinen Schlaf anmerken. Sie turnt schon seit einer Stunde im Sessel. [...]

Von Dir haben wir heute keine Nachricht erhalten, auch gestern nicht. Heta war am Mittag noch zur Post gefahren. Die Briefe werden wohl wieder einmal liegen geblieben sein. Hoffentlich gibt es morgen dafür doppelte Ration. –

Das Frostwetter scheint ja wohl von Bestand bleiben zu wollen, trotzdem Onkel und Tanti sehnlich wünschen, daß die Kälte verschwindet. Solange es aber nicht so grimmig kalt wird wie vor zwei Jahren, geht es ja immer noch. Da wird es im Osten doch noch ganz anders sein. Man darf ja garnicht daran denken. –

Georg ist jetzt auch wieder eingezogen. Von Loet und Ernst hörten wir lange nichts mehr. Jürgen rechnet noch immer mit seinem baldigen Urlaub, hoffentlich hat er Glück! Elfried Groß hat von erfrorenen Zehen geschrieben, Johann Groß reist übermorgen wieder ab, ebenso Hannes Weber. Sie fahren denselben Urlauberzug. Wie schnell ist doch die lange Urlaubszeit vorüber gegangen! In den letzten Tagen sind auch wieder viele ältere Jahrgänge 1904 und auch noch ältere, glaube ich, und auch viele „Reklamierte" [vor allem für die Landwirtschaft zunächst Freigestellte] eingezogen. Sie werden jetzt wohl alles einziehen, was irgendwie noch geht. Hoffentlich bringt uns dieses Jahr nun die letzten Entscheidungen! Es wird aber wohl noch große Opfer an Blut und Menschenleben kosten! –

Wenn wir uns auch alle so sehr nach einem kurzen Wiedersehen sehnen, so haben wir es ja noch viel, viel besser als die hunderttausende von Familien, wo die Angehörigen nicht wiederkehren. Wir leben ja auch noch nicht so in ständiger Gefahr als die Städter um uns herum. In Emden war es diese Woche ja wieder schlimm. –

Deinen Geburtstag wirst Du wohl in Deiner Einsamkeit verleben müssen. Ein Päckchen schikken wir noch. Bernhard wird wegen der Kälte seine Reise noch wohl verschieben. Mir geht es jetzt von Tag zu Tag besser, aber die „fettarme" Zeit wird noch wohl etwas dauern. Ich bin ja so froh, daß ich wieder mehr arbeiten kann, wenn es auch wohl noch einige Zeit dauern wird, bis ich wieder meine volle Kraft habe.

Sei nun herzl. gegrüßt von allen und bes. von Deiner Nanny

*[Kriegsgefangenen-Wachkommando
Barmissen, Preetz/Holstein]*   *26. Januar 1942*

Meine liebe Nanny!

[...] Für Deine Geburtstagswünsche danke ich Dir bestens, mein Mädel. Lieber wäre ich ja an diesem Tage bei Dir gewesen, aber es ist leider nicht möglich. Es ärgert mich sowieso, daß ich

während Deiner Krankheit nicht dort war. Du schreibst, wir hätten dann nichts vom Urlaub gehabt. Das mußt Du nicht denken, ich hätte Dich doch so gerne bemuttert und etwas verwöhnt. Man ist doch nicht nur in guten Zeiten Weggenosse, sondern auch, und ganz besonders auf rauhen, harten Wegen, wo einer dem andern helfen muß. Und ein guter Wegkamerad bist Du mir immer gewesen, das habe ich in diesen Jahren besonders erfahren. Und ich weiß auch, daß ich mich weiterhin auf meinen Kameraden verlassen kann, daß dann alles Schwere leichter zu tragen ist. Das ist mein schönstes Geburtsgeschenk, Du meine Nanny, daß ich Dich habe. Ein Marsch durch Dunkelheit, Sturm und Unwetter, wie wir beide ihn in den letzten Jahren gemacht haben, das bindet besser als ein Wandern durch sonnige Tage. So wollen wir es auch in Zukunft halten, wir wollen uns nicht unterkriegen lassen. Mit diesem Vorsatz im Herzen und dem lieben Wegkameraden neben sich hat man die größten Schwierigkeiten schon überwunden. Es ist ja häufig so, wie das alte Sprichwort sagt: 'Aus den Augen, aus dem Sinn', aber zwei Menschen, die zusammenstehen wollen, werden durch eine Trennung nur noch fester verbunden. [...] Ich sehne mich darnach, Dich endlich mal wieder in den Arm nehmen zu dürfen, aber wir werden wohl noch einige Zeit warten müssen. Dann werde ich es Dir so recht behaglich und gemütlich machen und Dich für die lange Trennungszeit entschädigen, meine Nanny. Nun gute Nacht, mein Mädel!
Sei vielmals gegrüßt   von Deinem Johann

**Heta
an Johann
29. Januar 1942**

Spetz.   *den 29.1.42*

Lieber Papa!
Ich muß Dir schnell etwas Wichtiges schreiben. Ich nehme eine Karte, denn ich habe nicht mehr viel Zeit. Heute haben wir Kohlenferien bekommen und zugleich Aufgaben für eine Woche aufbekommen. Am nächsten Donnerstag müssen wir sie abgeben. In Deutsch haben wir einen Aufsatz auf: Zweck und Wirkung der Wollsammlung (etwa 3-4 Seiten).
Nun haben wir außerdem noch soviele Schularbeiten auf, daß ich bestimmt nicht damit fertig werde. Du hast doch wohl einmal Zeit dazu. Wenn Du Dich gleich daran machst, kannst Du ihn ja wohl noch bis Mittwoch schicken. Wir haben Deutsch beim Chef, sonst hätte ich ihn auch noch wohl selber hinschmieren können. Ich muß ja auch jetzt tüchtig zu Hause helfen. Also tu es bitte! Hoffentlich ist es noch früh genug! Beim Briefe schreiben bist Du ja wohl an der Reihe. Ich gratuliere Dir nachträglich noch herzlich zum Geburtstag.
Viele Grüße Heta.
Schreib bitte bald!! [Der Antwortbrief existiert nicht mehr.]

[Kriegsgefangenen-Wachkommando
Barmissen, Preetz/Holstein]   *Sonntagnachmittag, 1. Februar 1942*

Ihr Lieben alle! Meine Nanny!

Heute morgen erhielt ich zu meiner größten Überraschung Deinen Brief vom Donnerstagabend, nachdem ich mehrere Tage keine Post bekommen hatte. Sonst bekommen wir Sonntags keine Post. [...] Morgen oder übermorgen werdet Ihr wohl das Buttje [Schwein] schlachten, es bleibt auch ja nichts anderes übrig. Auf milde Witterung dürfen wir noch nicht hoffen, es fängt von neuem wieder an zu frieren und zu schneien. [...]

Im Rundfunk wurde heute erwähnt, daß dieser Winter der schnee- und eisreichste Winter seit 150 Jahren in Rußland war. Das stimmt nicht ganz, der von 1812 war noch schlimmer und 1916/17 war auch nicht von schlechten Eltern, das haben wir sogar am Sereth [Fluß in Moldavien] gespürt. Aber trotzdem ist die Kälte dort außerordentlich. Übrigens sind sie besser geschützt, als wir damals. Unterzeug bekamen wir erst Anfang 1915 und Schafpelze sogar erst im März/April. In der Beziehung ist doch besser vorgesorgt. Morgen haben wir aber schon Lichtmeß, wenn der Winter auch noch so sehr droht, es muß doch endlich Frühling werden. -

Ich hoffe, liebe Nanny, daß Du die Erkältung jetzt wieder los bist. Ich hatte vor einigen Tagen auch einen Schnupfen, aber ich habe gleich einen Tropfen Jod genommen, da machte der ungebetene Gast sich aus dem Staube. [...]

Pumpe und Abfluß sind ja auch noch immer zugefroren, wie Du schreibst, liebe Nanny. Bei uns ist es auch so, wir kloppen schon die ganze Nachbarschaft nach Wasser ab. Der Winter bringt eben manche Unannehmlichkeit mit sich. - Der Krieg freilich noch mehr. Du schreibst, daß Focke Hinrichs gefallen ist. Die Anzeige habe ich noch nicht in der Zeitung gelesen, wohl von Focke Onkens und Dirk Schöns Sohn. Es wäre ja auch ein Wunder gewesen, wenn der Krieg so wenig Opfer fordern würde, als zu Anfang im Westen. Für die Betroffenen ist es ja sehr hart, aber es hilft alles nichts, wir müssen jetzt durch. -

Gestern habe ich die Führerrede gehört. Er hat den Heuchlern wieder einmal großartig den Text gelesen. - Die Gefangenen fragten mich nachher: 'Was Führer gesagt, wie lange noch Krieg? Dies Jahr Schluß oder noch 3, 4 Jahre?' Ich habe sie aufgeklärt, daß der Füher das natürlich auch nicht weiß, daß wir aber jeden Feind, wo und wann es auch sei, schlagen werden. -

Die Erbsen habt Ihr ja erhalten. Ich will einmal sehen, ob ich Feldbohnen erhalten kann. Über Urlaub wollte ich eigentlich in diesem Brief nicht schreiben, denn wann die Sperre aufgehoben wird, das ist noch unbestimmt. Ich hoffe aber doch bestimmt, daß ich zu Hetas Konfirmation dort bin. -

Vom 15/2 ab gibt es ja Reichsraucherkarten. Es werden auch für Frauen welche ausgegeben. Nehmt nur ruhig für euch beide auch welche, dann könnt Ihr Onkel mal aushelfen, denn die Zuteilung ist gering. Diesen Brief packe ich wieder in einen Umschlag und lege noch einen leeren Bogen bei. Erstens habt Ihr dann gleich Papier und zweitens sind die grünen Umschläge zu durchsichtig. [...] Na, ich denke, es langt für heute, sonst habe ich morgen gar keinen Stoff mehr.

Euch Lieben allen und Dir besonders, meine Nanny, recht herzliche Grüße
Dein Johann

Spetzerfehn, *den 5. Februar [1942]*

Lieber Papa!

Es ist gewißlich an der Zeit, Dir einmal wieder zu schreiben. Aber ich hatte in den letzten Tagen soviel zu tun, daß ich keine Zeit dazu hatte. Zunächst vielen Dank für die beiden Briefe, d.h. Brief und Aufsatz. Der Aufsatz war tadellos, ich habe ihn so abgeschrieben. Die Aufsätze von den andern waren nicht so sehr gut, die meisten waren etwas vom Thema abgekommen. Heute mußten wir nun zur Schule und Aufgaben holen [die Schule war wegen Kohlenmangel geschlossen]. Wir haben jetzt nicht wieder soviel aufbekommen wie letzte Woche. Das war aber auch wirklich zuviel. Einen Aufsatz haben wir zum Glück nicht wieder auf. Heute nachmittag mußte ich dann noch zur Konfirmandenstunde. Es war fast nicht durch den Schnee zu kommen. Der Schnee liegt hier stellenweise meterhoch. Zum Glück fällt die Konfirmandenstunde nächste Woche aus. Dann habe ich auch Zeit, meine Schularbeiten ordentlich zu machen. Abends gehe ich jetzt meistens zum Schlittschuhlaufen. (aber nur bis 9 Uhr!)

Gestern abend war ich um 8 Uhr noch zur Mühle und habe Brot geholt. Ich hatte Groß' kleinen Rodelschlitten mitgenommen. Der Schnee lag schon sehr hoch, un ick harr leep wat to doon, dat ick't kroppen de [und ich hatte sehr zu tun, daß ich es schaffte. [...]

Es ist jetzt bald 10 Uhr, und wir sitzen bei einem leckeren Köppke Tee zusammen. Mama schreibt auch, und zwar an Onkel Bernhard und Irmgard. [...]

Montag nachmittag will ich zu Almuth, wir wollen zusammen Mathematik machen. Unser Chef [Direktor] meinte, die Kohlenferien könnten unter Umständen noch bis März dauern.

Albert, Rudi, Folkert und Meks sind heute nachmittag zum Fischen. Sie sind noch nicht wieder da. Ich soll jetzt erst nach Groß und fragen, ob sie schon wieder da sind. Mama hat ja doch keine Ruhe. –

Eben komme ich wieder. Sie sind jetzt da und haben tüchtig was gefangen. Bei Groß habe ich erst vom Sender Belgrad das berühmte Lilli-Marlen und die Nachrichten gehört. Lilli-Marlen ist nach meiner Meinung gar nicht so schön, wie man immer sagt. Nur die Melodie ist ganz schön. Ich habe auch einen unbekannten Soldaten! Was sagst Du dazu? Er heißt Heinz Smeets, ist Unteroffizier, augenblicklich auf der Krim, wohnt sonst in Düsseldorf, hat noch Mutter und Schwester, Vater ist 1915 gefallen. Jetzt weißt Du gleich Bescheid. Er ist sicher schon bald 30 Jahre, aber ich will ihn ja auch nicht gleich heiraten. Ich habe ihm am letzten Donnerstag wieder hingeschrieben, ich kann schon bald wieder Post bekommen. Ich bin richtig gespannt. Wenn er ein Raucher ist, muß ich mich ja aufs Zigarettenhamstern verlegen. Dann muß ich eine Raucherkarte für mich beantragen.

Morgen wollen wir ein Paket für Dich abschicken. Mit dem Schlachten sind wir ja jetzt so ziemlich fertig. Wir haben vorgestern abend oder vielmehr morgen bis 1/2 3 Uhr Wurst gemacht. [...]

Viele Grüße Heta.

Schreib bald wieder!

Du mein lieber Johann!

[...] Gestern bin ich nun endlich mit der Einkocherei fertig geworden: 23 Büchsen und 27 Gläser haben wir zusammen gekriegt. [...] Es macht doch keine Freude, die Schlachterei bei solchem Wetter zu erledigen! Es ist aber gut, daß wir den Fresser los sind.

Hoffentlich geht es Dir noch gut bei dieser Kälte, es wird bei Dir auch wohl recht ungemütlich aussehen und Du wirst Dich so manches Mal nach Hause sehnen. Es ist doch nichts in Deinem Alter noch solche Zeiten durchzumachen. [...]

Manchmal ist mir so trostlos zumute, daß Du diese Jahre in der Fremde zubringen mußt. Und das Ende ist ja noch immer nicht abzusehen!

Heute nachmittag um 5 Uhr war die Trauerfeier für D. Ulrichs hier in der Schule. Heta und ich waren auch hin. Albert wollte auch eigentlich mit, er hatte aber vorher Dienst in Ostgroßefehn (Fußballspiel). Die Schule war bis auf den letzten Platz gefüllt. Es war recht feierlich aber bitterschwer für die Angehörigen. Die Eltern sind alt geworden, Frau Ulrichs war bald nicht wiederzuerkennen. Man kann es sich ja gar nicht vorstellen, daß alle die jungen Soldaten nicht mehr wiederkehren. Er war das ganze Jahr nicht wieder zu Hause. Sie habe ihn als Soldat nicht gesehen, im Oktober war er verwundet und ist gerade vor Weihnachten vor Sewastopol durch Kopfschuß gefallen. Am Vormittag war in Strackholt die Trauerfeier für Focke Hinrichs. So geht es augenblicklich ständig fort.

Soeben hören wir im 10 Uhr Nachrichtendienst die Trauernachricht von Dr. Todt. Wie furchtbar, daß in letzter Zeit soviele unersetzliche Männer im Flugzeug verunglücken. Vor 14 Tagen war er noch in Emden. Wieviel Opfer fordert doch in der ganzen Welt dieser grausame Krieg! Warum muß nun auch wohl gerade dieser Winter so außergewöhnlich kalt sein! Man hört soviel von erfrorenen Gliedmaßen unserer Soldaten. Ob es überhaupt wohl jemals wieder eine bessere, friedlichere Zeit gibt? Man sieht gar keinen Ausweg, wie die Völker sich wieder vereinen sollen. Und doch dürfen wir den Mut und die Hoffnung nicht verlieren. Auf diese Aussicht setzt der Feind doch sicher noch seine größte Hoffnung. [...]

Am Sonnabend kam schon Dein Paket an, herzl. Dank für alles. Woher hast Du denn noch immer die Raritäten? Die Kinder fallen ja alle darüber her, als wenn sie ausgehungert wären. Ich muß schon alles in Verwahrung nehmen und es ihnen zuteilen. Für alles, was Du schickst, haben wir ja jetzt gute Verwendung. Und dabei kann ich Dir so wenig schicken! Heta hat vor einigen Tagen wieder ein kärgliches Päckchen eingepackt. Ich wollte Dir noch Kuchen backen, aber es fehlte die Zeit und dann auch die Butter. Seit einiger Zeit ist uns nämlich 50 gr. abgezogen, und dabei essen die Kinder in letzter Zeit wie „Döskers" [Dreschleute]! Du schreibst aber ja auch nie, was Du brauchst oder gerne hättest und ich möchte Dir manchmal so gerne eine besondere Freude machen. [...]

Mit dem Wasserholen ist es doch eine große Behelferei. Fürs Schlachten haben wir es noch von Dahm's geholt. Dann streikte aber dort die Pumpe wegen Wassermangel. Dann mußten wir ja zu Groß wandern. Dort gibt es aber nur morgens und abends zu bestimmten Zeiten welches, weil die Pumpe sofort wiedert einfriert. Am Donnerstag haben unsere „Mannesleute" nun ein Bitt [Eisloch im Kanal] gekappt. Das gefällt uns doch weit besser. Trinkwasser holen wir dann von Dahm's. Das Wasser von Groß kann man nämlich auch nicht trinken.

Von ihrer Fischerei sind die Jungens auch glücklich schnell wieder abgekommen. Am zweiten Tage haben sie garnichts gefangen, da war die Lust auch vorbei. Es soll jetzt auch endgültig Schluß sein. Ich war sehr froh, was soll man auch mit den vielen Fischen anfangen, wir haben noch einen halben Eimer voll in Eis.

Nun muß ich wohl so allmählich aufhören, sonst verschwinden doch die Papiervorräte zu rasch wieder. [...]

Bertalein legt auch einen Brief bei.

Viele herzl. Grüße

Deine Nanny

Johann an Nanny 15. Februar 1942

[Kriegsgefangenen-Wachkommando Barmissen, Preetz/Holstein]   *Sonntag, 15/2 42*

Meine liebe Nanny, Ihr Lieben alle!

Wann dieser Brief ankommt, das ist noch nicht bestimmt, aber schreiben will ich heute doch. Seit 3 Tagen ist nämlich kein Postauto hier gewesen, da die Straßen verschneit sind. Gestern bin ich mit einem Schlitten nach Preetz gefahren. Es war eine böse Partie. Der Molkerist von Kirch-Barkau fuhr mit seinem Beifahrer auch mit, er wollte sein Milchauto von Kiel abholen, wo er es Donnerstag stehen lassen mußte. Von Preetz aus fuhren sie mit dem Zuge, die Bahnstrecke war glücklicherweise wieder frei. Bis etwa 3 km vor Preetz ging es gut, dann blieben wir stecken und mußten zu Fuß nach Preetz tippeln. Der Kutscher blieb mit Pferd und Schlitten in einer Bauern-scheune und wartete dort, bis ich zurückkam. An Sachen umtauschen war nicht zu denken, weil ich nicht soviel mitschleppen konnte. Ich habe nur Zigaretten für die Gefangenen mitgebracht und einige Brote, weil in Barmissen auch schon tagelang kein Bäckerwagen gekommen war. Um 2 Uhr nachmittags waren wir wieder hier. Es war eine kalte Partie, aber wir hatten uns warm eingepackt. Die Gefangenen waren abends sehr froh, als es etwas zu schmöken gab, denn sie hatten schon tagelang nichts mehr gehabt. [...]

Hans Winter will uns doch immer noch nicht verlassen, und die Kameraden im Osten wären doch so froh, wenn er endlich das Feld räumen würde. Dann wird der Bolschwiek auch wieder merken, was eine Harke ist. Die Feindpropaganda ist ja schon etwas abgeflaut, die angeblichen Erfolge [der Russen] im Osten waren doch nur klein im Verhältnis zu den riesigen Frontab-schnitten. Daß sie hin und wieder Gelände gewannen, daß sie auch einige Abteilungen von uns, die ohne Munition und Verpflegung waren, abschneiden konnten, daß wir auch Kriegsmaterial zurücklassen mußten, das ist selbstverständlich, das ändert aber an der Gesamtlage nichts. Wir waren im ersten Weltkrieg [J. Schoon verwendet zum ersten Mal diese Formulierung] auch zuwei-len in der Klemme, wir dachten, die Schlacht wäre schon verloren, während wir wohl an einem kleinen Abschnitt Raum einbüßten, während an anderen Stellen unsere Truppen vordrangen. Was endlich die Überlegenheit der Russen im Winterfeldzug anbelangt, so ist diese auch sehr zweifelhaft. Einige [ihrer] Truppenteile sind sehr gut mit Winterzeug ausgerüstet, aber es ist doch längst nicht überall der Fall.

Wir hatten an der Düna im Februar/März 1916 auch sibirische Garde vor uns, die Winterpelze trugen, aber die meisten der armen Schelme, die Tag und Nacht angriffen, waren nur notdürftig bekleidet. Tagelang jammerten sie im Niemandland, wo sie verwundet lagen, bis sie endlich verblutet und erfroren waren, weil von keiner Seite Hilfe gebracht werden konnte. – Mit den Erfolgen in Afrika ist es ähnlich. Wenn eine zehnfache Übermacht den kleinen Gegner erdrük-ken will, dann hat er natürlich auch Anfangserfolge. Inzwischen haben die Tommys sich dort wieder aufs Laufen verlegt. Daß Rückschläge nicht ausbleiben, hat Dr. Goebbels auch ja in seiner

Rede erklärt, wo gehobelt wird, da fallen eben Späne, aber es ist doch ein sehr großer Unterschied zwischen dem ersten und diesem Weltkrieg. – Soeben kam die Meldung durch, daß die Engländer die Festung Singapur bedingungslos übergeben haben. Das ist ein harter Schlag für Kurckhals [Spottname für Churchill] und Franklin [Roosevelt]. Der Krieg sieht doch wesentlich anders aus, als sie ihn sich vorgestellt haben.

Nun ist der Bogen schon wieder voll, und ich habe nur vom Krieg geschrieben. Dafür folgt morgen ein persönlicher Brief.

Euch Lieben allen und Dir besonders, meine Nanny, recht herzliche Grüße
Dein Johann

Spetzerfehn,   *den 1.3.42*

Lieber Papa!

Es dauert mir doch zu lange, bis Du mir endlich einmal schreibst. Jetzt müssen wir wieder richtig zur Schule. Klasse I bis IV hat noch bis auf weiteres frei. Dafür sind jetzt Mittelschüler, Haushaltsschülerinnen und der Aufbaulehrgang bei uns. In den Pausen ist der Schulplatz schwarz von Kindern, bzw. Halbstarken. Die Mädchen vom Aufbaulehrgang verdrehen allen Jungen den Kopf. Es wird höchste Zeit, daß sie wieder abhauen.

In einem Monat gibt es schon Osterferien. Wir bekommen aber nur einige Tage. Dann werde ich auch schon konfirmiert. Bis dahin wirst Du wohl gar nicht mehr kommen. Kannst Du nicht mal in Preetz oder wo sehn, ob es dort das Buch gibt: Infanterie greift an von Generaloberst Rommel. Das möchte ich sehr gerne haben. Van Senden hat es uns sehr empfohlen.

Heute nachmittag sind Tante Anna, Gerta + Kleine Anna bei uns. Albert kommt eben wieder. Er war zum Elternnachmittag der Hitler-Jugend in Großefehn. Gestern abend war er zum Schöfeln [Schlittschuhlaufen]. Er kommt nie dazu, daß er Dir schreibt.

Mittlerweile ist es 10 Uhr geworden. Die Münkeweger sind weg und Albert ist noch zum Schöfeln. Hans Winter will immer noch nicht verschwinden. Und dabei haben wir seit heute schon März! Was sagst Du dazu, daß ich nach Ostern zur Tanzstunde will? d.h. nicht will, sondern möchte. Almuth geht auch hin, die andern aus meiner Klasse waren schon letztes Jahr hin. Was meinst Du davon? Schreib doch bitte mal darüber! [Der Antwortbrief existiert nicht mehr.]

Jetzt will ich aufhören, ich muß ins Bett.

Viele Grüße von Deiner Heta.

NB. Wo ist eigentlich der Sachse? Wenn Du seine Adresse weißt, schicke sie doch bitte mit.

*[Kriegsgefangenen-Wachkommando Barmissen,
Preetz/Holstein]*

Sonntagnachmittag, 8/3 42

Ihr Lieben! Meine Nanny!
[...] Es ist etwas nach 3 Uhr. Ein Mittagsschläfchen von einer Stunde habe ich gehalten, um 1/2
3 Uhr mußte ich wieder aufstehen, da ich die Melker herauslassen mußte. Jetzt sitze ich bei
einem leckeren Köppke Tee, Kuchen habe ich auch mitbekommen, also kann ich es aushalten.
Heute vormittag war ich auch die ganze Zeit beschäftigt. Ich habe mich gewaschen und dann
gründlich die Bude sauber gemacht. Der Fußboden glänzt in tadelloser Weiße. Ein Gefangener
hatte ein Paket bekommen, darin war ein Päckchen mit Seifenpulver, das war kaputtgegangen
und hatte den ganzen übrigen Inhalt, Keks, Kuchen, Zigaretten usw. ungenießbar gemacht. Da
habe ich den Seifenpulverersatz in eine Zigarrenkiste getan, und wir verwenden es jetzt zum
Fußboden- und Bänkescheuern. Es ist doch eine große Dummheit, wenn den Eßwaren so etwas
beigepackt wird. Da haben die Gefangenen sich dann umsonst gefreut. Einmal im Monat bekommen sie sowieso nur ein Paket, d.h. diejenigen, die Verwandte oder Bekannte in Frankreich
haben, und dann wird der Inhalt so versaut. Schokolade, Süßigkeiten und auch Tabak und
Zigaretten werden dort auch schon rar. Meistens gibt es diesen harten Keks. [...]
Der Franzmann muß sich eben umstellen, wirtschaftlich und auch geistig. Der Tommy gibt eben
durch die Blockade und jetzt auch wieder durch das Bombardement den nötigen Anstoß dazu.
Es ist doch eine Gemeinheit, daß die Stadt Paris so rücksichtslos bombardiert wurde. Na, die
Abrechnung wird ihm noch vorgelegt werden. [...]
Es freut mich, daß Ihr das Paket erhalten habt und daß der Inhalt Euren Beifall gefunden hat.
Dem nächsten Paket werde ich das Buch von Raabe beilegen. Ich habe es durchgelesen. So ein
Buch muß man besinnlich lesen, dann sieht man erst den feinen, stillen Humor, der darin lebt
und man wird die Lebensweisheiten richtig gewahr. Von Speckmann habe ich bei Frau Mütze
auch ein Buch aufgestöbert: 'Herzensheilige', davon lese ich auch alle Abend ein Kapitel. Solche
Bücher sind vielleicht nach Ansicht mancher Zeitgenossen nicht zeitgemäß, denn Mars regiert
die Stunde und zackig und stramm sind Trumpf. Aber die Nebenmelodie kann solche schmet-
ternde Musik nicht übertönen, es läuft doch soviel Jammer und Herzensnot nebenbei. Ich mußte heute immer an Mathias Claudius' Verse denken: 'Wir stolze Menschenkinder sind eitel arme
Sünder und wissen garnicht viel. Wir spinnen Luftgespinste und suchen viele Künste und kommen weiter von dem Ziel' usw. Wir müssen hart werden wie unsere Soldaten und nach dem
Kriege noch härter, sagt Dr. Goebbels, aber deshalb brauchen wir uns nicht vor dem Schönen
und Guten, vor dem Gefühl und der Weichheit zu verschließen. Es ist wohl am besten, wenn
man hart gegen sich selbst und weich gegen andere ist, d.h. nicht nachgiebig, sondern verständnisvoll. –
Da bin ich doch richtig ins Philosophieren gekommen. Was so ein altes, aber immer noch junges
Lied doch machen kann! – Morgen oder übermorgen muß ich wieder einmal nach Preetz, Sachen
umtauschen. Da werde ich einmal sehen, ob ich Sämereien bekommen kann. In Kiel soll es
bestimmt welche geben, wie Frau Mütze sagt. Also fahre ich bei schönem Wetter einmal dorthin.
[...]
Nun wünsche ich Euch Lieben alles Gute. Herzliche Grüße Dir, meine Nanny und Euch Lieben
allen
Dein Johann

Spetz.   *den 15.III 42*

Lieber Papa!

Wenn ich mich recht entsinne, bist Du an der Reihe beim Schreiben, aber ich verspüre heute gerade Lust dazu, und ich habe mir zum Grundsatz gemacht: Ausnutzung aller Gelegenheiten! Du meinst also, daß Du zu meiner Konfirmation nicht kommen kannst. Das ist sehr schade, aber dann haben wir die Zeit ja auch noch vor uns. Annis und Ilses Vater werden ja auch nicht kommen können.

Weißt Du nicht ein schönes Gedicht, was für die Konfirmation paßt? Am liebsten eins von Dir. In der Schule lesen wir fast keine Gedichte mehr, höchstens mal eins von S.A., S.S. oder Bewegung usw. Die sind alle gleich langweilig.

Ende dieses Monates gibt es wieder Zeugnisse. Hoffentlich fällt meins nicht allzu schlecht aus. Die besten Aussichten habe ich diesmal nicht. Im Aufsatz hatte ich einmal eine 5, ich hatte statt einer Charakterbeschreibung eine Inhaltsangabe gemacht. In der letzten Mathematikarbeit hatte ich auch eine 5. Wie wir die Aufgaben durchnahmen, hatte ich gefehlt. Mathematik kann ich sonst aber ganz gut. Dafür habe ich in Englisch immer eine der besten Arbeiten. In der letzten hatten 2, Jensen u. ich, eine 2. Vielleicht bekomme ich im Zeugnis in Englisch gut. Wir werden es ja bald sehen.

Wie geht es Dir denn? Du könnest <u>mir</u> auch mal wieder schreiben.

Viele Grüße Deine Heta.

[Spetzerfehn]   *Sonntagabend [15. März 1942]*

Sonntagabend

Mein lieber Johann!

Einen Sonntagsbrief sollst Du diesmal doch haben. [...] Heute war so ein richtiges Tauwetter. Auch die letzte Nacht hatte es nicht gefroren. Man lebt ja richtig wieder auf nach der langen Kälte. Nur die Wege sind jetzt ja bald unpassierbar. Hoffentlich regnet es nun nicht noch dazu. Dabei mußten die Kinder heutenachmittag nach Hinrichs [Gaststätte] zur Heldengedenkfeier. Es war ja wieder ein trauriger Tag für die Hinterbliebenen. Wir hoffen und glauben ja alle, daß diese Opfer nicht umsonst gebracht sind. –

Am nächsten Sonntag war ja eigentlich die Prüfung für die Konfirmanden. Nun ist ja auf den Tag die Eingliederung der H.J. festgesetzt. Aus diesem Anlaß ist für die Jugendlichen für den Tag ein Kirchenbesuch verboten. Dafür muß also die Prüfung ausfallen. Sie wird jetzt zusammen mit der Konfirmation [...] abgehalten. Was soll man dazu sagen? Es ist ja gut, daß wir uns nicht mit dem Gedanken befreundet haben, Dich zur Konfirmation bei uns zu sehen. Es würde ja auch zu weit führen, wenn jeder Vater dazu Urlaub haben wollte. Also müssen wir uns, wenn auch schweren Herzens darin schicken. Mit dem Arbeitsurlaub wird es auch wohl nicht viel werden. Es gibt ja auch viele Bauern, die nötiger zu Hause sind, um ihren Betrieb in Ordnung zu halten. Gerd Fleßner war in einem Jahre nicht mehr hier, auch D. Leerhoff ist seit dem Sommer fort. Und Lübbe Aden ist über ein Jahr Soldat und noch garnicht zu Hause gewesen. Mit dem Blick auf andere müssen wir uns ja trösten. Ich bin so froh, daß ich Dich nicht ferne in Rußland weiß, es wäre ein bitterer Winter geworden. Peter d.L. hat geschrieben vom 4.3., er ist in der Nähe von Smolensk, also nur ein Gerede [daß er gefallen wäre]! Sein Turnkamerad Enno Cassens aus Großefehn ist aber unterdeß in Rußland an Typhus gestorben, auch ein Sohn von Kortmann ist gefallen. Die Kette reißt eben nicht ab, und so wird es weitergehen, bis der Krieg zu Ende ist. Wir möchten manchmal so gerne in die Zukunft blicken, es ist aber doch gut so. Es ist immer noch früh genug, wenn das Leid für die Einzelnen kommt. [...]

Heta und Berta wollen auch noch schreiben, Albert hat wohl den guten Willen, er meint aber, er weiß nichts.

Nun gute Nacht, Du Lieber! Deine Nanny

**Heta
an Johann
20. März 1942**

Spetz.   *den 20. III 42*

Lieber Papa!

Du bist ein nachahmenswürdiges Vorbild. Herzlichen Dank für Deinen Brief! Ich habe heute abend doch nichts zu tun. Zum Lernen habe ich keine Lust. Ich habe morgen in der Schule noch 2 Stunden Zeit. Jetzt braucht man sich nicht mehr allzu sehr anzustrengen, die Zeugnisnummern sind nämlich schon festgelegt. Heute in der Biologiestunde haben wir uns ordentlich ausgetobt. Die Jungens haben die ganze Stunde Blödsinn gemacht und wir haben natürlich darüber gelacht. Die Lehrerin wußte vor Wut nicht, was sie sagen sollte. Wir mögen sie alle nicht leiden. Wir waren so ausgelassen, daß wir in der Pause „Tick" gespielt haben. – Montag haben wir frei, weil dann Abitur ist. Wenn wir erst so weit sind! Sehr viele der Jungens (aus Kl. 8! [heute Kl. 13]) sind schon eingezogen.

Neuerdings scheint unser „Chef" [Direktor] vernünftig werden zu wollen. Heute in der Deutschstunde haben wir die „Gebildeten" durch den Kakao gezogen. Er ist nicht allzu gut darauf zu sprechen. Einmal haben wir auch über den Unterschied von Liebe und Verliebtheit gesprochen. Das ist doch noch reichlich verfrüht für uns. (Für einige mag es ja nicht so sein!) Er fragte ganz naiv einen Jungen, ob er schon einmal „verliebt" gewesen wäre. Er staunte, daß wir alle lachten. Manchmal kommt es mir so vor, als ob der Chef hier nicht nach Ostfriesland paßt. [...]

Vor einigen Tagen habe ich mal an einen Soldaten einer Feldpostnr. in Nordafrika geschrieben. Was das wohl für ein „junger" Mann ist? Mein Unteroffizier [ebenfalls Briefkontakt] ist ja schon 30! Dem schreibe ich vielleicht gleich auch noch. –

Kannst Du Dich nicht mal in Preetz oder Kiel umsehen, ob es noch lederne oder Bastumhängetaschen gibt? Ich habe nämlich überhaupt keine. Dann haben wir auch keine Zahnpasta und braune Schuhcreme mehr. Ich habe meine Schuhe schon eine Woche nicht mehr geputzt. Wenn es irgend geht, dann hamster doch mal was. –

Du könntest Dich auch mal fotografieren lassen, wir haben gar kein Bild von Dir. Alle Leute, die einen Soldaten haben, haben das. Aber auch tun! [...]

Viele herzliche Grüße von Heta.

Bitte sehr bald wiederschreiben!!!

Mein lieber Johann!

So, jetzt muß ich doch noch [trotz] aller Unruhe der letzten Tage für ein ruhiges Stündchen zu Dir kommen. Du wirst wohl einen oder zwei Tage vergeblich warten müssen, es war mir aber beim besten Willen nicht möglich, in diesen Tagen zu schreiben. Sonnabend gab es natürlich ja noch viel Arbeit und Vorbereitungen für die Konfirmation. Außerdem hatte ich noch in den letzten Tagen Heta's Mantel, den Stoff hatte ich ja schon vorigen Herbst gekauft, fertig gemacht. Also, wie gewöhnlich, dasselbe Lied, trotzdem ich es mir längst fest vorgenommen habe, vor Feiertagen u.s.w. nicht wieder mit solchen Dingen anzufangen. Tante Anna war mit zur Kirche und auch hier zum Mittagessen. Bertalein holte uns schon weit ab und verkündete uns dann auch gleich, daß Onkel Gerd und Tanti Hanni da seien. Also noch zwei Mann mehr zum Mittagessen. Wir hatten ja allerdings Essen genug, aber alles noch halbfertig. Tanti war schon recht „in't Fahrt" [aufgeregt]. Um 1/2 2 Uhr waren wir zu Hause, vor der Konfirmation war nämlich die Prüfung, weil diese am Sonntag vorher wegen der Eingliederung [der Hitlerjugend] nicht stattfinden durfte.

Gleich nach dem Essen kam Gerta mit Klein-Anna, nachher kamen Ludwig und Betty und gleich hinterher Tante Heta! Also Gäste genug, und Du hast uns natürlich gefehlt. Aber alles Reden darüber machte die Sache ja nicht anders. Ich kam mir so verlassen und einsam vor unter all' den vielen Gästen. Um 8 Uhr war das Haus wieder leer, dann kamen noch Tini Dahm, Tini Leerhoff, Anita und Rudi. Da war ich doch froh, daß endlich das Haus wieder leer war.

So ist der Konfirmationstag mit viel Unruhe vergangen. Es ist ja nun einmal so Sitte und ich habe mich natürlich sehr gefreut, daß sie alle einmal hier waren, aber lieber wäre es mir natürlich gewesen, wenn wir den Tag für uns alleine verlebt hätten. So geht doch heutzutage das ganze Menschenleben hin, von einer Unruhe, Hast und Arbeit in die andere. Man hat ja bald keine ruhige, besinnliche Stunde mehr. Schon für die Kinder fängt es gleich schon an. Heta hat ja einen unruhigen, schweren Winter hinter sich. Albert hatte nicht mal Zeit, mit zur Konfirmation zu gehen. Er hatte gestern den ganzen Tag Dienst [Hitlerjugend]. Wie schön wäre es gewesen, wenn wir den Tag zusammen mit Dir hätten verleben können! Heute ließ Harm Hagen bekannt [machen], daß für die Wehrmachtsangehörigen in Deutschland Arbeitsurlaub gewährt würde. Ich wollte mich gleich heuteabend erkundigen, er war aber nicht da. Vielleicht kommt das dann auch für Dich in Frage. Es ist zum Frühjahr doch so vieles da, was Du selber tun oder wenigstens anordnen müßtest. Mit dem Kunstdünger weiß ich nicht richtig Bescheid, ebenso wie die Äcker bebaut werden sollen. Heute haben auch sämtliche Bienenkästen geflogen. Der Tag war ja auch zu wunderbar. [...]

Ich freue mich sehr zu den Sämereien, es ist ja nichts mehr zu bekommen. Nach große Bohnen haben die Leute in Aurich Schlange gestanden. Ich danke Dir noch vielmals, daß Du Dir soviel Mühe gemacht hast, herzl. Dank auch für Deine schönen lieben Briefe. Sie sind doch ein kleiner, aber wertvoller Ersatz für das Zusammensein. [...]

Ich mache jetzt Schluß, ich schlafe alle Augenblicke dabei ein.

Nun sei herzl. gegrüßt von D. Nanny

Spetz.   *den 31. III 42*

Lieber Papa!

Endlich komme ich dazu, Deine letzten Briefe zu beantworten. Vielen Dank für das schöne Gedicht und das Briefpapier. Jetzt kann ich doch nach Herzenslust schreiben. Die Konfirmation war sehr schön. Vorher hatten wir Prüfung, das Ganze dauerte etwa bis 1 Uhr. Nachmittags hatten wir sehr viel Besuch, aus Aurich, die Münkeweger mit Kind und Kegel und Tante Heta kam nachher auch noch. Die ganze „andere Küche" war voll. Schade, daß Du nicht da warst. Morgen früh schicken wir ein Gesuch ab um Arbeitsurlaub. Ich war eben damit zu H. Hagen. – Heute nachmittag konnte ich endlich wieder im Garten arbeiten. Das machte mir ordentlich Spaß. Jetzt regnet es leider.

Morgen ist nun der gefürchtete Tag, wo es Zeugnisse gibt. Schürmann sagte heute zu mir, als ich eine Geschichtszahl nicht wußte: Und Du willst eine 2 in Geschichte haben! Da habe ich behauptet, so vermessen wäre ich nicht. Eine 5 ist ja nicht so schlimm, wenn nur nicht mehrere hinzu kommen.

Heute habe ich mir von Magda Tammen ein Buch geliehen, in dem auch etwas über Frauen u. Mädchen in den Kolonien steht. Auch jetzt noch besuchen Mädchen u. Frauen die Kolonialschule in Rendsburg, um sich später in den verschiedensten Berufen in Afrika zu betätigen. Das wäre doch etwas für mich. Kannst Du Dich nicht einmal erkundigen, wie das damit ist? Wie alt man sein muß usw. Ich brauche ja nicht gleich morgen nach Afrika abfahren, vielleicht bekommen wir die Kolonien ja auch gar nicht wieder. Also schreibe bitte mal darüber!

Gleich muß ich auch noch an die Fehmarner schreiben + mich für ihren Gruß zur Konfirmation bedanken.

Recht herzliche Grüße von Deiner Heta.

Spetzerfehn,   *den 2.IV.1942*

Lieber Vater!

Du wirst wohl sehr überrascht sein, von mir noch einen Brief zu erhalten. [...] Briefpapier habe ich übrigens in ausreichendem Maße, da ich mir gestern noch 15 Umschläge und Bogen „erhamstert" habe. Heute habe ich mich endlich dazu aufgerafft, Dir sowie zwei ehemaligen Schulkameraden einen Brief zu schreiben. – Gestern haben wir Ferien bekommen; mein Zeugnis ist gut ausgefallen. [...]

Nach den Sommerferien werde ich wahrscheinlich als Unterführer zur Kinderlandverschickung nach Niederösterreich oder Bayern fahren. Deswegen werde ich im nächsten Sommer ohne weiteres nach Kl. 8 versetzt. Wenn der Krieg bis dahin andauert, werde ich im Sommer oder Herbst 1943 eingezogen (Notabitur!). [...]

Mama wird Dir wohl schon mitgeteilt haben, daß ich zum Gefolgschaftsführer in Spetzerfehn ernannt bin. Mir ist an diesem Posten nichts gelegen, und ich drücke mich soviel ich kann. Mein Stammführer Jürgen Meyer glaubte übrigens, mich beim Bann zu melden und hereinlegen zu können, hat sich aber schwer getäuscht. Er wollte nämlich verhindern, daß ich zur K.L.V. [Kinderlandverschickung] fahre. –

Im Juli fährt unsere Klasse wahrscheinlich nach Weimar. Ich spare jetzt schon, die 90 RM beieinanderzubekommen. Ich wollte ursprünglich an der O.T.Z.-Berichterstattung im Monat 15 RM verdienen; die Schriftleitung „unterschlägt" aber zur Zeit viele Berichte. Ich glaube, Jürgen Meyer hat sich dahintergesteckt. [...]

Es passiert zur Zeit auch zu wenig. Kürzlich ist ja Duchs Hinterhaus abgebrannt (Brandstiftung?). In Ostgroßefehn ist ebenfalls eine große Scheune abgebrannt (Brandstiftung!!). – Mit der Kaninchenzucht hatte ich wenig Glück, denn erst vor kurzem ist mir ein großer Kaninchenbock eingegangen. Ich hätte ihn Weihnachten verkaufen sollen. Unsere Kuh haben wir ja glücklich an den Mann gebracht. Für eine neue Kuh werden wir wohl 100 RM zulegen müssen. [...]

Viele Grüße
Albert

J. Schoon verbringt einen kurzen Heimaturlaub in Spetzerfehn.

[Spetzerfehn]   *Sonntagabend, 17.5.42*

Mein lieber Johann!
Ein wunderbarer Sonntag ist zu Ende. Wie freut man sich doch dieses Jahr über alles Grüne und Blühen! Und dazu gab es auch heute noch einen Brief von Dir, einen richtigen Sonntagsbrief! [...] Du hast recht, diese langen Trennungszeiten sind eine starke Belastung und diesmal ist es mir auch besonders schwer gefallen. Die Tage waren kurz, das Wetter nicht schön und dazu viel Unruhe. Ich freue mich aber einesteils doch, daß Du Soldat sein kannst. Man fühlt sich sonst doch so ausgeschlossen von der Gemeinschaft, wo es heute so unendlich viel Leid gibt. Wir können doch auch an unserm Teil unser Opfer bringen. Die Hauptsache ist, daß ich weiß, daß es Dir gut geht, wenn es ja trotzdem für Dich auch auf manches verzichten heißt. Schreibe sofort, wenn Du etwas entbehrst! Du darfst mir nicht wieder nach Hause kommen, daß Du schlecht aussiehst! Hörst Du es wohl? Kaufst Du Dir auch Eier oder Milch? [...]

Es liegen drocke [arbeitsreiche] Tage hinter uns. Gestern haben wir nun endlich unsere Kartoffeln gepflanzt. [...] R. Hagen war sehr guter Laune. Er hat auch noch den „Wennacker" gepflügt gleich vorne. Hanni Schoon hat zum Pflanzen geholfen. J. Schmidt war auch da. Er kam aber erst später. Da habe ich zu Anfang 2 Fuder mit aufgeladen. Es ging aber doch über meine Kräfte, nachher haben Heta und ich noch Dünger gestreut. Ich war froh, als alles zu Ende war. Heute habe ich mich aber doch wieder erholt. Die Kuh haben J. Schmidt und Albert gestern herausgelassen. Es ging alles gut. [...]

Von Fiffi bekommen wir 2 Ferkel, an ein größeres Schwein ist gar nicht zu denken. Anna hat eins gekauft, das Pfund zu 1 M!! – Die Feldbohnen und Erbsen kommen schön. Wie wird es mit Hafer? Kannst Du noch etwas schicken?

Es ist doch reichlich spät, ich schreibe morgen mehr!
Deine Nanny

Spetzerfehn,   *Pfingsten [24. Mai] 1942*

Lieber Papa!

Es kommt mir so ungewohnt vor, daß wir Dir wieder schreiben müssen, daß ich noch gar nicht daran gedacht habe. In den 14 Tagen, wo Du da warst, konnte man sich so schön auf die Bärenhaut legen („wie weiland die alten Germanen", würde Andreas de Wall noch hinzufügen). Heute ist das Wetter wenig pfingstlich. Ein Regenschauer jagt den andern, eben hagelte es sogar. Eben habe ich an meinen Afrika-Soldaten geschrieben. Er schrieb in seinem letzten Brief, in Afrika wäre es sehr langweilig. Ihre einzige Abwechslung bestände aus Sandstürmen, Schlangen, Skorpionen und Fliegen. Sie selbst, die „stolzen Wüstensöhne" seien verlaust und verdreckt. Ich lasse mich dadurch natürlich nicht abschrecken, nach Afrika gehe ich doch!

Bekommst Du die Zeitung eigentlich noch? Dann wirst Du wohl von unserer Veranstaltung gelesen haben. Die hat allgemein Beifall gefunden. Besonders unsere Fastnachtsspiele haben sehr gut gefallen. Jensen ließ uns natürlich gleich einen Klassenaufsatz schreiben: Charakterbilder aus unsern Fastnachtsspielen. Ich hatte eine 2.

In der Schule komme ich jetzt ganz gut mit. Die Nachhilfestunden haben doch den Erfolg gehabt, daß ich in der letzten Lateinarbeit eine 4 hatte. Ich war natürlich äußerst stolz, und Rowoldt sagte: Unser Gretchen hat sich diesmal ganz nett angestrengt. Er war also der Meinung, daß ich das bei den letzten Arbeiten nicht getan hätte. Er wird mir im Sommer wohl keine 5 geben. Diesmal soll bei der Versetzung ja sehr streng vorgegangen werden. Besonders unsere Klasse wird scharf unter die Lupe genommen, weil wir in die Oberstufe kommen.

Ich sitze jetzt in Alberts „Bude" und werfe ab und zu einen Blick auf unsern Garten. Gestern habe ich den berüchtigten Acker links im Blumengarten bearbeitet. Den ganzen Vormittag habe ich Unkraut gerodet. Jetzt sieht er ziemlich manierlich aus. Unser Garten darf sich überhaupt jetzt wohl sehn lassen, sogar den Rasen hat Albert gemäht. Wenn das Wetter nur etwas schöner sein wollte!

Vorgestern hat Tante Irmgard geschrieben; sie fragt, ob Mama nicht im Sommer ein paar Tage zu ihnen kommen könnte. Meinetwegen kann sie das tun, sie will Dich ja auch besuchen. Ich will diesen Sommer zu Hause bleiben. Erntearbeit brauchen wir Mädchen nicht machen, unsere Jungens und auch Kl. 6 und 7 sollen in Erntelager. Dann wird Albert auch wohl nicht nach Fehmarn können. Am 1. Juni soll er nach Steinau ins Ausbildungslager für die Kinderlandverschickung. Hermann Lübbe aus unserer Klasse ist jetzt da. Er schrieb uns vorgestern einen Brief, der eigentlich nur eine erdkundliche Beschreibung war. Unsere Jungens sind reichlich komisch. Jensen hat die ganze letzte Lateinstunde Süßstofftabletten gekaut, und dabei sind die so knapp!

Nun sei herzlich gegrüßt von Deiner Heta und schreibe <u>mir</u> bitte <u>bald</u> einmal wieder!

[Spetzerfehn]   *Pfingstmorgen [24. Mai 1942]*

Mein lieber Johann!

Endlich mal eine ruhige Stunde zum Briefschreiben, die ganze Woche kam ich so gut wie nicht dazu. [...] die ersten Tage habe ich Erbsen gepflanzt u.s.w. und dann ging die Schummelei los.

Das Streichen der Küche ist natürlich eine Niete geworden, wie ja vorauszusehen war. Als ich die Wand schon fertig hatte, mußte ich die Decke noch einmal machen. Und die Wände schimmern auch bläulich durch, und mit dem Strichziehen konnten wir schon garnicht fertig werden. Albert hat den Anfang gemacht, es wurde nichts daraus und so ist es dabei geblieben, na, die Feiertage werden wir uns schon wegen solcher Kleinigkeiten nicht verderben lassen. Onkel geht es wieder bedeutend besser, er werkt wieder die ganzen Tage.

[...] Wie schön steht doch alles in Blüte! Man empfindet es in diesem Jahr auch wohl doppelt schön nach dem langen, kalten Winter. Wenn nur der Gedanke an den Krieg und die Sorge um das Ende nicht wäre. Eine recht frohe Stimmung will doch nicht ganz aufkommen. Hoffentlich bringen uns die kommenden Monate entscheidende Ereignisse! Die Kinder freuen sich aber doch von Herzen der kurzen Freizeit, Heta ist zu Hause, morgen will Almuth uns besuchen. Albert hat mit seinem Kameraden vom vorigen Jahr heutemorgen 1/2 7 Uhr seine Pfingstfahrt angetreten. Ihr Ziel ist diesmal über Weener zur holländischen Grenze. Hoffentlich haben sie schönes Fahrtwetter. [...]

Die Frühkartoffeln stehen schon alle fein. Hoffentlich läßt uns die Kuh nicht mehr allzu lange warten. Die Bauern halten jetzt reiche Ernte. Kirschen wird es wohl viel geben. Die Apfelbäume blühen wohl schön, scheinen aber sehr von Ungeziefer befallen. Birnbäume stehen besser. Stachelbeeren und Johannisbeeren gibt es in Unmengen. Auch die Himbeeren und Erdbeeren blühen reichlich. Spargel gibt es genug, aber nicht so dick wie sonst. Da Heta gleich noch zur Post will, muß ich aufhören. Bertalein stolziert stolz mit ihren neuen „Stappers" [Schuhe]. Einen Kuchen konnte ich Dir wegen Backpulver nicht backen, jetzt habe ich einige Pakete von Fr. v. Senden bekommen. Gedulde Dich also bis zum nächsten Sonntag!
Einen herzl. Gruß Deine Nanny

[Spetzerfehn]   *Mittwochabend, 27.5.42*

Mein lieber Johann!
Jetzt will ich mich doch erst ganz gemütlich hinsetzen, um Dir in aller Ruhe einen Brief zu schreiben. Tagsüber geht es von einer Arbeit in die andere und dann kommt diese Unruhe und dann jenes. Heutenachmittag kam Dein schönes Paket, und das ist nun ja immer ein großes Erlebnis, wenn ein Paket von Papa ausgepackt wird. Heta hat es geholt, folglich nehmen sie auch das Päckchen gleich für sich in Anspruch. Albert hatte schon gleich mit seiner feinen Nase die Apfelsinen gewittert. Sogar Onkel verfolgte die Sache mit großem Interesse, er dachte ja natürlich in erster Linie an Tee und Tabak. Und in beiden Dingen wurde er ja nicht enttäuscht, und dann auch noch den Rum! Du hast also alle mal wieder froh gemacht mit Deinen schönen Sachen. Da muß ich ja nun wieder bestimmt dabei stehen, weil ich doch so gar nichts für Dich habe! Nicht einmal einen Kuchen konnte ich Dir zu Pfingsten schicken! Das soll nun aber doch noch nachgeholt werden. Also im Namen aller: herzlichen Dank für die schönen Sachen. [...]

Morgenabend muß Albert noch wieder mit seinen Jungens üben und dann sind Sonnabend und Sonntag die Reichsjugendwettkämpfe. Sonnabend müssen sie alle beide als Kampfrichter tätig sein, sie erwarten auch beide für sich eine Siegernadel, hoffentlich werden sie nicht enttäuscht. Und dann geht es Sonntag für Albert auf große Fahrt. Er muß nämlich bis Montag 18 Uhr in Steinau bei Breslau in Schlesien sein zu einem Schulungslehrgang für die Kinderlandverschickung.

Der Kursus dauert vom 1. bis 11.6. Es wird für ihn ja ein Erlebnis werden, diese große Reise! Dann noch vierzehn Tage zur Schule und Anfang Juli folgt dann die Fahrt nach Weimar. Das hätten wir uns in unserer Jugend doch nicht träumen lassen! - Nun wird es doch so spät, ich war dabei eingeschlafen. [...]
Für heute Schluß! Gute Nacht, Du Lieber!
Deine Nanny

K.L.V.-Reichsführerschule Steinau [a.d.Oder] *4.VI.1942*

Ihr Lieben daheim!
Seit 3 Tagen sitzen wir nun schon hier in Steinau. Leider hatte ich bis jetzt keine Gelegenheit, einen Brief zu schreiben, denn augenblicklich haben wir von früh bis spät Dienst. Wir müssen die einzelnen Vorträge genau ausarbeiten und außerdem ausführlich Programme für Heimatkunde, Morgenfeier usw. aufstellen. Ich habe aber nicht genügend Material hier, um einen ordentlichen Heimabend auszuarbeiten. Wenn es Euch noch irgendwie möglich sein sollte, schickt mir doch bitte das Buch „Volksbuch der Kolonien" sowie einige kleinere Kriegshefte. - Sonst gefällt mir der Dienst hier gut. Hin und wieder wird natürlich auch mal eine kleine „Ordnungsdienst"platte aufgelegt.
Gestern z.B. habe ich 150 Kniebeugen gemacht. Die Beine tun mir noch weh. Wir hausen hier in ehemaligen Arbeitsdienstbaracken, jeweils mit 10 Mann auf einer Stube. Bekannte habe ich nicht angetroffen. Die Mannschaft unserer Stube ist bunt zusammengewürfelt aus allen Gauen. Sudetenland, Westfalen, Hamburg, Schlesien, Bayern und Ostpreußen sind vertreten. - Unser Tagesplan verläuft ungefähr folgendermaßen: 6.00 Wecken, Frühsport, Brause (Waschen) [...], dann Durchführung von Schulung und Ausarbeitung der einzelnen Themen bis zum Mittag. Freizeit bis 14.00. Nachmittags haben wir Ordnungsdienst, Sport und dann wieder Schulung bis zum Abend. Dann Wachen und Zapfenstreich. Natürlich finden mehrmals täglich Appelle für Finger, Bürsten, Halstücher, Kämmen usw. statt. Spintbesichtigung ebenfalls mehrmals täglich. Ich habe übrigens ganz vergessen zu schreiben, daß wir hier eingekleidet sind wie Militär, natürlich ohne Hoheitsabzeichen: braune Hose, graue Jacke u. Käppi. Trainingsanzug haben wir ebenfalls alle bekommen. [...]
Übrigens herrscht hier ziemlich strenge Zucht. Wir dürfen grundsätzlich nicht ohne Koppel und Käppi herumgehen, sondern müssen im Laufschritt durchs Lager rasen. Wenn gepfiffen ist und alles ist angetreten, kann man komische Dinge erleben. Kommt einer zu spät, heißt es gleich: „Ach, Du ahnst es ja nicht, da kommen wahrhaftig noch einige halbangezogene Neger angehüpft! 20 Kniebeugen, meine Herrschaften und dann bitte die nächst höhere Gangart!" - Vielleicht ist dies der erste und letzte Brief, den ich an Euch schreiben kann, weil unsere Zeit verflucht knapp bemessen ist. Es kann sein, daß wir zum Sonntag mehr Zeit haben.
Herzliche Grüße
Albert

Sonntagabend [vermutlich 7.6.1942]

Mein lieber Johann!

[...] Es ist doch recht still bei uns, nun Albert fort ist. Heute morgen erhielten wir seinen ersten ausführlichen Brief, zugleich mit Deinem Donnerstagsbrief und Bertalein's Geburtstagsgrüßen. Auch Albert hatte an ihren Geburtstag gedacht. Für den Fall, daß er nicht gleich Zeit hat, Dir zu schreiben, lege ich Dir seinen Brief bei, damit Du Dir auch ein Bild von seinem Leben dort machen kannst. Schicke ihn aber gelegentlich zurück, da ich ihn gerne aufbewahren wollte. Er wird wohl schon einen kleinen Vorgeschmack vom Militärdienst bekommen haben. Es ist aber eine gute Schulung für ihn. [...]

Du hast ja sicher vom Angriff auf Emden gehört. Dort soll es furchtbar aussehen. Die ganze Innenstadt ist abgesperrt. So schlimm war es hier wohl noch nicht. Gegen 2 Uhr haben wir uns in den Keller gepackt. Rings um uns schlugen die Bomben ein. Draußen war es taghell von den Leuchtkugeln. Zuletzt war ganz Emden ein Flammenmeer. Wo hier in der Nähe die Bomben gefallen sind, weiß ich noch nicht, aber alle paar Minuten flog der Tommy über uns hinweg. Hoffentlich läßt er uns diese Nacht in Ruhe.

Nun für heute Schluß. Gruß Deine Nanny

Am 20. Juli 1942 wird Johann Schoon auf seinen Antrag hin aus der Wehrmacht entlassen. Bis zu seiner Wiedereinberufung am 18. März 1944 ist er als Zivilangestellter bei der Marinenachrichten-schule in Aurich tätig.

Wehrertüchtigungslager Renslage [Emsland]

9.8.1942

Ihr Lieben!

Endlich habe ich Zeit, Euch einen ausführlichen Brief zu schreiben. Wie Ihr inzwischen ja gesehen habt, war es mir nicht möglich, mich für die Musterung zu beurlauben. Die Verwaltungsstelle hat die Sache mit dem Wehrbezirkskommando geregelt. Ich werde an einem späteren Zeitpunkt zur Musterung einberufen. Ich glaube doch, daß es besser ist, wenn ich mich vor der Musterung als Marinereserveoffizier melde. Der Beruf des Sanitätsoffiziers will mir nicht so recht in den Kopf. Die Genossen auf unserer Bude frohlocken heute schon, daß die erste Woche herum ist. Der Dienst wird so bei kleinem aber etwas (!) schärfer. Wir sollen eben genau so erzogen werden wie beim Militär. Mir gefällt der Betrieb noch ganz gut. Die Verpflegungsfrage ist auch besser als ich dachte. Ihr braucht mir also keine Pakete zu schicken. Auch glaube ich, daß wir den schwersten Teil bereits hinter uns haben, denn in den folgenden Wochen tritt die Theorie und die Leistungsabnahme mehr in den Vordergrund. In dieser Woche haben wir nämlich übermäßig viel Sport getrieben. Ich war mit in der Handball- und Fußballmannschaft. Im Verlaufe von 2 Nachmittagen haben wir 7 Spiele ausgetragen. Dafür sind wir aber auch Lagermeister geworden und wurden mit je 2 Flaschen Bier belohnt. Nebenbei war natürlich noch Geländedienst usw. zu versehen. Heute am Sonntag habe ich so einen Muskelkater, wie ich noch keinen gehabt habe ... Viele Grüße Albert.

Renslage   *[vermutlich 13. August 1942]*

Ihr Lieben!

Euren letzten Brief habe ich gestern abend erhalten. Entschuldigt, daß ich jetzt erst meinen zweiten Brief schreibe, aber ich hatte bis jetzt keine Zeit. Wir müssen nämlich tagtäglich den Unterricht über Geländedienst, Schießen usw. ausarbeiten. Außerdem haben wir nur eine sehr knapp bemessene Freizeit, die von Uniformreinigen usw. usw. vollkommen ausgefüllt ist. [...] [Am Sonntag] hatten wir großes Sportfest. Ich habe [mehrere] Staffeln mitgemacht. Als [Preise] habe ich erhalten: 2 Wandkalender sowie 7 Flaschen Sprudel. Meine Bedingungen fürs H.J.L. [vermutlich „Hitlerjugend-Leistungsabzeichen"] habe ich schon teilweise erfüllt. –

Heute morgen ist eine traurige Geschichte passiert: Hermann Müller [Name geändert] sowie ein anderer Kamerad – beide hatten in der Nacht Wache – sind heute früh beim Brotklauen erwischt, sofort vernommen und hinter Schloß und Riegel gesetzt. Ein Verfahren beim Jugendgericht ist gegen sie eingeleitet. Die Sache soll <u>sehr</u> schlimm stehen. Vorläufig sind sie hier eingesperrt, von wo sie wohl abgeholt werden. Ihr braucht ja nichts über die Sache verlauten zu lassen, ich will den weiteren Verlauf der Dinge abwarten. Jedenfalls [sorgt] ja dafür, daß seine Eltern [von der Sache nichts] erfahren. Vielleicht gelingt es mir [ja doch,] einmal mit ihm in Verbindung zu treten.

Viele Grüße Albert.

Renslage,   *16.8.1942*

Ihr Lieben!

[...] Das Paket habe ich gestern erhalten, vielen Dank. Die Butter können wir gut gebrauchen, denn als Wachdienst bekommen wir nämlich beim Brotschneiden zusätzliche Brotrationen. Natürlich geschieht das mit Genehmigung des Lagerführers, und wir setzen uns nicht unnötig der Gefahr aus wie Hermann. Er und ebenfalls sein Genosse sind gestern morgen aus dem Lager verwiesen und dem Jugendgericht überliefert. Wohin, weiß ich nicht. Ich habe vorher noch mit ihm gesprochen. Er war anscheinend guter Dinge, aber doch etwas niedergeschlagen. Für ihn wird die Sache aber noch einmal glimpflich abgehen (ich glaube: 3 Tage Jugendarrest), denn sein Mitkomplize ist ein schwerer Bursche, der schon mehrmals weger ähnlicher Vorfälle aus Lagern ausgewiesen wurde. Er wird Hermann wohl hierzu verführt haben. Aber einen schlechten Eindruck macht es auf jeden Fall. –

Ich persönlich verspüre bis jetzt noch keinen Hunger, also Pakete braucht Ihr nicht zu schicken. Zur Zeit bekommen wir als Verpflegung viele Äpfel. Der Dienst macht mir viel Spaß. Der hauptsächliche Teil ist Geländeausbildung (nach allen Regeln der Kunst) sowie Schieß- und Waffenausbildung. Von dem Buch „H.J. im Dienst" habe ich großen Nutzen. –

Voraussichtlich langen wir am nächsten Sonntag an, wir fahren hier morgens um 9 Uhr ab.

Viele Grüße Albert.

1943

Lili Marleen
(Vor der Kaserne, vor dem großen Tor)
Worte: Hans Leip.   Musik: Norbert Schultze.

Vor der Kaserne / vor dem großen Tor / stand eine Laterne, / und
steht sie noch davor, / so wolln wir uns da wiedersehn, / bei der
Laterne / wolln wir stehn / wie einst Lili Marleen, / wie einst
Lili Marleen.

Unsere beiden Schatten / sahn wie einer aus. / Daß wir so lieb
uns hatten, / das sah man gleich daraus. / Und alle Leute solln es
sehn, / wenn wir bei der Laterne stehn / wie einst Lili Marleen, /
wie einst Lili Marleen.

Schon rief der Posten, / sie blasen Zapfenstreich, / es kann drei
Tage kosten. / Kamerad ich komm sogleich. / Da sagten wir auf
Wiedersehn. / Wie gerne wollt' ich mit dir gehn, / mit dir Lili
Marleen, / mit dir Lili Marleen.

Deine Schritte kennt sie / deinen schönen Gang, / alle Abend brennt
sie, / doch mich vergaß sie lang. / Und sollte mir ein Leid
geschehn, / wer wird bei der Laterne stehn / mit dir, Lili Marleen /
mit dir, Lili Marleen.

Aus dem stillen Raume, / aus der Erde Grund / hebt mich wie im
Traume / dein verliebter Mund. / Wenn sich die späten Nebel
drehn, werd' ich bei der Laterne stehn / wie einst Lili Marleen, /
wie einst Lili Marleen. ————————

Textabdruck mit Genehmigung des Apollo-Verlag Paul Lincke, Berlin SW 68,
Oranienstr. 64. Dieses Lied ist auch für Klavier-Gesang, Salon-Orchester,
Blasmusik, Akkordeon, Harmonika, Zither usw. erschienen.

Johann an Berta:
Liebes Bertalein!
Das ist das Lied von der Laterne, das eine so schöne Melodie
hat. Du wirst es wohl schon kennen.
Herzl. Grüße Dein Vater

Erschießung griechischer Partisanen

»Wollt ihr den totalen Krieg?«

Bewohner des Warschauer Ghettos werden in die Vernichtungslager verschleppt

SS-General Jürgen Stroop läßt zur Niederschlagung des Aufstandes das Warschauer Ghetto zerstören

Landung US-amerikanischer Truppen auf Sizilien

Russische Zivilisten begrüßen nach der Befreiung Rotarmisten

Vereidigung von Albert in Stralsund, Prinz-Moritz-Kaserne

Albert bei der Marine

Nach Alberts Schulentlassung Ende Sept.; Albert, Berta, Heta

*Heta im »Osteinsatz« in Truppenfeld, vor dem
Haus der Familie Morgenstern, Juni*

Heta im Kindergarten Truppenfeld, Juni

[Wehrertüchtigungslager
der Marine in Lautenburg/vermutl. Ostpreußen]   *13.III.43*   **Albert**
an die Familie
13. März 1943

Ihr Lieben.

Gestern erhielt ich Euren Brief vom 9. Danach ist meine Karte aus Berlin ja schon angelangt. Hier klappt es sehr schlecht mit der Postbeförderung. Ich bin von unserer Stube der einzige, der bis jetzt Post erhalten hat. Gestern kam ebenfalls ein Brief von der Klasse. Zeit zum Schreiben habe ich sehr wenig. Wir kommen aus dem Winken, Morsen, Knoten, Spleissen usw. nicht mehr heraus. Morgens um 6 geht es im Dauerlauf zu einem nahegelegenen See. Dort wird zuerst eine 2 cm dicke Eisschicht zerschlagen und dann mit nacktem Oberkörper gewaschen. Solche und ähnliche Sachen werden uns den ganzen Tag geboten. Aber Spaß macht es doch.

Hier friert es übrigens noch ganz anständig. Die Gegend ist sonst sehr schön, d.h. die Landschaft (hügelig), die Ansiedlungen sind typisch polnisch. Unser Lager, ein früheres R.A.D.-Lager liegt 2 km von Lautenburg ab. – Übrigens sind wir hier genau wie Marine gekleidet. Nur die blaue Hose fehlt. Unser ursprünglich weißer Bootsanzug ist schon grauschwarz geworden. Wir bekamen 1 Paar schwarze Schuhe und 1 Paar Segeltuchschuhe geliefert. – Ein großes Glück ist, daß H. Tebbenhoff mit mir zusammen auf der Stube ist. Er kann sich aber schwerer mit dem Leben hier abfinden. Sonst sind wir auf der Stube bunt zusammengewürfelt. [...]

Viele Grüße Albert.

Lautenburg,   *18.III.43*   **Albert**
an die Familie
18. März 1943

Ihr Lieben!

Gestern habe ich Hetas ausführlichen Brief erhalten. Danach bin ich über die neuesten Ereignisse im Kreis Aurich unterrichtet. Von hier ist nicht viel Neues zu sagen. Der Dienst geht seinen gewohnten Gang. Sie kriegen uns nicht müde, obwohl sie es mit allen Mitteln versuchen. Wir haben jetzt beinahe genug gepaukt. In der folgenden Woche fangen die Prüfungen zum Seesportabzeichen A an. Für uns ist es garnicht so leicht, denn der ganze Kram ist uns ja neu. Winken und Morsen lernt [man] aber schnell. Der Dienst selber gefällt mir gut, die Ausbilder weniger. In Renslage [ebenfalls „Wehrertüchtigungslager", wo Albert im August 1942 war] war es besser. Die Verpflegung ist gut, aber keine Delikatesse. Wenn ich wieder zu Hause bin, backt mir bitte 15 Pfannkuchen. Einen Tag gedenken wir auf der Rückfahrt in Berlin zu bleiben. [...]

Jedenfalls sind wir froh, wenn wir erst wieder heimischen Boden unter den Füßen haben. Das schlimmste ist morgens um 5.30 das Raustreten. Heute morgen sind Teitrich [Spitzname für Heinrich Tebbenhoff] und ich zum ersten Mal in der Koje geblieben, ist alles gut abgelaufen. Gewaschen haben wir uns seit 1 Woche nicht mehr.

Viele Grüße Albert.

Heta verreist ins „BDM-Osteinsatzlager Truppenfeld", polnisch Kludowo, bei Posen, Aufenthalt dort sechs Wochen.

Heta
an die Familie
26. Mai 1943

Auf der Reise!

Oldenburg

1/2 10 Uhr 26.5. [1943]

Ihr Lieben alle!
Ihr staunt sicher, daß ich jetzt schon schreibe. Wir sitzen hier nämlich im Wartesaal II und warten auf unsere Leidensgenossinnen, die sich aber augenblicklich noch nicht zeigen. Eben im Zug haben wir schon wieder mal bewiesen, daß uns unser leibliches Wohl über alles geht. – Im Augenblick trinken wir „Limonade" und essen von Nitas Kuchen. [...]
Oldenburg, kurz nach 1 Uhr. Jetzt sind wir schon mit 7 Mann zusammen. Um 3 Uhr sollen wir erst abfahren. [...]
Berlin, 1/2 11 Uhr. Aufenthalt bis kurz vor 12 Uhr. Wir sitzen auf dem Bahnhof und essen, schreiben, schlafen oder reden. Im Zug bis B. hab ich zum größten Teil geschlafen. Eben in der S-Bahn waren ganz (nette) freche kleine Berliner Jungens. Die haben sogar unsere Koffer getragen und wollten mit uns nach Polen.
Im Zug nach Posen: Frankfurt. Ich schreib jetzt zu Ende, weil ich nachher bestimmt zu müde bin u. steck die Karte dann in Posen ein. Es geht uns allen gut. Wir schlafen wie die Murmeltiere.
Nun herzl. Grüße an Euch alle!
Bald mehr.
Eure Heta

Heta
an die Familie
27. Mai 1943

Posen,

27.5.43

Ihr Lieben alle!
Es ist hier todlangweilig, und da weiß ich nichts Besseres zu tun als Euch noch mit einem Brief zu erfreuen. Ich stecke ihn ein, wenn wir morgen im Lager sind und schreib dann gleich die Adresse drauf. Wir fahren nämlich schon morgen. [...] Heute morgen kurz nach 4 Uhr kamen wir hier an und haben über eine Std. gebraucht, bis wir unser Gepäck aufgegeben hatten und marschbereit waren.
B.D.M. Osteinsatzlager Truppenfeld, 28.5.43
Jetzt komme ich erst dazu, meinen Brief weiterzuschreiben. Wie ich gestern schrieb, lagen wir in Posen auf unseren Betten und wurden dann zum Abendbrot gerufen. Nachher bin ich nicht mehr dazu gekommen. Wir mußten uns waschen, und dann wurden Anita und ich umquartiert zu den Mädeln aus Pommern. Die waren nämlich nur 5 Mann, und es mußten 2 Nordseeleute zu ihnen rüber. Die Waschgelegenheit in Posen war ganz herrlich, ebenso die Kojen. Neben mir lag ein Mädel aus der Bayr. Ostmark. Die hat mir allerlei erzählt, weil ich sie so gerne reden hörte. Heute morgen um 5 Uhr mußten wir dann aufstehen, haben tränenreichen Abschied von

den Nordseern genommen und dann um 8 Uhr hier angekommen. Vom Bahnhof bis hierher ins Lager brauchten wir etwa eine halbe Stunde. 2 Mädel sind gleich zu Siedlern gekommen und wir andern haben unser Lager eingerichtet. Jetzt sieht es sehr nett aus. [...]

Unsere Kameradinnen sind alle sehr nette Mädel. Eins, Lissi Refeld, ist schon den ganzen Tag im Kindergarten gewesen. Die hab ich beneidet! Sie will nämlich Schulhelferin werden und durfte das deshalb. Sie hat das Versetzungszeugnis in Klasse 7 der Oberschule und will das Abitur nicht machen, weil sie doch nicht studieren will. Ihr Bruder ist 19, hat's Notabitur gemacht und ist jetzt Soldat. Dann hat sie noch 'ne jüngere Schwester. Also sind die Verhältnisse fast genau so wie bei uns.

Morgen geht unser Einsatz jetzt los. Ich komme zu einer Familie, von der ich die Kinder z. Teil schon kenne. Ich hab nämlich selbstredend meine sämtliche freie Zeit bei den Kindern zuge-bracht. Die wollen mich schon gar nicht wieder gehen lassen. Anita ist bei meinem Nachbarn, Schnepf. Meine Leute heißen Keipert, soviel ich verstanden habe. Gleich gibt's Essen. Ich freu mich wirklich schon, denn mein Magen fängt an sich bemerkbar zu machen. Die Leute sind hier meist alle sehr nett.

Das andere schreib ich in mein Tagebuch, sonst dauert dies zu lange. Ihr müßt es dann nachher lesen.

Also, alles Gute und 1000000 herzliche Grüße an alle!

Eure Heta.

Ich schreib bald wieder!

Alles in allem: Es gefällt mir wirklich sehr gut!

Schönen Gruß von Anita.

Truppenfeld,   *den 1. Juni 43*

Meine Lieben daheim!

Diese klassische Anrede hab ich von Lissi profitiert, weil ich eben nicht wußte, wie ich anfangen sollte.

Ich hatte bestimmt gehofft, heute wär Post für mich dabei, aber leider! Hoffentlich morgen! Die andern ziehn mich schon auf, daß ich so oft nach Hause schreibe. Ich bin aber dafür: Lieber öfter und nicht so viel!! Heute bin ich zum ersten Mal richtig im Einsatz gewesen. Meine Leute sind ganz gemütlich, Umsiedler aus Bessarabien mit dem schönen Namen Morgenstein. 4 Kin-der: Else, Ewald, Bolert und Erika. Das Kleine ist ein ganz verwöhntes Gör. Na, die Leute hier haben auch von Kindererziehung nicht allzuviel Ahnung! Wenn es weint, kommt es auf den Arm u. wird getröstet. Ich sagte heute: Sie müssen mal die Kleine in die Stube stellen, damit es nicht immer Menschen sieht, dann hört es schon von selber auf. Die Entrüstung!! Aber Frollein, unsere Erika darf doch nicht heule, da bekommt es ja ein ganz schiefes Maule!! Ich hab vielleicht gelacht. Meine Kinder werden später aber mal anders erzogen!

Vorgestern war ich im Kindergarten. Ich sollte eigentlich nach Posen, aber Inge im Kindergarten hatte soviel zu tun. Wie komm ich mir vor als Tante Maxi!! [Maxi = Spitzname für Heta] Wenn ich mit meinem Kinderwagen (Höhe etwa 2.50 m) [ausgehe] rufen alle Kinder: Tante Maxi, Tante Maxi, ist det Morjenstern ihr Kleenet? Zeig doch mal! Wohin ich komm, erschallt der Ruf: Tante Maxi!

Jetzt ist es 10 Uhr u. bald dunkel. Anita schreibt noch nach Hause. In Erinnerung an meinen Kinderwagen hat sie eben einen Lachkrampf bekommen. – Übrigens, nun hätte ich bald etwas Wichtiges vergessen. Liebe Mama, schreib mir doch bitte <u>bald</u> recht genau, wie man Stachelbeeren einkocht. Mit u. ohne Zucker! Einen Weckpott haben wir nicht. Ich komm mir natürlich so dumm vor, wenn ich immer sagen muß: Das weiß ich nicht.

Nun 10000000000 herzliche Grüße Euch allen! Eure Heta

Wie geht's Bertalein? Ich schreib ihr bestimmt zum Geburtstag!

<table>
<tr><td>**Heta
an die Familie
6. Juni 1943**</td><td>*Truppenfeld,*</td><td>*den 6.VI.43*</td></tr>
</table>

Liebe Eltern, Tanti, Onkel, Bertalein u. Albert!

Heut am Sonntag bin ich mal ganz großzügig u. opfere von meinem schönen Briefpapier. Bis jetzt hab ich erst einmal davon gebraucht, an Rudi. [...]

Heute haben wir ein Mittagessen verdauen müssen! Sowas gibt's nicht mal am Sonnabend zu Hause. Brot können wir heute nicht klauen, weil keins aufgeschnitten ist, und dann merkt es die Lucie bei ihrer Doofheit doch. Augenblicklich sind wir „heiser", Sigrid hat gerade für jeden 2 Inspiraltabletten gemopst. Lucie ist nicht da; sie ist mit Erna spazieren gegangen. Lissi spaziert noch immer in ihren alten Turnschuhen durch die Gegend. Vera liegt im Bett u. beschäftigt sich mit der Ästhetik der deutschen Klassiker. Dieses geistreiche Buch stammt natürlich von mir. Ich muß sagen, in mancher Beziehung bin ich ihr noch über u. dabei will sie Ostern Abitur machen. Na, sie war eben nicht auf der Auricher Oberschule!

Eben fängt es an zu regnen. Gleich wollen wir uns alle in, oder auf die Kojen packen u. aufs Abendbrot warten. Dienstagabend wollen wir mit H.J. und B.D.M. hier einen Kameradschaftsabend veranstalten. Ich bin gespannt, die Leutchen sind hier nicht so auf der Höhe wie die Ostfriesen! Es gibt natürlich auch Nette darunter. Ein Junge, Alfons, 16 Jahre, ist sehr nett! Er hat mich gestern mal mit seinem Luftgewehr schießen lassen u. hat mir auch meine Brote nach Hause gebracht. Wir haben uns sehr gut unterhalten. Einige Mädel kenn ich auch schon, mit denen kann man zur Not auskommen.

Wie geht es Euch Lieben noch zu Hause? Wird Onkel die Zeit schon lang von seinem Hetalein? Na, so lange bleib ich ja auch nicht mehr weg. „Man" zählt hier schon die Wochen bzw. Tage! Ihr braucht Euch aber wirklich keine Sorgen zu machen, daß wir verhungern. Wenn wir nicht satt sind, verschaffen wir uns schon was. Natürlich, wenn Ihr irgendetwas schickt und habt ein Stück Kuchen für uns über, sind wir nicht böse darum! Wenn es geht, schickt mir doch bitte das Heft mit den Gedichten von Papa (nicht das blaue!) u. ein paar Bilder. Die Bücher, die Vera und Lissi hier haben, sind mir zu modern (nach 33!). Meine Bücher vermisse ich hier sehr. Na, besser wären sie hier bestimmt nicht geworden. – Gestern haben Anita u. ich große Wäsche gemacht u. heute gebügelt. Mit unsern Sachen kommen wir gut aus. Nur hätt ich doch gern meine Matrosenbluse da. Ihr müßt sehn, was Ihr schicken könnt. [...] Heut morgen hab ich an Bertalein zum Geburtstag geschrieben. Hoffentlich freut sie sich etwas. Ich will sehen, daß ich später noch etwas für sie bekomme in Posen. Dort gibt es noch sehr viel zu kaufen. Auch Bücher. Darf ich nicht für Rudi ein Buch kaufen? Ich möchte ihm gerne was zum Geburtstag schenken. Vielleicht könnt Ihr mir noch etwas Geld schicken. Schon wieder schicken!

Schreibt bald u. viel! 1000000 Grüße an alle! Eure Heta.

120

Ihr Lieben alle!

[...] Gestern abend war nun unser langerwarteter Kameradschaftsabend! Ganz herrlich! Die Post kam gerade, als wir schon alle im Kreise in unserm Saal saßen und noch auf die Jungens warteten. Ich hab Euern Brief natürlich noch vorher gelesen, trotzdem Vera, unsere Lagerführerin, drohte, ich müßte ins Bett! Wäre auch nicht schlimm gewesen, denn die Betten stehen ja im Saal. Außerdem hatte ich noch einen Brief von Almuth! Die andern haben sich geärgert, denn gestern waren wir Ostfriesen die einzigen, die Post bekamen. Doch nun genug von der Post. – Also, unser Kameradschaftsabend war sehr schön. Wir haben sehr gelacht u. um 11 Uhr sind unsere Gäste erst abgehauen. Einen Jungen [...] haben wir in die Mitte gesetzt u. er hat uns ein ganz nettes Lied über Truppenfeld gesungen. (So ähnlich, wie bei uns: Van uns Paster sien Kau!) Gelacht haben wir. [...] Freitag wollen wir wahrscheinlich wieder zusammen „Dienst" machen. [...]

Liebe Mama, Du meinst, ich schreibe nicht über meine Arbeit! Das hab ich doch bestimmt schon getan. Morgens muß ich abwaschen, Kartoffeln schälen, ausfegen, einkaufen etc. u. nachmittags meistens nähen oder stopfen. Manchmal auch im Garten arbeiten. Gestern haben wir Stachelbeeren eingekocht u. Kirschen gepflückt. [...]

Sonnabend morgen war ich mit auf dem Felde, wir haben gepflanzt. Heute ist wieder ganz herrliches Wetter, ich bin eben gekommen u. hab noch nichts getan. Gleich will ich Kartoffeln schälen. Zu Pfingsten wollen wir sogar einen Kuchen backen! Hoffentlich kommt mein Paket bald. Auf Kuchen haben wir schon alle Hunger. [...] Einige haben schon mal Kuchen von zu Hause bekommen, an dem wir uns natürlich alle gütlich getan haben. Aber so schön wie Du kann doch keine der andern Mütter backen!

Eben schrie unsere Erika wie besessen, sie hatte einen Federhalter in den Mund gesteckt! Ich hab ihn ihr natürlich gleich weggenommen. Heut nachmittag fahr ich sie vielleicht aus u. besuch Anita. Die muß doch sehr viel tun u. ihr wird die Zeit sehr lang. In der Beziehung hab ich es eigentlich noch am besten getroffen. Anita bekommt laufend stumme Liebeserklärungen von einem Junggesellen bei ihnen in der Nähe, der unbedingt eine Frau haben will! Sie hat schon richtig Angst. Dann haben sie noch einen Deutschpolen, schicker Bengel, 17 Jahre, der auch nicht ganz ohne ist! Unser Pole kommt fast gar nicht in die Küche, er schläft im Stall. Sieht aber auch aus wie ein Deutscher, hat Ähnlichkeit mit Albert. A. braucht natürlich nicht beleidigt sein! Herzliche Grüße an alle von Eurer Heta.

Albert ist zur Marine eingezogen worden.

Ihr Lieben!

Da wir heute am Sonntag vor Langeweile nicht wissen, was anfangen, möchte ich es nicht versäumen, einige Zeilen zu schreiben. Wir sind bereits am 3. Tag hier und sind noch vollkommen

Zivilmenschen. Bis jetzt haben wir eine Sportprüfung abgelegt und sind genauestens untersucht worden. Die Einteilung ist noch nicht erfolgt. Wir haben noch keine Uniformen, müssen jeden Soldaten grüßen, dürfen nicht unter Feldpost schreiben, kurz, wir werden noch überhaupt nicht als Matrosen behandelt. Wir wissen nicht, wie wir die Tage totschlagen sollen. Wir flegeln uns auf den Kojen rum, essen (im Überfluß), rauchen eine Zigarette nach der andern, lesen und schreiben Karten. Die Verpflegung ist bis jetzt in Ordnung. Zur Zeit ist Hermann Memming viel bei mir. Wir wollen hoffen, daß wir auch in Zukunft zusammenbleiben. Einige Kumpels von der Prüfung habe ich auch wieder angetroffen. Gerüchteweise verlautet, daß die Ausbildung nur 8 Wochen dauert. Mir soll es vollkommen egal sein. –

Augenblicklich, solange wir keine feste Adr. haben, ist es streng verboten, Post zu empfangen. Also schreibt ja nicht aufs Geratewohl los! Ich werde meine Adresse sofort mitteilen; es kann unter Umständen aber noch 14 Tage dauern.

Viele Grüße Albert

**Albert
an die Familie
21. Oktober 1943**

Strals.,   *21.10.43*

Ihr Lieben!

Eigentlich ist es ja unerhört, daß ich schon wieder schreibe; aber heute kamen Hetas und Mamas langersehnten Briefe an, und die muß ich wohl notgedrungen beantworten. Mich wundert es nur, daß Ihr am 18. erst einen Brief von mir empfangen hattet. Es sind noch mehrere unterwegs. Ich freue mich sehr auf die Post, dann ist man doch wieder über das Neueste informiert. – Mir gefällt es hier jetzt sehr gut. Wenn man so mitten im Dienst zwischen den Kameraden ist und mit ihnen gut auskommt, dann macht auch die härteste Ausbildung Spaß. –

Wir liegen auf der Stube mit 7 Matrosen. Ich komme mit allen gut aus. – Sie kommen aus Kassel, Diepholz b. Bremen, aus dem Westerwald, aus Dänemark, Breslau und Plauen im Vogtland. Im Dienst herrscht augenblicklich die Grundausbildung vor. Gewehr und Gasmaske haben wir noch nicht empfangen. Wir haben aber schon Grüßen gelernt in allen Formen. Ich habe keinen Nachteil davon, daß ich nicht im R.A.D. war. Gestern ist uns amtlich bekanntgegeben worden, daß die Ausbildung hier 14 Wochen dauert. Einen Urlaub gibt es während dieser Zeit nicht. Nach der Ausbildung kommen wir unmittelbar auf ein Schulschiff oder an Bord eines Kriegsschiffes und werden während dieser Zeit zum Seekadett befördert. Aber das liegt ja alles noch in weiter Ferne. – Daß Ihr Rudi meine Adr. geschrieben habt, freut mich. Ich kann ihm ja schreiben, indem ich die Briefe im Umschlag an Euch schicke. [...]

Gestern haben wir Befehl bekommen, unsere Spinte auszuschmücken. Ich würde mich sehr freuen, wenn Heta einige Bilder besorgen würde, z.B. Postkarten mit Ansichten von Ostfriesland, Fehnlandschaften usw. Außerdem wäre ich dankbar für ein dickes Heft (Themenheft). Heta wird schon von der Schule aus bei Biermann oder sonst eins bekommen. Außerdem hätte ich gern ein Stück Seife, aber nur wirklich, wenn Ihr eins entbehren könnt. Vielleicht kann Heta mir auch die Adr. von Andreas de Wall schreiben, oder ist er schon wieder da? – Mir ist es unerklärlich, wohin der Chef [Schuldirektor] mein Zeugnis geschickt hat. Ich muß doch vor allem wissen, ob ich den Reifevermerk erhalten habe. Ich habe es hier überall angegeben. Seht zu, daß Ihr eine Abschrift davon bekommt! Ich muß jetzt schließen, da der Bogen zu Ende geht. Schreibt bald w. Herzl. Grüße Euer Albert.

Im Boræ, 6. IV. 44

Meine Lieben!

Habe heute unheimliche Massen von
Post bekommen, von Euch waren
18 Briefe dabei. Da muß ich ja unbedingt gleich schreiben. Es war die ganze
Post von Kerel, die uns noch dort vergeblich nachgesandt ist. Die Verbindung
hier nach dem Osten ist ja furchtbar
schlecht. Es waren ja etliche sehr
bedrückte dabei. Keß Frau gefallen
ist hat mich tief erschüttert. Ihr
seid ja überhaupt nicht danach gefragt.
Vom Krebs notwendig löse ich erst
zum ersten Mal. Es ist ja eine
ganz traurige Sache. Mit diesem ist es
ja noch einmal gut abgegangen,
wie ja schreibt. — Von Papa habe
ich Post bekommen. Ich muß
jedoch erst seine neue Anschrift
abwarten. — Von Hans, Am Theinig
habe ich Euch Post. Es ist auf einem
Torpedoboot. — Pfingstlich liege
hier noch im Dock. In den
nächsten Tagen beginnen aber wieder

Albert an seine Familie, 1944

Stralsund,   *25. Dez. 43*

Meine liebe Mama!

Heute am 2. Weihnachtstage komme ich endlich dazu, Dir zu schreiben. Vorerst nachträglich noch meine herzlichen Glückwünsche zu Deinem Geburtstage sowie ein frohes Weihnachtsfest! Ich habe zu meiner großen Freude heute Deinen Brief vom 19. erhalten sowie Hetas beiden Briefe. Wir haben den Umständen entsprechend Weihnachten tadellos gefeiert. Gestern nachmittag hatten wir eine dreistündige Abteilungsfeier mit einem ernsten und lustigen Teil. Ich war sehr angenehm überrascht. Für jeden Matr. gab es eine hohe Tüte, wohl gefüllt mit Kuchen, Bonbons und Zigaretten. Außerdem pro Mann eine Teekuchenplatte, Format 80 x 80 cm.

Wir haben so geschlemmt, daß wir uns nachher kaum auf den Stuben bewegen konnten. Trotzdem haben wir da weiter gefeiert. Zuerst unseren „besorgten" Weihnachtsbaum angezündet und Lieder gesungen und dann gings los: den Inhalt sämtlicher Pakete auf den Tisch gestülpt, sodaß es an den Seiten herunterrollte. Außerdem pro Mann eine Sonderzuteilung von 1/2 l Schnaps und 30 Zigaretten. Ein Kamerad stellte 3 Flaschen Rotwein zur Verfügung. Wir haben bis 12 gefeiert. Ich war richtiggehend satt. Übrigens haben wir unsern Bootsmaat gegen 11 auf seine Stube geschleppt, da er der Sinne nicht mehr mächtig war.

Es war ja eigentlich zu toll, wenn man bedenkt, daß es Weihnachtsabend war, aber es war das einzige Mittel, um über die trübe Stimmung hinwegzukommen, die uns zu befallen drohte. Außerdem war vom Kommandeur ausdrücklich angeordnet, daß die „Männer" sich mal richtig austoben sollten. Heute sitzen wir den ganzen Tag auf der Stube und essen bzw. schlafen. Heute abend wollen wir wieder den Weihnachtsbaum anzünden. Morgen vormittag geht die Abtl. geschlossen ins Kino. Am Nachmittag werde ich mit Hermann Memming in die Stadt gehen. Nach Weihnachten haben wir noch einen Monat strengen Dienst vor uns. Es gilt, für die Besichtigung vorzubereiten. Die Geländeausbildung sowie eine Vorbesichtigung haben wir hinter uns. Übrigens haben wir in der letzten Zeit viel Schießausbildung mit M.G. und Handgranate gehabt (scharf natürlich!).

[...] Die Nachricht, daß Lübbe Hartmann tot ist, habe ich von Heta erhalten. Ich kann es mir garnicht vorstellen. Die Aufregung muß ja groß sein auf Spetz. Sonst wird noch wohl alles beim alten sein. Rudi hatte ja auch keine Gelegenheit, Weihnachten auf Urlaub zu fahren. Von den anderen Kameraden wird auch wohl keiner zu Hause sein können. –

Von den Päckchen, die Ihr lange Zeit vor Weihnachten abgeschickt habt, hab ich noch keines erhalten, ebenfalls das von Onkel Bernhard nicht. Offenbar ist viel Post liegen geblieben in Bremen. Emden und W.-haven haben ja auch in der letzten Zeit viel abbekommen. Hier macht sich der Tommy kaum bemerkbar. –

Ich muß jetzt schließen, da gleich die Weihnachtsfeier auf der Stube beginnen soll. Zum Schluß noch einmal Dir, liebe Mama, die herzlichsten Glückwünsche zum Geburtstage sowie ein frohes, glückliches neues Jahr

Dein Albert

Karte von Johann an Berta: »Deutscher Blutadel«, 25.12.1944
"Liebes Bertalein!
Ein recht frohes, neues Jahr wünscht Dir Dein Vater."

Emden ist Frontgebiet!

otz. Meldet eure Kinder für die Entsendung in die Kinderlandverschickung. Dort sind sie sicher vor den Schrecken und Aufregungen feindlicher Luftangriffe und häufiger Alarme, die sich nur nachteilig auf das seelische und körperliche Wachstum unserer Jungen und Mädel auswirken. Der Führer hat die Kinderlandverschickung geschaffen, um die deutsche Jugend in den Luftnotgebieten vor diesen Auswirkungen zu schützen. Eltern! Auch auf eure Kinder warten schöne Heime in Thüringen, Salzburg, Sachsen und Kurhessen, wo sie in Ruhe und Ordnung leben können, wo auch der Schulunterricht in vollem Umfange weitergeht!

DR. GOEBBELS

BAUERN UND SOLDATEN STEHEN HAND IN HAND ZUSAMMEN, UM DEM VOLKE SEIN TÄGLICH BROT ZU GEBEN UND DEM REICHE SEINE FREIHEIT ZU SICHERN

Mit zusammengebissenen Zähnen weiter!

Die alte Seehafenstadt nach dem schwersten aller bisherigen Terrorangriffe

otz. In den späten Nachmittagsstunden des Mittwoch unternahmen stärkere feindliche Bomberverbände einen schweren Terrorangriff auf Emden. Die in großer Anzahl abgeworfenen Spreng- und Brandbomben richteten in sämtlichen Wohnvierteln der Stadt schwere Verwüstungen an. Vor allem die Innenstadt wurde durch Brand- oder Sprengwirkung nahezu völlig vernichtet und damit eine große Zahl von Einwohnern obdachlos gemacht. Neben Kirchen, Schulen, Krankenhäusern und anderen öffentlichen oder historisch wertvollen Gebäuden wurde insbesondere auch das Wahrzeichen Emdens, das alte Rathaus, zerstört. Die Personenverluste betragen bis zur Ausgabe dieser Meldung: 27 Gefallene, 40 Schwer- und 115 Leichtverwundete. Es muß jedoch mit einer Erhöhung dieser Verlustziffern gerechnet werden.

*

otz. Kaum waren die Toten der letzten Gewalttat auf die friedliche Stadt unter die Erde gebracht, brach am Mittwoch dieser Woche ein neuer anglo-amerikanischer Terrorangriff über Emden herein. Eine Reihe von feindlichen Kampfverbänden warf Spreng- und Phosphorbrandbomben und zerstörte den größten Teil der Stadt. Neben den kaum zu zählenden Stätten häuslichen Friedens, die damit abermals ein Opfer der Zertrümmerung und der Flammen wurden, sind nun auch die letzten Krankenhäuser, Schulen, Kirchen (einschließlich der alten Neuen Kirche) sowie das kostbarste Stück der Seehafenstadt, das als Bauwerk und aus historischen Gründen altehrwürdige Rathaus, vernichtet worden. So viel die friesische Stadt während des seitherigen Verlaufes dieses Krieges schon auszustehen hatte, mit dem jetzt verübten Terror erlebte sie ihren härtesten Angriff und vielleicht gar den schwersten Tag ihrer tausendjährigen Geschichte. Auch Gefallene und Verwundete sind wieder zu beklagen.

Die Haltung der Bevölkerung gegenüber der diesmal hereingebrochenen Katastrophe ist wieder von einer bewundernswerten Gefaßtheit. Jedermann sieht auch ein, daß angesichts solchen Ausmaßes der Zerstörungen gewisse Verzögerungen in der Hilfe durch die Hilfsorganisationen, die selbst ja mitbetroffen sind, zunächst in Kauf genommen werden mußten. Auch nach diesem Angriff sah man in der schwer betroffenen Stadt wieder Soldaten, Männer des Arbeitsdienstes und der Polizei als Helfer in starkem Einsatz, damit wieder Ordnung in die Verwüstung der Straßen kommt; auch die Hilfsorganisationen der Partei, gleichgültig ob NSV, NS-Frauenschaft oder Hitlerjugend, gleich auch, ob Rotes Kreuz oder wer immer es sei, taten und tun alles nur Menschenmögliche, um in der bestehenden Lage zu helfen und zu retten. Die Bevölkerung selbst greift, wo es noch einen Sinn hat, in Selbst- und Nachbarhilfe zu, sucht zu retten, was zu retten ist, und sich nach Möglichkeit wieder einzurichten. Neben den Schaufeln der Aufräumungskolonnen hört man überall in der zerstörten Stadt Hämmer pochen und sieht man die Menschen, das Beste aus der hereingebrochenen Situation machen. So schwer die Folgen dieses bisher schwersten Angriffes sind, und so ernst die Stimmung allenthalben in der Stadt ist, es bewährt sich doch wieder der alte Friesengeist. Es wird auch heute in Emden nicht viel geklagt, sondern mit zusammengepreßten Zähnen weitergearbeitet.

14. Januar	**Beginn der sowjetischen Großoffensive**
4. Juni	**Alliierte Truppen besetzen Rom**
6. Juni	**Alliierte Landung in der Normandie**
20. Juli	**Attentat auf Hitler**
1. August	**Warschauer Aufstand**
23. August	**Rumänien wechselt ins alliierte Lager**
6. September	**Schwerer Luftangriff auf Emden**
9. September	**Bulgarien wechselt ins alliierte Lager**
11. September	**Britische Truppen erreichen die Niederlande**
14. September	**Amerikanische Truppen an der deutschen Grenze**
2. Oktober	**Niederschlagung des Warschauer Aufstands**
15. Oktober	**Schwerer Luftangriff auf Wilhelmshaven**
20. Oktober	**Befreiung Belgrads von deutscher Besetzung**
16. Dezember	**Beginn der deutschen Ardennenoffensive**
24. Dezember	**Ardennenoffensive gescheitert**

Kinder aus okkupierten Gebieten der UdSSR werden ins Reich deportiert

Volkssturm in Danzig

Ein in Italien verwundeter US-Soldat wird versorgt

Rückzug der Wehrmacht im Osten

Emden 1944

Albert (re.) und sein Kriegskamerad Ehrhardt Wittmann auf einem Zerstörer, Frühjahr

Johann u. Albert auf Heimaturlaub, Sommer

Die Zerstörer-Crew beim Strandspaziergang an der Ostsee, Albert 4. v. l., Sommer

Johann Schoon 1944

Mein lieber Junge!

Zunächst wünsche ich Dir ein recht frohes, neues Jahr. Gute Vorsätze faßt man gewöhnlich zu einem falschen Zeitpunkt, so geht es mir auch. Ich werde Dir von jetzt ab wöchentlich mindestens einmal schreiben. In den letzten Tagen bin ich nicht dazu gekommen. Unser Spieß war in Urlaub, und so hatten wir Extraarbeit. Das Stammpersonal war [...] in Festtagsurlaub gefahren, von den Schülern fuhr aber keiner. Ihr habt also doch Leidensgenossen. Wie Du schreibst, habt Ihr aber ja Weihnachten gut verlebt und feste gefeiert. Schade, daß Du keins von Deinen Paketen erhalten hast. [...]

Hier hat der Weihnachtsmann sich auch doch noch sehen lassen, wenn seine Gaben auch kriegsmäßig ausgefallen sind. Berta hat sogar einen Rodelschlitten erhalten. Jetzt hofft sie alle Tage auf Schnee. Gestern lag ein paar Finger breit, da ist sie den ganzen Tag in Gummistiefeln und Kapuze unterwegs gewesen. Heute morgen war aber alles wieder verschwunden, in der Nacht hatte es gestürmt und geregnet. Dabei wollte sie heute nach Tante Anna, um „hör't Neejohr offtowinnen" [um ihr das Neujahr abzugewinnen; alter Brauch in Ostfriesland]. [...]

Dein Weihnachtsgeschenk bekommst Du nachträglich, d.h., wenn die Sache klappt. Gestern und heute werdet Ihr auch wohl ordentlich gefeiert haben. Die Matrosen bei uns haben jeder eine Tüte Kuchen und eine Flasche Wein bekommen, außerdem kamen noch allerhand Weihnachtspakete an. [...]

Es ist jetzt 10.00 Uhr abends. Wir hören gerade die Nachrichten. Die Russen greifen ja noch immer an, aber sie werden mit blutigen Köpfen abgewiesen. Auf die Dauer können die Russen einen solchen Aderlaß nicht aushalten. Jedenfalls wird 1944 nicht so verlaufen, wie unsere Gegner es sich vorstellen, wenn das Jahr auch von uns schwere Opfer verlangen wird. Das soll uns aber nicht abschrecken, sondern im Gegenteil im Abwehrwillen bestärken. Wir wissen ja, was uns blüht, wenn wir in die Knie gehen. – Also, immer den Kopf hoch, komme, was kommen mag. [...] Alles Gute!
Viele herzliche Grüße
Dein Vater.

Meine Lieben!

Heute schreibe ich Euch aus einem besonderen Anlaß. Heute nachmittag verkündete urplötzlich der Kompaniechef, 11 Matr. der Abt. wären auf ein Frontkommando abkommandiert. Darunter war ich. Ein Kamerad aus meiner Stube ist mit dabei. Wir freuen uns sehr, daß wir endlich mal an Bord kommen. Morgen früh um 4 geht die Reise los Richtung Osten. Ich schreibe später ausführlich. Meine neue Adresse: Feldpostnr. M 06927.
Euch allen die herzlichsten Grüße Euer Albert.
Ein Paket mit unbrauchbaren Sachen schicken die Kameraden in den nächsten Tagen ab.
Macht Euch bitte keine Sorgen!
Albert.

An Bord,   *8.I.44*

Meine Lieben!

Hoffentlich habt Ihr inzwischen meinen letzten Brief aus Stralsund erhalten mit der Mitteilung, daß ich abkommandiert bin. Es ging ja alles sehr überraschend. Wir sind vor 2 Tagen hier in G.-hafen [Gotenhafen (Gdingen)] angekommen und zwar auf einem Zerstörer. Das Schiff macht vorläufig einige Probefahrten und kommt erst in 2-3 Monaten in den Einsatz nach Norwegen oder Südfrankreich. Eine eintägige Probefahrt haben wir bereits hinter uns. Bei der schweren See wurde uns doch etwas mulmig. Für uns ist es vorerst sehr schwer, an Bord klarzukommen und uns mit den engen Verhältnissen vertraut zu machen. Doch wir werden es schon schaffen. Erkundigt Euch doch bitte bei der Post, ob bzw. bis zu welchem Gewicht Päckchen an Feldpostnr. abgeschickt werden können. Ich brauche nämlich dringend ein Paar Handschuhe (alte, dicke Fausthandschuhe, Lederhandschuhe.) Meine sind mir schon abspenstig gemacht worden. Doch durch Schaden wird man klug. Heute abend habe ich sehr wenig Zeit, in einigen Tagen werde ich ausführlich schreiben.

Laßt bitte bald von Euch hören und seid zum Schluß alle herzlichst gegrüßt

von Albert.

[...] Ich schreibe diesen Brief privat, damit er schneller ankommt. Alb.

[Spetzerfehn]   *Sonntag, 16.1.44*

Mein lieber Junge!

Eigentlich habe ich heute garkeine richtige Zeit zum Briefeschreiben, aber Du sollst doch Deinen Sonntagsbrief haben. Als vorgestern Dein Brief ankam mit der Bitte um Handschuhe habe ich mir gleich von Tante Heta Garn geholt um Dir welche zu stricken. So schnell ging es nun doch nicht, da habe ich Dir gesternmittag noch schnell ein Paar Fausthandschuhe aus Stoff genäht. Schön sind sie nicht gerade und der Daumen ist wohl zu klein geworden, aber gegen die Kälte werden sie wohl gut sein. Ich schicke die Fingerhandschuhe ja auch schon morgen ab. [...] Hoffentlich geht es Dir gut und Du wirst Dich ja auch so allmählich an die „Schaukelei" gewöhnen. Für mich würde das nichts sein, ich würde ewig seekrank bleiben. Wir rechneten schon damit, daß Du weiter nach Osten gekommen seist. Es ist ja sehr schön, daß Ihr noch erst einige Zeit dort bleibt. Es ist ja ein Glück, daß es in diesem Winter nicht so kalt ist. [...] Unsere Schneeglöckchen blühen bald und Heta hat heute den ersten Weidekätzchenstrauch geholt. Es sieht schon ganz wunderbar nach Frühling aus. Wir haben heute wieder einen schönen Sonntag. Heta ist auch den ganzen Tag zu Hause. Augenblicklich macht sie uns einen Kalender. Solange aber Dein Platz leer bleibt, fehlt doch die rechte Stimmung zu Hause. Wir werden aber wohl noch einige Monate auf Deinen ersten Urlaub warten müssen. Papa will Dir auch noch heute einen Brief schreiben. Ein großer Teil seiner Freizeit muß er auf die Fahrräder verwenden. Es ist eine Seltenheit, daß sie alle heil sind. Irgendetwas fehlt immer. Papa rechnet aber damit, daß er in nächster Zeit wieder Soldat werden muß. Es wird dann ja kein leichtes Jahr für mich werden, das schadet aber nicht. Die letzten Kräfte müssen doch für den Endsieg eingesetzt werden. Wir wollen ja gerne auf alles verzichten und noch mehr schaffen als sonst. Die Soldaten im

Osten müssen in diesem Winter ja wieder Ungeheures leisten. Von dem großen Luftsieg habt Ihr sicher doch diese Woche auch gehört. Wir haben allerdings nicht viel davon gesehen. Ein Bomber flog hier ganz niedrig, eben über die Hochspannung, vorbei, ein Jäger drückte ihn immer weiter nach unten. Er soll aber noch ganz bis Greetsiel gekommen sein, der Jäger ist bei Aurich abgedreht. Am Münkeweg sind die Maschinengewehrkugeln durch die Dachziegel geflogen. Ein zweiter Bomber klapperte im Westen noch ganz jämmerlich, gesehen haben wir ihn aber nicht. Wir hoffen ja, daß Du jetzt einmal häufiger schreibst, wenn es auch nur ein kurzer Kartengruß ist. Deine Sachen aus Stralsund sind noch immer nicht da, so schnell geht das auch wohl nicht. Schreibe, wenn Du etwas brauchst. Brauchst Du etwas zum Essen? Ein Paket mit Neujahrskuchen war noch unterwegs, hoffentlich wird es Dir von den Kameraden nachgeschickt. Hast Du auch den Schlafanzug bekommen?
Wir wünschen Dir weiterhin alles Gute!
Viele Grüße von Haus
Deine Mutter

An Bord,   *21.1.44*

Meine liebe Mama!
Herzlichen Dank für Deinen Brief vom 11., den ich gestern erhielt. Deine Sorge scheint ja ziemlich groß zu sein. Sie ist aber vollkommen unnötig, da wir vorläufig noch etliche Zeit hier zur Ausbesserung im Dock liegen. Danach werden wir noch vorher einige Monate Probefahren und Probeschießen in der Ostsee machen. Es gefällt mir weiter an Bord tadellos, wenn wir manchmal auch scharf rangenommen werden. Die Verpflegung ist ausgezeichnet. Die schlechten Zeiten in Strals., ich meine in Bezug auf Verpflegung, sind dahin, wir haben oft sehr „geschmachtet". Unterricht haben wir übrigens viel, obwohl wir uns mehr für praktische Seemannschaft interessieren. Mein Gruppenführer im Stab hatte mit meiner Abkommandierung nichts zu tun. Erstens hatte er überhaupt keinen Einfluß darauf und zweitens war er damals in Urlaub. Um unser Kommando haben uns sämtliche Kameraden der Abteilung beneidet. Es kam lediglich daher, weil ich eine gute Nummer beim Zugführer und beim Kopaniechef hatte. –
Schreibe bald wieder und sei herzlichst gegrüßt von
Deinem Albert.
Ich lege einige Zulassungsmarken für Feldpostpäckchen bei, da sonst keine Päckchen abgeschickt werden dürfen.
Albert.

Hinten auf dem Briefumschlag steht die Bemerkung von Albert: „Wer plündert, wird erschossen!"

Gotenhafen,   *9.II.1944*

Lieber Vater!

Habe gestern Deinen Brief vom 24.I. erhalten. Herzlichen Dank! Leider hatte ich im Eifer des Gefechts es versäumt, Dir zu Deinem Geburtstag zu schreiben. Nachträglich also meine besten Glückwünsche! Daß Du wieder eingezogen wirst, habe ich schon von Mama erfahren. Auf Urlaub werde ich vorläufig nicht fahren können. Ich habe mich heute erkundigt, aber es ist ziemlich aussichtslos. Es wird keinen Zweck haben, wenn Du ein Gesuch an meine Dienststelle richtest. Augenblicklich liegen wir noch in Gotenhafen und werden hier noch einige Zeit bleiben, d.h. ab und zu laufen wir zu mehrtägigen Probefahrten aus. Nach hier bin ich auch am 4.I. abkommandiert. Wir liefen jedoch schon am 7. auf eine Mine in der Danziger Bucht und kamen dann zur Ausbesserung nach Swinemünde in Dock. Bei der Mine ist alles glimpflich abgegangen. Der Schreck war das meiste.

In Swinemünde lagen wir etwa 3 Wochen und danach einige Tage vor Saßnitz (Rügen). Jetzt sind wir wieder in diesem trüben Nest gelandet. Sonntag waren wir nach Danzig auf Kurzurlaub (1 Tag). Es hat mir dort fabelhaft gefallen. Wenn alles klargeht, sind wir am 1.III. frontklar und können auf Feindfahrt gehen (entweder Frankreich oder Norwegen). Meinen ersten Urlaub werde ich wohl nach der Bordzeit im Juni oder Juli vor Abkommandierung auf die Fähnrichschule bekommen. -

Das Leben an Bord gefällt mir gut. So langsam hat man sich ja eingelebt. Oft werden wir allerdings rangenommen, daß wir nicht wissen, wo uns der Kopf steht. Aber das geht ja alles vorüber. Ich will mich bemühen, in die Sanitäts-Laufbahn zu kommen und in den nächsten Tagen mit unserm Ausbildungsoffizier sprechen.

Herzl. Grüße   Albert.

Im Finnischen Meerbusen,   *17.3.44*

Meine Lieben!

Heute komme ich endlich dazu, Euch etwas ausführlicher zu schreiben. Wir liegen nämlich einige Tage vor Anker und haben verhältnismäßig mehr Ruhe. In den letzten Tagen sind wir aber auch kaum zum Schlafen gekommen und jetzt müde wie Hund. Wir sind am 11. von Gotenhafen ausgelaufen in den Finnischen Meerbusen, wo wir vor Wochen auch schon waren, jedoch damals leider keine Feindberührung hatten. Heute haben wir mehr Glück in der Beziehung. Am 12. haben wir russische Stellungen östlich von Narwa beschossen. Der Wehrmachtsbericht vom 13. hat es sogar erwähnt, wie Ihr wohl gelesen habt. Seitdem haben wir weitere Untersuchungen durchgeführt, von denen ich aber nichts schreiben darf. Voraussichtlich bleiben wir noch einige Wochen hier, vielleicht auch noch länger. Jedenfalls freuen wir uns, nach dem langen Herumgammeln vor der deutschen Küste endlich zum Einsatz gekommen zu sein. Wenn es so weitergeht, bekommen wir hier an Bord noch das Zerstörerabzeichen. -

Mir gefällt es an Bord noch immer tadellos, so nach und nach gehören wir schon zu den „Alten", die durch nichts mehr zu erschüttern sind. Das Essen ist einfach fabelhaft, es kann zu Hause kaum besser sein. Der Unterricht, den wir hier an Bord genießen dürfen, macht jetzt natürlich nur sehr langsame Fortschritte. Dies ist uns sehr lieb, da wir zum Lernen später auf der Fähnrichschule mehr Zeit als genug haben und jetzt vor allem mal was erleben wollen. –

In der Beziehung sind wir auf dem Zerstörer ja günstig dran. In Gotenhafen haben wir einige Kameraden aus unserer alten Stube getroffen, die auf „Dickschiffen" untergebracht sind. Die haben ein Leben schlimmer wie in der Kaserne. Schmalhans ist oft Küchenmeister. Einen Kameraden haben wir mit an Bord genommen und ihm einige Teller voll fetttriefenden Bratkartoffeln „geschmirgelt", sodaß er kaum mehr gehen und auf seinen Pott gelangen konnte. Für uns ist sowas ja eine alltägliche Erscheinung. Hunger habe ich wenigstens an Bord noch nicht gelitten. Übrigens ist es hier oben gewaltig kalt. Wir sind natürlich mit Lederzeug usw. gut ausgerüstet und leiden keine Kälte. –

Post haben wir immer noch nicht erhalten, hoffen aber, daß in den nächsten Tagen eine Sendung eintrifft. Habt Ihr in der letzten Zeit Fliegerangriffe gehabt? Hier oben ist es toll mit den Dingern, die Russen haben im Norden eben eine große Luftüberlegenheit. –

Ich will jetzt schließen, da ich mich noch für kurze Zeit aufs Ohr legen will. Hoffentlich kommt in den nächsten Tagen Post von Euch an!

Euch allen die herzlichsten Grüße

Euer Albert.

J. Schoon ist am 18. März 1944 wieder eingezogen worden, und zwar zur Marine. Seine Dienstgrade: Marineartilleriemaat bzw. -obermaat.

Kiel,   *Mittwoch, 22.3.44*

Ihr Lieben, meine Nanny!

Heute ist Mittwoch, und ich bin immer noch hier. [...]

Am Montag sollte unsere Gruppe schon zum Arzt, aber dann kam eine Verzögerung, und morgen wird es wohl auch noch nichts werden. Es kommen eben wieder andere – ungediente und vor allem jüngere Jahrgänge – die beschleunigt untersucht, geprüft und kommandiert werden müssen. Bei uns älteren Jahrgängen ist das ja einfacher. Wenn wir erst die Uniform wieder angezogen haben, dann sind wir eben Soldat, während die andern noch erst ausgebildet werden müssen. Nun meint man ja in seinem beschränkten Untertanenverstand, daß sie uns ruhig noch einige Tage hätten zu Hause lassen können, aber das ist auch wieder ein Irrtum. Es müssen erst alle erfaßt, in die Kartei eingetragen und verpflegungsmäßig registriert werden. Es muß beim Militär alles seinen geordneten Gang gehen. Die Hälfte seines Lebens steht der Soldat eben vergebens. Das ist den ganzen Tag über so üblich. Alle halbe Stund wird irgendetwas ausgepfiffen oder es heißt: „Kompanie antreten!" Unser Spieß [...] würde ja auf den Rücken fallen, wenn er dies „Antreten" sähe. Laufschritt kommt überhaupt nicht in Frage. Mantel wird angezogen und dann geht es langsam zum Appellplatz. [...]

Zwischendurch gibt es sonst noch Arbeiten, besonders für uns Uffz.: Arbeiten beaufsichtigen, Reinschiffeinteilung, U.v.D.-Dienst u.s.w. Aber ein richtiger, geregelter Dienst ist es natürlich noch nicht, und der militärische Ton ist noch sehr gemütlich. Alles natürlich per „Du". Da steht

der Landarbeiter neben dem Assessor oder Regierungsrat, der Angestellte oder Werftarbeiter neben dem Verwaltungsoberinspektor u.s.w. - Dies ist das Durchgangslager, von dort kommen wir vielleicht erst zu einem Einsatzlager oder auch direkt zu einem Kommando. [...]
Wenn Du diesen Brief erhältst, liebe Nanny, dann brauchst Du ihn nicht mehr zu beantworten, denn ich nehme doch an, daß ich dann schon vor der Abkommandierung stehe. [...]
Herzliche Grüße Euch allen und Dir besonders, meine Nanny
Dein Johann

<table>
<tr><td>Albert
an die Familie
27. März 1944</td><td>An Bord,</td><td align="right">27.3.44</td></tr>
</table>

Meine Lieben!
Habe heute zu meiner großen Freude Mamas Briefe vom 20. und 22. erhalten. Die letzten Briefe von Euch hatte ich vor 3 Wochen erhalten. Die Nachricht von Papas Einberufung kam ja sehr überraschend für mich. Hoffentlich bekomme ich bald Post von ihm. Vielleicht habe ich dann auch später Gelegenheit, ihn noch einmal zu besuchen. -
Mir geht es weiter tadellos. Augenblicklich liegen wir im Hafen und treffen Vorbereitungen für die nächste Fahrt. Hoffentlich geht es bald wieder ran. Wir wurden nämlich plötzlich aus dem Einsatz genommen aus mir unbekannten Gründen. Das Leben im Hafen gefällt mir weniger. Der strenge Dienst setzt dann gewöhnlich wieder ein. Aber uns alte Zerstörerfahrer kann ja so nach und nach nichts mehr erschüttern. Wir haben ja schon ein halbes Jahr Soldat auf dem Buckel und haben auch schon fast die Hälfte unserer Bordzeit rum. Hoffentlich gefällt es mir auf dem Zerstörer weiter so wie bisher. Zuerst allerdings habe ich mich oft wieder nach Stralsund zurückgesehnt und war erschreckt über das wilde Leben hier an Bord. Doch in diesem Vierteljahr Bordzeit habe ich mehr Erfahrung gesammelt und Menschenkenntnis wie in den letzten Jahren. Man sieht jetzt alles mit anderen Augen. -
Ich wäre Euch sehr dankbar, wenn Ihr mir einige Schulbücher schicken würdet (Chemie, Biologie). Auch hätte ich gern einige Gedichte von Papa und einige seiner Heimatgeschichten (Meedendook usw.). Man hat hier trotz allem doch zu wenig geistige Abwechslung. Ich will jetzt schließen, schreibt bitte bald wieder, ich warte jeden Tag darauf.
Euch allen herzliche Grüße Euer Albert.

<table>
<tr><td>Albert
an die Familie
6. April 1944</td><td>An Bord,</td><td align="right">6.IV.44</td></tr>
</table>

Meine Lieben!
Habe heute unheimliche Massen von Post bekommen, von Euch waren 18 Briefe dabei. Da muß ich ja unbedingt gleich schreiben. Es war die ganze Post von Reval, die uns nach dort vergeblich nachgesandt ist. Die Verbindung hier nach dem Osten ist ja furchtbar schlecht. Es waren ja etliche neue Nachrichten dabei. Daß Georg gefallen ist, hat mich tief erschüttert. Ich war ja überhaupt nicht darauf gefaßt. Von Loets Verwundung höre ich auch zum ersten Mal. Es ist ja

eine ganz traurige Sache. Mit Hinrich ist es ja noch einmal gut abgegangen, wie Ihr schreibt. [...] Von Hermann Memming habe ich auch Post. Er ist auf einem Torpedoboot. – Augenblicklich liegen wir noch im Dock. In den nächsten Tagen beginnen aber wieder die Vorbereitungen für die nächste Fahrt. Hoffentlich geht es nicht wieder nach oben, es ist mir zu kalt dort. Hier ist der Winter auch noch immer Herr des Tages. Bei Euch wird wohl Frühling sein! Gestern auf Wache habe ich sogar ernstlich gefroren. Ich hatte nämlich keine Strümpfe in den Stiefeln an. Wie meine Strümpfe aussehen, könnt Ihr Euch denken. (Löcher von 20 cm Durchmesser!) Doch das macht nichts, im Finnischen Meerbusen haben wir schon nächtelang gefroren auf Kriegswache.

Ich will jetzt schließen   Ostern mehr!

Euch allen die herzlichsten Grüße   Albert.

Leider habe ich mich hier in Zahnbehandlung begeben. (fatal!)

Ein Gesuch um Übernahme in die San.-Laufbahn werde ich wohl nicht mehr einreichen. Es gefällt mir zu gut an Bord!

Alb.

[Lützenholm ü. Landstedt bei Schleswig]   *Sonntag, den 23.4.44*

Meine Nanny, Ihr Lieben alle!

„Drei Tage war das Radio krank, jetzt spielt es wieder, Gott sei dank", so könnte man Wihelm Busch variieren. Es schmettert zwar etwas laut in die Gegend, aber abstellen dürfen wir es nicht, weil es auf dem Korridor unserer Baracke steht und somit allen Kameraden die Darbietungen zustehen. D.h., ein Teil ist in der Umgegend spazieren gegangen, wir müssen aber hierbleiben, weil wir Luftschutzwache haben. Es ist mir auch ganz angenehm, so habe ich erst einmal meine Wäsche gewaschen und kann jetzt in aller Ruhe meine Briefe schreiben. Wir haben sowieso in der Woche Gelegenheit, die nähere und weitere Umgebung zu sehen. Der alte Jürnjakob Swehn würde bestimmt gesagt haben: „Diese Gegend ist dem lieben Gott auch nur mäßig gelungen." Etwa 10-15 km von hier ist freilich schon ein ganz anderer Boden. Na, ich bin ja durch Ostholstein und Fehmarn verwöhnt. – Unangenehm ist der ständige Wind in dieser Ecke. Gestern fegte der Sand über den Platz, als wenn ein Schneesturm sauste, man konnte die Augen nicht offenhalten. Heute morgen regnete es, nachher wurde es trocken, und der Wind legte sich, d.h. für nordholsteinische Ansprüche. Meine Wäsche draußen will sich zuweilen selbständig machen, aber ich habe sie festgebunden. [...]

Liebe Nanny, außer dem Sonntagsbrief und den Zigaretten vom Dienstag habe ich diese Woche keine Nachricht von Euch erhalten. Ich hoffe doch, daß Onkel sich inwischen wieder erholt hat, sonst hättest Du doch bestimmt sofort geschrieben. [...]

Aus der Zeitung habe ich gelesen, daß Lehrer T... [unleserlich] im Osten gefallen ist. Er war 1940/41 in unserer Kompanie. Schade um ihn, er war ein guter, netter Mensch. – Da muß ich Euch noch erzählen, wie ich zu einer Zeitung komme. Ich hatte die O.N. und auch die O.T.Z. um Überweisung der Zeitung gebeten. Ich wußte von Kameraden, daß die Verlage eine Zusendung meistens ablehnen, weil die Auflage eben beschränkt ist. Jetzt ist „Dunkmanns Blatt", erstmalig vom 19. und 20. schon gestern hier eingetroffen [vermutlich weil J. Schoon bei der Zeitung vor dem Krieg als freier Mitarbeiter tätig war]. [...]

Schickt Ihr Albert auch noch die Zeitungen? Bei der Papierknappheit wird es wohl schwer fallen, aber er freut sich bestimmt, wenn er eine Heimatzeitung lesen kann. – Soeben kommt der Nachmittagskaffee, es gibt sogar Milchkaffee, aber leider nicht gesüßt. [...]

Aber wir wollen ja nicht vergessen, daß wir im fünften Kriegsjahr sind und im übrigen reichlich zu essen haben. – Ich lege eine Karte bei, die Oblt. Boser mir schrieb. Sie vermissen mich also doch. Aber daß sie mich von dort [vermutlich ist die Marinenachrichtenschule in Aurich gemeint, wo J. Schoon bis zu seiner Wiedereinberufung als Zivilangestellter tätig war] anfordern können, ist nicht gut möglich, weil dort Nordseebereich ist und wir dem 2. A.d.O. [Admiral der Ostsee Kiel] unterstellt sind. – Also immer mit frohem Mut, es kommt auch noch mal eine andere Zeit. Es ist ja einerlei, wo wir dem Vaterlande dienen, wenn ich auch lieber zu Hause wäre. Nun wünsche ich Euch Lieben allen und Dir, meine Nanny alles Gute.
Herzlichste Grüße
Dein Johann.

**Nanny
an Albert
27. April 1944**

[Spetzerfehn]   *Donnerstag, 27.4.44*

Mein lieber Junge!
Endlich heute wieder ein Lebenszeichen von Dir. [...] Wir nehmen ja an, daß Ihr unterdessen wieder ausgelaufen gewesen seid, da wir solange nichts von Dir hörten. Ach, es ist immer schwer, wenn die Wochen des Wartens kommen! Und wir wissen ja auch nie, wo unsere Gedanken Dich suchen müssen. Wir hoffen ja bestimmt in den nächsten Tagen auf nähere Nachricht. Tanti hat sich natürlich sehr über die Geburtstagsgrüße gefreut. Wir müssen nun ja Sonntag ohne Euch feiern, das erste Mal in Deinem Leben! Auch Deine Gedanken werden an dem Tage wohl sehnsüchtig nach Hause wandern. Ich glaube ja bestimmt, daß Du oft Heimweh hast. So allmählich können wir ja die Wochen schon zählen bis zu Deinem ersten Urlaub, dann holen wir alles nach. Vielleicht ist es Papa dann ja auch möglich, zu Hause zu sein. Der wird sich auch wohl sehr nach einem Wiedersehen sehnen. Ich glaube, er muß jetzt noch wieder strengen Dienst machen. Das ist in seinem Alter doch nicht mehr so ganz leicht. Aber an eine Entlassung ist ja für ihn vor Ende des Krieges nicht zu denken. –
Uns geht es noch allen gut, nur Onkel ist in letzter Zeit sehr hinfällig geworden. Vor etwa vierzehn Tagen bekam er einen Anfall, daß wir schon glaubten, er würde garnicht mehr durchkommen. Arbeiten kann er jetzt aber so gut wie garnicht mehr. Heta ist vorhin nach Aurich gefahren, Almuth hatte nämlich Geburtstagsfeier. Im Garten ist es jetzt schon alles grün und bunt, die Tulpen blühen soeben und in einigen Tagen werden wohl die Obstbäume im vollen Blütenschmuck stehen. Ich wünsche mir, daß Ihr nur einmal hier sein könntet, um alles zu sehen. Ich glaube, so schön war unser Garten noch nie wie in diesem Jahre. Seit einigen Tagen haben wir 2 kleine Schaflämmer, Bertalein's ganze Freude.
Ich hätte Dir zu Deinem Geburtstage so gerne eine kleine Freude gemacht, aber solange die Paketsperre nicht aufgehoben ist, hat es keinen Zweck. Muß es also auf später verschieben.
Zu Deinem Geburtstage Dir nochmals die herzlichsten Wünsche für Dein neues Lebensjahr! Bleibe gesund, mein lieber Junge!!
Deine Mama

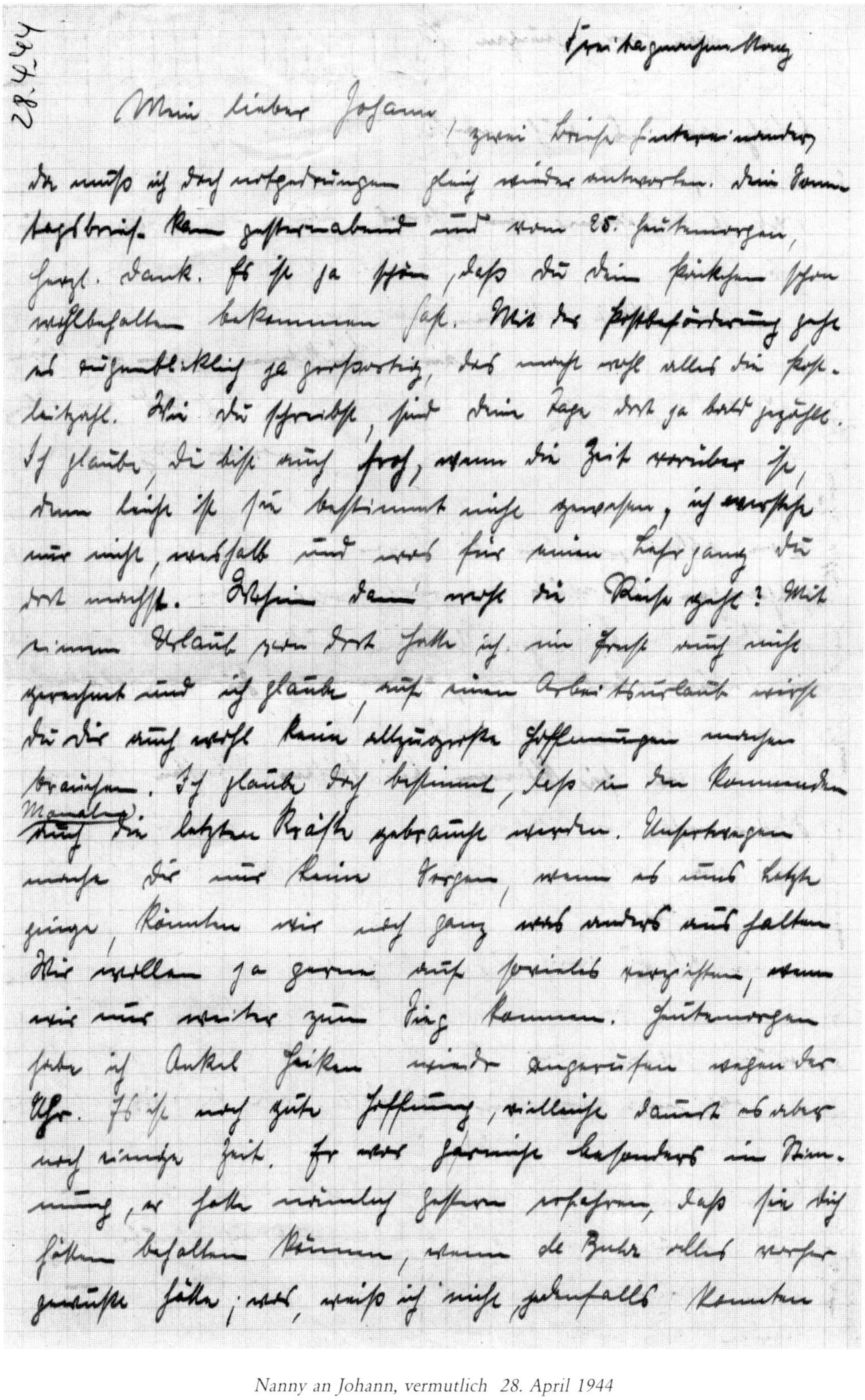
28.4.44

Freitagnachmittag

Mein lieber Johann, zwei Briefe hatten wieder
da muss ich doch notgedrungen gleich wieder antworten. Dein Sonntagsbrief kam gesternabend und vom 25. heutemorgen,
herzl. Dank. Es ist ja schön, dass du dein Päckchen schon
wohlbehalten bekommen hast. Mit der Postbeförderung geht
es augenblicklich ja großartig, das macht wohl alles die Postleitzahl. Wie du schreibst, sind deine Tage dort ja bald gezählt.
Ich glaube, du bist auch froh, wenn die Zeit vorüber ist,
denn bisher ist sie bestimmt nicht gewesen, ich verstehe
nur nicht, weshalb und was für einen Lehrgang du
dort machst. Wohin denn wohl die Reise geht? Mit
einem Urlaub von dort hatte ich im Ernst auch nicht
gerechnet und ich glaube, auf einen Arbeitsurlaub wirst
du dir auch wohl keine allzugroßen Hoffnungen machen
brauchen. Ich glaube doch bestimmt, dass in den kommenden
Monaten die letzten Kräfte gebraucht werden. Unsertwegen
mache dir nur keine Sorgen, wenn es uns letzte
ginge, könnten wir noch ganz was anders aushalten.
Wir wollen ja gerne auf vieles verzichten, wenn
wir nur weiter zum Sieg kommen. Heutemorgen
habe ich Onkel Heiken wieder angerufen wegen der
Uhr. Es ist noch gute Hoffnung, vielleicht dauert es aber
noch einige Zeit. Er war ziemlich besonders in Stimmung, er hatte nämlich gestern erfahren, dass sie dich
hätten behalten können, wenn de Buhr alles versucht
gemacht hätte; was, weiss ich nicht, jedenfalls könnten

Nanny an Johann, vermutlich 28. April 1944

[Lützenholm ü. Landstedt bei Schleswig]   *27.4.44*

Mein lieber Junge!

Es ist schon ziemlich spät geworden, aber Deinen Geburtstagsbrief sollst Du doch haben. Für Deinen Brief vom 23., den ich gestern abend erhielt, danke ich vielmals. –

Ein Geburtstagsgeschenk kann ich Dir leider von hier nicht schicken, aber aufgeschoben ist ja nicht aufgehoben. Ich hatte bei einem Bekannten in Aurich für Dich noch eine Armbanduhr bestellt, aber ich habe sie nicht mehr erhalten. Na, vielleicht habe ich noch Gelegenheit, irgendwo eine für Dich zu beschaffen. –

Du wirst jetzt 19 Jahre alt, mein Junge, stehst also noch im Jünglingsalter und bist doch schon eingereiht in die lange Kette der Männer, die den Ansturm gegen unser Deutschland aufhalten müssen. Wir Ostfriesen lieben nicht die großen Worte und tönenden Phrasen, aber daß wir unseren Mann stehen, wenn es nötig ist, das haben Tausende und Abertausende in aller Welt bewiesen. Am Denkmal in St. Privat las ich folgende Worte: „So wie im Sturm der Mann an Bord die Woge stumm erwartet, so stand im Sturm der Schlacht, treu seiner Pflicht, Ostfrieslands Sohn." –

Wir stehen überall in Gottes Hand, mein lieber Junge, daran denke immer, das gibt einen festen Halt. –

Von Mama habe ich heute einen Brief vom Montag erhalten, sie schrieb, daß sie von Dir lange keine Nachricht erhalten haben. Inzwischen wirst Du aber wohl geschrieben haben. Sonst ist zu Hause alles wohl, auch Onkel erholt sich wieder. – Hast Du auch an Tantis Geburtstag gedacht? Nun, mein lieber Junge, wünsche ich Dir für Dein neues Lebensjahr Gottes Segen, ein festes Herz und einen getrosten Mut.

Herzliche Grüße

Dein Vater.

[Spetzerfehn]   *Freitagnachmittag [vermutlich 28. April 1944]*

Mein lieber Johann,

zwei Briefe hintereinander, da muß ich doch notgedrungen gleich wieder antworten. Dein Sonntagsbrief kam gesternabend und vom 25. heutemorgen, herzl. Dank.

Es ist ja schön, daß Du Dein Päckchen schon wohlbehalten bekommen hast. Mit der Postbeförderung geht es augenblicklich ja großartig, das macht wohl alles die Postleitzahl. Wie Du schreibst, sind Deine Tage dort ja bald gezählt. Ich glaube, Du bist auch froh, wenn die Zeit vorüber ist, denn leicht ist sie bestimmt nicht gewesen, ich verstehe nur nicht, weshalb und was für einen Lehrgang Du dort machst. Wohin dann wohl die Reise geht? Mit einem Urlaub von Dir hatte ich im Ernst auch nicht gerechnet. [...]

Ich glaube doch bestimmt, daß in den kommenden Monaten auch die letzten Kräfte gebraucht werden. Unseretwegen mache Dir nur keine Sorgen, wenn es ums Letzte ginge, könnten wir noch ganz was anderes aushalten. Wir wollen ja gerne auf sovieles verzichten, wenn wir nur weiter zum Sieg kommen. [...] Von Albert bekamen wir vorgestern eine Karte für Tanti [Geburtstag] und gesternabend ein Päckchen, Garn zum Nähen, Schuhbänder, Schuhcreme, Büchsenöffner, Fisch und ein kleines Päckchen Tabak; den schicke ich Dir morgen noch .[...] Die letzte Nachricht von Albert erhielten wir Ostern, warum er nun 14 Tage geschwiegen hat, weiß ich nicht, wir dachten, er wäre wieder im Einsatz. – Unsern Zucker haben Heta und ich dienstagabend geholt, 70 Pfd, auch die Haferflocken von Fr. Eilers. Ich werde heute die Bienen füttern. [...]

Nun hast Du mich doch richtig beschämt, ich habe gestern nicht mal an unsern Hochzeitstag gedacht, ich glaube, ich wußte gestern aber auch garnicht das Datum. Daß Du den Tag nicht vergessen würdest, habe ich mir wohl gedacht. Wie schnell sind doch diese 21 Jahre vergangen [...] und ich glaube, nach dieser Trennung, mag sie auch noch so lang sein, werden erst die besten Zeiten gemeinsamen Wanderns kommen.

Es lassen Dich heute alle herzl. grüßen und einen besonders herzl. Gruß u. Kuß von Deiner Nanny

An Bord,   *28.IV.1944*

Liebe Mama!

Ich muß mich heute mal wieder aufraffen und zur Feder greifen. In den letzten Tagen habe ich von Heta und von Dir einen Brief erhalten. Die Geburtstagsglückwünsche kamen ja etwas verfrüht an, trotzdem meinen herzlichsten Dank.

Wir liegen noch immer hier. In den letzten 14 Tagen waren wir meistens draußen und haben unsere letzten Vorbereitungen getroffen. Es kann also losgehen. Wenn mich nicht alles täuscht, fahren wir wieder in unser altes Einsatzgebiet. Vielleicht sind wir schon diese Woche da. Es ist aber dort sehr ruhig geworden, sodaß die Ausbildung weiter von statten gehen kann. Uns gefällt es natürlich besser, wenn es so richtig rangeht an den Feind.

In den letzten Tagen haben wir den ganzen Pott gestrichen (gepönt nennt man es bei der K.M.). Etliche Farbkleckse im Gesicht zeugen noch heute davon. Man lernt an praktischen Dingen doch so allerhand an Bord. Ich hätte es mir nie träumen lassen, daß z.B. auch das Feudelschwingen gelernt sein will. Abtrocknen muß ich leider jeden Tag. Wenn ich einmal auf Urlaub fahren sollte, brauchst Du an hausfräulichen Arbeiten nichts mehr zu machen. Ich beherrsche jetzt alles vom Kochen bis zum Waschen und Aufklaren. Meine Koje [zu Hause] ist mir bestimmt zu weich. Wir sind im Einsatz froh, wenn wir uns mal einige Stunden an Deck „rotzen" können. – Mit den Tommies ist es in letzter Zeit ja schlimm bei Euch! Wir haben auch schon etliche Angriffe gehabt. Man ist nirgends sicher.

Augenblicklich spiele ich krank. Eine Granate ist mir auf den Fuß gefallen und hat etliche blaue Nägel gemacht, Bluterguß nennt es der Arzt. Ich trage kalte Verbände und hinke rum wie ein altes Weib. –

Ich will jetzt schließen. Bevor wir auslaufen, schreibe ich bestimmt noch einmal.

Dir, liebe Mama, die herzlichsten Grüße

Dein Albert.

An Bord, *28.4.1944*

Meine Lieben!

In aller Eile schreibe ich noch einige Zeilen. In 10 Minuten geht die letzte Post in Deutschland ab. Wir laufen noch heute abend aus. Es geht wieder in das alte Einsatzgebiet. Wir haben ja alle Vorbereitungen getroffen, trotzdem kam es sehr plötzlich heute abend. – Wenn in nächster Zeit keine Post ankommt, macht Euch bitte keine Sorgen, die Beförderung ist sehr langsam. Meinen Geburtstag werde ich also zum ersten Mal fern der Heimat verleben. Hoffentlich ist es inzwischen etwas wärmer geworden. – Ich muß jetzt schließen. Seid zum Schluß alle herzlichst gegrüßt von Eurem Albert.

An Bord, *7.5.1944*

Meine Lieben!

Erhielt heute zu meiner großen Freude schon einen Brief von daheim. [...] Es freut mich umso mehr, daß mein Päckchen glücklich zu Hause angekommen ist. Von hier werde ich wohl keine Gelegenheit haben, Päckchen zu schicken, werde aber die nächste Gelegenheit wahrnehmen. Bisher habe ich ein Päckchen Tabak, 25 Zigaretten und Lederfett zurückgelegt. Rauchwaren habe ich in der letzten Zeit leider wenig aufbewahren können, da ich 230 [Zigaretten] gegen wertvolle Sachen wie Bordmesser usw., das ich hier an Bord notwendig gebrauche, eingetauscht habe. Augenblicklich bekommen wir am Tag 12. Ich rauche höchstens 3 am Tage. Wenn wir auf Kriegswache stehen und es gegen den Feind geht, raucht man allerdings eine nach der andern, das macht wohl die Aufregung. Beim letzten Gefecht (Fliegerangriff) habe ich 60 in 3 Stunden geraucht, in der nächsten Zeit steht kein Einsatz bevor, wir liegen lediglich in Bereitschaftsstellung mit mehreren Zerstörern. Die Ausbildung geht weiter wie in Gotenhafen. Die Kälte ist auch hier gewichen, obwohl es in den letzten Tagen geschneit hat. –

Heimweh habe ich, wie Mama meint, an Bord noch nie gehabt; höchstens in der ersten Zeit in Stralsund, so lächerlich es auch klingen mag. Mein Kumpel aus Dänemark ist übrigens in einem Jahr nicht zu Hause gewesen. Er ist gleich vom R.A.D. zur K.M. eingezogen worden. Er ist übrigens ein fabelhafter Kamerad. Wir haben seit dem ersten Tage unserer Soldatenzeit sämtliche Leiden und Freuden gemeinsam ertragen. Hoffentlich bleiben wir auch weiterhin zusammen. Meinen Geburtstag haben wir übrigens tadellos gefeiert. Eine große Torte prangte auf der Back (so werden hier die Tische genannt), ringsumher für jeden eine Flasche Apfelsaft, etliche Pullen Bier sowie für die Allgemeinheit 2 Flaschen Sprit. Es hat alles voll gemundet. Einige waren wieder leicht bezecht, ich sah noch vollkommen klar. Zu Hause hat man Geburtstag ja etwas anders gefeiert, aber hier geht es eben ganz lässig seemännisch zu. –

In den letzten Tagen waren wir an Land und haben in besagtem Schafstall, wo wir weiland schon einmal weilten, den Film „Immensee" gesehen. Es war sehr schön nach der Erzählung von Theodor Storm. Also die Kultur ist auch schon bis hier fortgeschritten. [...]

Ich schreibe jetzt nach 2 Stunden Unterbrechung weiter. Ich habe inzwischen „Zugdienst" gemacht. Wenn Mama und Tanti es sehen würden, kämen sie wahrscheinlich aus dem Lachen nicht mehr raus. Vollkommen durchlöcherte Strümpfe stopfe ich in wenigen Minuten, schwarze

Unterhosen habe ich in kurzer Zeit gewaschen. Zum Waschen benutzen wir bei der K.M. übrigens Schuhbürsten. Es geht tadellos. Wenn wir wieder mal in Deutschland liegen, müßt Ihr mir ein paar Strümpfe schicken mit Sohlen aus Manchestertuch. Die will ich in meinen Seestiefeln anziehen. –

Ich will jetzt schließen, in den nächsten Tagen schreibe ich wieder.

Euch allen die herzlichsten Grüße

Euer Albert.

[Spetzerfehn]   *Sonntagabend, 7.5.44*   **Nanny**
                                                             an Johann
                                                             7. Mai 1944

Mein lieber Johann!

Am Nachmittag ist nichts aus dem Schreiben geworden, bei uns wird Montag nämlich Nähen und Handarbeiten groß geschrieben. Gegen Abend waren Heta und ich noch zur Bahn, um uns nach Gesche's Befinden zu erkundigen. Die liegt seit einigen Tagen nämlich ziemlich krank, hat hohes Fieber, Schmerzen in der Brust, vielleicht ist es Lungenentzündung, morgen will der Arzt kommen. Dann war ich anschließend bei Theodor wegen Torfholen, vielleicht fährt er schon diese Woche hin, ich habe schon zweimal eine telefonische Unterhaltung mit Wiesmoor deswegen gehabt, wir können jetzt noch 2 Loren bekommen. [...]

Bei Theodor hatte ich dann auch gleich ein aufregendes Erlebnis. Wie ich gerade eben da war, kam der 8 Uhr Zug von Aurich. Gerade war er vorbei gefahren, da ging ein Höllengeknatter los. Ehe ich recht zur Besinnung kam, war schon alles vorbei. Drei Flugzeuge hatten wieder im Tiefflug geschossen. Sie scheinen es ja recht auf Spetz abgesehen zu haben. Die Aufregung kannst Du Dir ja vorstellen. Glücklicherweise ist alles gut abgelaufen. Der Zug ist wohl getroffen, aber es sind keine Menschen verletzt. Lediglich Fensterscheiben sind kaputt, an Häusern Dachziegeln, Leitungsdrähte u.s.w. Dabei sind hier gestern auch erst fünf Stück im Tiefflug vorübergeflogen, die aber nicht geschossen haben. Aber ich glaube, bei Euch wird es wohl auch so ähnlich sein. Und vielleicht wird es in nächster Zeit noch schlimmer werden. Wie sehnt man sich doch manchmal nach Ruhe und Frieden. Aber es wird in der kommenden Zeit noch recht vieles geschehen müssen bis die Friedensglocken läuten. Ich bin schon jeden Morgen gespannt, ob die Invasion wohl schon gestartet ist. Die scheinen sich das gewagte Unternehmen aber doch nicht recht zu trauen. Die Feiglinge, die weiter nichts können, als die Zivilbevölkerung zu vernichten!

Hoffentlich geht es Dir wieder besser, Deinen Worten traue ich ja nicht so recht. Nimm Dich nur ja in acht! Ich hätte Dir so gerne einen Kuchen gebacken, aber weil Du schreibst, daß Du nicht länger dortbleibst, war es ja nicht gut möglich. Ich werde es aber gleich nachholen, wenn ich Deine Adresse weiß. [...]

Mir geht es sonst noch gut, wenn man Onkel's Schwäche nicht mitrechnet. Seine Kräfte scheinen doch auf einmal ganz erschöpft zu sein. Er schläft morgens bis nach 8 Uhr und manchmal auch bis neun Uhr, das könnt Ihr Euch ja kaum vorstellen. Wenn seine Kräfte so weiter abnehmen, werden wir ihn wohl nicht lange mehr haben. – Nun meinte ich, ich hätte Dir noch so vieles mitzuteilen, im Augenblick weiß ich es aber nicht mehr. Es ist gut, daß man sehr viel Arbeit hat, dann hat man am Tage keine Zeit und ist abends müde, daß man gleich schläft. [...]

Alle grüßen Dich herzlich!

Einen besonders herzl. Gruß Deine Nanny

[Lützenholm ü. Landstedt bei Schleswig]   *Donnerstag, 1.6.44*

Mein lieber Junge!
Meinen Brief von Pfingsten wirst Du inzwischen wohl erhalten und gelesen haben, daß ich vom
20. – 22. auf Kurzurlaub war. Es war ja ganz schön, aber für ein paar Tage ist die Reise doch gar
zu anstrengend. Dazu noch dauernd Fliegeralarm. Trotzdem will ich versuchen, von meiner
neuen Dienststelle aus bald wieder einmal zu fahren. Unsere Zeit hier ist nämlich herum, morgen oder übermorgen fahren wir dem neuen Ziel entgegen. Ich werde zur 3. Kompanie, Marine-
Flakschule 5 in Swinemünde abkommandiert. Du weißt also jetzt gleich meine neue Anschrift.
Solltest Du einmal wieder nach S. kommen, dann besuche mich doch eben. –
Gestern hatten wir Besichtigung und damit war unser Lehrgang zu Ende. Es war doch eine ganz
schöne Zeit, aber die Gegend könnte reizvoller sein. Da wird es in Sw. doch wohl anders sein. –
Mama hat mir Deinen Brief vom 8. gezeigt, als ich in Urlaub war, und gestern mitgeteilt, daß
von Deinem Kommando eine Mitteilung erfolgt sei [Albert hatte, offenbar wegen eines Streits
mit einem Vorgesetzten, die Unteroffizierprüfung nicht bestanden; sein Brief mit der entspre-
chenden Mitteilung existiert nicht mehr]. Laß den Kopf nur nicht hängen, mein Junge, Du wirst
Dich trotzdem durchsetzen. Denk' immer daran, wie es war, als Du das Radfahren lerntest.
Zuerst wollte es garnicht glücken, dann sagtest Du: „Ik will!", und es klappte. Ich bin froh, daß
weiter nichts vorliegt. –
Für Deinen Luftpostbrief, den ich heute abend erhielt, danke ich vielmals. Es freut mich, daß es
Dir an Bord so gut gefällt und daß Ihr auch einmal etwas anderes zu sehen bekommt, als Euer
Schiff. Eines möchte ich Dir noch ans Herz legen, mein lieber Junge. Wenn Ihr an Land geht,
dann setze nicht Deinen Stolz darin, alles mitzumachen. Halte Dich rein an Körper und Seele.
Es ist keine Heldentat, eine Kneipe mit Damenbedienung u.s.w. aufzusuchen, aber es kostet
verdammt viel, die Erinnerung wieder loszuwerden. Ich war auch einmal in Deinem Alter und
habe mir den Betrieb angesehen, nicht mitgemacht, aber ich mußte mich übergeben vor Ekel. Sei
vorsichtig, mein lieber Junge. Doch ich will keine Moralpredigt halten, ich weiß, daß ich mich
auf Dich verlassen kann. – Mama schrieb mir von Pfingsten. Zu Hause ist alles wohl, nur Onkel
wird täglich schwächer. Lange wird es wohl nicht mehr gehen. [...]
Alles Gute, mein Junge!
Herzliche Grüße Dein Vater.
N.B. Denkst Du auch an Bertaleins Geburtstag?

Spetz.   *2. Juni 44*

Lieber Albert!
Zwar hatte ich mir jetzt wirklich vorgenommen, Dir nicht eher zu schreiben, bis Dir mal einfie-
le, daß ich ja auch noch lebe! Ich sehe aber vollkommen ein, daß Du in der letzten Zeit nicht
schreiben konntest. Hoffentlich hat sich die Sache inzwischen wieder so ziemlich eingerenkt.
Daß mal irgendetwas Derartiges passieren würde, hab ich ja kommen sehen. Dafür kenne ich
Dich zu gut. Rudolf v. Ihering hat zwar gesagt, jeder Mensch hätte die Pflicht, sein Recht zu
suchen, aber in manchen Fällen ist es doch besser, den Mund zu halten und sich mal etwas

Spek. 1. Juli 44

Lieber Albert!

Dein wohlgemeinter Ratschlag, beim Empfang Deines Briefes nicht in Ohn= macht zu fallen, war gar nicht mal so falsch angebracht, ich war nämlich mächtig erstaunt, daß Deine brüderliche Liebe zu mir offenbar nur geschlafen hatte und nicht schon voll: ständig aus dem Bereich Deiner Gefühle verschwunden war! Ich hoffe, daß Du jetzt auch in diesem Sinne fortfährst!

Du würdest lachen, wenn Du mich jetzt sähest. Ich sitze in meiner Koje mit dem Schreibblock auf den Knien. Am Tisch kann ich nicht mehr schreiben, weil ich hier oben überhaupt keine Stunde habe und es mir so ein kalt ist. Die Tages. bzw. Nachtzeit, zu der ich schreibe, ist mal wieder typisch! Fast 12 Uhr!

Heta an Albert, 1. Juli 1944

gefallen zu lassen. Man muß ja nicht gerade zu Kreuze kriechen, aber es ist doch gut, wenn man sich bezwingen kann. [...]

Eben komme ich vom Dienst, morgen sind nun die Reichsjugendwettkämpfe. Anita läßt mich schmählich im Stich; sie muß arbeiten, und ich muß die ganze Arbeit alleine machen. Hoffentlich regnet es nicht, heute war das Wetter recht unfreundlich. Der Tommy wird uns ja wohl in Ruhe lassen; wir wollen möglichst früh anfangen, damit wir die Kinder wieder nach Hause schicken können.

Ich hoffe, daß Du Dich jetzt endlich mal auf Deine Bruderpflichten besinnen wirst!

Herzliche Grüße von Heta.

P.S. Als Weisheitsregel merke Dir zu allen Zeiten,
mit Deinen Vorgesetzten nie zu streiten.
Denn hast Du recht, dann schadet es Dir sehr,
und hast Du unrecht, schadet's noch viel mehr.
Wärst Du auch hundertmal gescheiter,
Du bist das Roß, er ist der Reiter!!

Spetz.   *1. Juli 44*

Lieber Albert!

Dein wohlgemeinter Ratschlag, beim Empfang Deines Briefes nicht in Ohnmacht zu fallen, war gar nicht mal so falsch angebracht, ich war nämlich mächtig erstaunt, daß Deine brüderliche Liebe zu mir offenbar nur geschlafen hatte und nicht schon vollständig aus dem Bereich Deiner Gefühle verschwunden war! Ich hoffe, daß Du jetzt auch in diesem Sinne fortfährst.

Du würdest lachen, wenn Du mich sähest. Ich sitze in meiner Koje mit dem Schreibblock auf den Knien. Am Tisch kann ich nicht mehr schreiben, weil ich hier oben überhaupt keine Schuhe habe und es mir so zu kalt ist. Die Tages- bzw. Nachtzeit, zu der ich schreibe, ist mal wieder typisch! Fast 12 Uhr!

Ich wünsche Dir, daß Euer letzter Einsatz noch rechtzeitig kommt, damit Ihr doch nachher einen handgreiflichen Beweis Eurer Zerstörertätigkeit vorzeigen könnt! [...]

Sag mal, ist das wirklich wahr, daß Ihr dort allmählich verblödet? Dann ist das wohl überall so, wo mehrere zusammen sind. Aus dem Arbeitsdienst (von Mädeln allerdings) hab ich das auch schon mehrfach gehört, und unsere Marinehelfer in Hooksiel sind ja auch nicht nur begeistert! Aber ich glaube, nach einem Kapitel Tacitus oder Livius würdest Du diese Art Geistesarbeit bestimmt auch als 'geisttötend' verschmähen! „His rebus cognitis" [„Als er von diesen Dingen erfahren hatte ..."; üblicher Textbeginn bei Cäsar] würdest Du ja zur Not wohl noch übersetzen können, aber wenn der alte Horaz versucht, uns die himmelschreienden Zustände der Sittenlosigkeit im alten Rom klarzumachen, würde Dein Geist auch manchmal versagen. Rowoldt gibt sich größte Mühe, uns in noch einigermaßen richtigen Worten das Wichtigste wenigstens erahnen zu lassen. Besonders viel ist von der Dame Kleopatra die Rede, die Row. einmal als „verhängnisvolles Unholdsweib" und dann wieder als „wahrhaft köngliches Weib" anspricht.

Der Alte Antonius muß auch oft herhalten, der laut Horaz sich nicht scheute, runzligen Eunuchen Sklavendienste zu leisten. –

Wenn Du einmal eine solche Stunde mitmachen könntest, würdest Du wahrscheinlich Tränen lachen!

Weißt Du zufällig über Oliver Cromwell Bescheid? Der Chef [Direktor] stellte neulich die wohl etwas kühne Behauptung auf, diesem Mann dankten die Engländer letzten Endes den Untergang ihres Weltreiches! Cromwell hätte nämlich befohlen und mit Gewalt und Grausamkeit durchgesetzt, daß aus der Bibel lediglich das alte Testament zu lesen sei und man sich danach zu richten habe. Erst danach wäre die Heuchelei ein wesentlicher Zug des englischen Volkscharakters geworden, die ja im Grunde alles Unglück verschuldet habe! – Nun ist der Chef ja dafür bekannt, den einen Tag einen Grundsatz aufzustellen und ihn für unumstößlich zu erklären und schon am nächsten Tag das Gegenteil davon zu behaupten! So glaube ich auch, daß Cromwell eines Tages zu einem der ersten Nationalsozialisten gestempelt wird!

Über die Sache mit Gerda schreib ich Dir ein andermal, sonst wird es doch zu viel!

Herzl. Grüße Heta.

[Spetzerfehn,   *3. Juli 1944]*

Lieber Albert! Heute schreibe ich nur ganz kurz, weil die Karte noch mit soll. Mama hat Scharlach u. muß 6 Wochen isoliert liegen! Ich werde jetzt wohl erst nicht schreiben können. Jetzt sehe ich doch ein, wozu die Ferien gut sind! Heute gabs Zeugnisse, meins leider Latein: 3!!! Hoffentlich seid Ihr jetzt endlich im Einsatz gewesen! Gleich muß ich Papa noch schreiben. Und dann 4 Wochen lang schuften wie nie zuvor. Heil! Heta

Anfang Juli stirbt »Onkel«.

Spetz.   *10. Juli [1944]*

Lieber Albert!

Heute erhielten wir nun endlich einen Brief von Dir vom 29. Es war für uns eine große Beruhigung, zu hören, daß es Dir dort so gut geht. – Jetzt ist Nachricht gekommen, daß Harm Saath. wirklich gefallen ist. Mama hatte es doch schon gehört. Wo Du jetzt aber geschrieben hast, ist sie ganz beruhigt.

Heutemittag ist Papa gekommen. Wir hatten schon nicht mehr damit gerechnet. Er hat bis Sonnabend Zeit. Für Tanti ist es ja auch sehr schön, daß er nun doch noch gekommen ist. Morgen ist die Beerdigung.

Wegen Mamas Krankheit muß die Trauerfeier in der Schule sein. Onkel Bernhard telegraphierte heute, er könnte leider nicht kommen.

Ob Ihr wohl noch einmal in den Einsatz kommt während Eurer Bordzeit? Ich glaube es nicht mehr. Euer Zerstörer muß wohl nicht mehr allzu fest sein.

Wie ist eigentlich die Sache mit Gerda geworden? Ich hörte lange nichts mehr davon, weil ich sie die letzte Woche nicht gesehen hatte. Heuteabend schickte sie eine Beileidskarte.

Ich lege noch ein Bild bei von Berta und mir. Unsere Alte Norderwieke wirst Du ja wohl noch kennen! Ob Du sie wohl bald einmal wieder siehst?

Wir alle senden Dir recht herzliche Grüße!

Heta.

**Heta
an Albert
10. August 1944**

Spetz.   *10. August [1944]*

Lieber Albert! Heute kam Dein Brief von Schleswig an, jetzt wird Deine Adresse ja hoffentlich endgültig festliegen. Gestern waren unsere Bilder fertig, ich kann Dir also gleich eins davon schicken. Sie sind ganz gut geworden, ich finde mich allerdings etwas unnatürlich. – Wir freuen uns, daß Du wieder bei Deinen alten Kumpels gelandet bist. [...] Wir hoffen, daß Du bald ausführlich schreibst, angekündigt hast Du es ja bereits dreimal! [...]

Heute herrscht bei uns eine ziemliche Aufregung! Gestern abend um 9 ließ H. Hagen uns Bescheid sagen, wir könnten heute morgen Roggen mähen! Ich bin daraufhin zu Hause geblieben, weil ja in dieser Zeit nicht sehr viele kommen können. Jetzt regnet es natürlich! Hoffentlich hat es bis Mittag aufgehört, dann will er um 1 Uhr noch kommen. Es ist manchmal furchtbar unangenehm, wenn alle „Männer" einer Familie Soldat sind!

Wie geht es Dir mit Deiner Angst, wenn es nicht indiskret ist, danach zu fragen?! Du hast Mama eine ziemlich Sorge gemacht mit Deinem Gerede. Soetwas kann ja jedem mal vorkommen, aber man muß nicht zu andern darüber reden. Du kommst ja sonst auch mit allem alleine klar! [Albert hat Anfang August in einem Brief berichtet, daß er und seine Kameraden große Angst ausstanden, als das Schulschiff, auf dem ihre Ausbildung stattfand, bombardiert wurde. Der betreffende Brief existiert nicht mehr.]

[...] Luise und Betty wollen den Brief mit zur Post nehmen, ich will deshalb aufhören.

Von uns allen herzliche Grüße!

Heta.

Mama schreibt wahrscheinlich heuteabend.

**Albert
an die Familie
15. August 1944**

[Marinekriegsschule] Schleswig,   *15.VIII.1944*

Meine Lieben!

Habe heute Hetas und gestern Mamas Brief erhalten. Herzlichen Dank; ebenso für das Paket, das ich gestern abend abgeholt habe. Die Aktentasche ist ja tadellos, ich werde in meiner Gruppe sehr beneidet deshalb. Der Unterricht geht jetzt in vollen Zügen. Es gefällt mir aber ganz gut, wenn das Pauken auch ungewohnt ist. Die Freizeit ist ausgefüllt mit Segeln sowie Hausaufgaben! Es wird auf allen Gebieten viel verlangt, aber alte Zerstörerfahrer pflegen ja immer klarzusehen. Die Kleiderbügel waren Rettung aus höchster Not. In meinem Spind stauten sich schon aller-

hand Klamotten. Aber mit Zeugwirtschaft haben wir nicht viel zu tun. Wir können Unterzeug und Takelzeug, das wir sowieso kaum gebrauchen, in der Wäscherei abgeben. –
Gestern bin ich zum ersten Mal „an Land" gewesen. Schleswig ist ein herrliches Städtchen. Die Gegend ist hügelig, man hat von der Stadt einen schönen Ausblick auf das Wasser mit den weißen Segeln. Das Segeln gefällt mir übrigens gut. Es ist aber nicht so einfach, wir haben schon verschiedentlich im Bach gelegen. –
Also im großen und ganzen ein gutes Leben, aber „Z 23" ist es doch nicht. Hoffentlich gehen die 3 oder 6 Monate bald rum. Wir Zerstörerfahrer hoffen alle, wieder zum Verband zu kommen. Aber vorerst heißt es pauken. –
Schreibt bitte bald wieder!
Herzlichen Gruß
Euer Albert.

Spetz.   *18. August [1944]*   **Heta
an Albert
18. August 1944**

Lieber Albert! Heute schreibe ich nur kurz, ich bin sehr müde. Die andern schlafen schon. Ich hab Papa heut morgen um 1/2 4 Uhr mit dem Rad bis nach Leer gebracht. Eben hab ich einen Aufsatz über die Vorzüge, die das Leben in Aurich bietet, fabriziert. Wir haben zu jedem Freitag einen auf. – Augenblicklich treiben die Tommies es ja ziemlich schlimm. Dienstag vormittag ist Wittmundhaven angegriffen worden, es hat ziemlich gebumst. Es fallen immer soviele Schulstunden aus. Manchmal kommt um 9 schon Alarm u. dauert bis zum Mittag. Zur Zeit laufen wieder Gerüchte um über Kriegseinsatz der Schulen. – Denk mal, Hinrich (Saath.) hat gestern geschrieben! Er ist 35 Tage hinter den russ. Linien gewesen und liegt jetzt in Lötzen (Ostpr.) im Lazarett. Die haben sich gefreut! [...]
Herzl. Grüße!
Heta.

[Grimmen/Pommern]   *Sonntag, 20.8.44*   **Johann
an Albert
20. August 1944**

Mein lieber Junge!
Das hättest Du doch wohl nicht gedacht, daß ich so schnell wieder einige Tage Urlaub bekommen würde. Ich selbst hatte auch nicht damit gerechnet, aber nun habe ich sie als ein unverhofftes aber hochwillkommenes Geschenk begrüßt. Das Wetter war herrlich, und so haben wir allerlei schaffen können. Den Roggen haben wir eingefahren, den Hafer gemäht, das Weideland ausgebuscht, geharkt und in Haufen gesetzt und die grünen Erbsen gedroschen. Für die paar Tage also schon ganz beachtlich. [...]
Du bist ja nun glücklich in Nordschleswig gelandet, wo ich schon so manchen sauren Schweißtropfen verloren habe. (In Lütjenholm.) [...] Für ein halbes Jahr bist Du ja aus der Kampffront heraus. Es wird Dir nicht recht sein, das kann ich verstehen, aber für Dich kommt auch die Zeit,

wo Du wieder mitten drin bist. Es sieht ja so aus, als ob der Krieg sich rasch seinem Ende nähert, aber Prophezeiungen sind immer unsicher. Wir hoffen auch doch, daß der letzte Trumpf in unserer Hand ist, und das wissen die andern auch. Deshalb setzen sie alles daran, uns die Zeit, die wir benötigen, abzuknapsen. Aber das letzte Wort sprechen wir, die feste Überzeugung habe ich. Ich denke immer an das Wort: „Du sollst an Deutschlands Zukunft glauben und an sein junges Auferstehen, laß diesen Glauben Dir nicht rauben, trotz allem, allem, was geschehen. Und handeln sollst Du so, als hinge von Dir und Deinem Tun allein das Schicksal ab der deutschen Dinge und die Verantwortung wär Dein." Und wenn jeder an der Stelle, wo er steht, seine Pflicht tut, dann klappt die Sache. –

In einer Beziehung ist es ja schade, daß wir jetzt räumlich so getrennt sind, mit dem Sonntagsurlaub ist es also Essig. Na, schadet nichts, hoffentlich treffen wir uns noch einmal in Urlaub. – Diesen Brief schreibe ich auf Wache. Man hat zwar Zeit genug, aber nur mit Unterbrechung, denn alle Augenblicke müssen Urlaubskarten ausgegeben werden. Die nötige Sammlung fehlt also. Na, schadet nichts, der Bogen ist doch voll geworden. [...]

Nun, mein lieber Junge, sei recht herzlich gegrüßt
von Deinem Vater.

<table>
<tr><td>**Heta**
an Albert
29. August 1944</td><td>*Aurich,*</td><td>*29.8. [1944]*</td></tr>
</table>

Lieber Albert!

Zu Hause komme ich doch nie zum Schreiben, da will ich es mal jetzt wagen. Wir haben Chemie und reden vom Bau der Atome. Ich verstehe nicht alles. [...] Aden redet immer weiter, die meisten schlafen. [...]

Heute mittag wollen Almuth u. Maria mit zum Brombeerpflücken. Jetzt scheint endlich der Herbst anfangen zu wollen. Es ist schrecklich stürmisch und auch sehr kühl. [...]

Zu Hause, 10 Uhr.

In der Schule konnte ich nicht zu Ende schreiben, es wurde nachher doch noch ganz interessant. Almuth u. Maria sind eben wieder abgefahren. Trotz Regen, durchweichter Schuhe und zerkratzten Armen war es herrlich! Freitag wollen sie noch wieder kommen.

Heute abend war endlich ein Brief von Dir da! [...] Alarm ist hier ebenfalls täglich. Sonntag hat Emden was abgekriegt, bei Voralarm! Typisch!

Der Chef [Direktor] meinte heute, der Krieg würde in Kürze siegreich beendet sein! Frau Hoffmann ist allerdings anderer Meinung. Wenn die man nicht noch einmal im K.Z. landet! Ich fürchte sehr! Sie nimmt sich immer mehr heraus.

Ich freue mich sehr, daß jetzt endlich der Herbst gekommen ist! Der ewige blaue Himmel und die Sonne werden einem doch schließlich zu viel. Es ist nur schrecklich, daß man immer an den Krieg denken muß. Jetzt wird es ja wohl bald zu Ende sein. [...]

Herzliche Grüße! Deine Heta.

Schleswig, 31.VIII.44

Meine Lieben!

Heute muß ich ja endlich mal wieder von mir hören lassen. [...]

Mamas Brief habe ich heute abend erhalten, herzlichen Dank! Heute abend habe ich mal wieder
Wache und somit einige Stunden Zeit zu Schularbeiten und Briefschreiben. An Krankheit denke
ich keinesfalls, ich habe keine Zeit dazu. Allerdings hat mein Zeh, wo mir damals die Granate an
Bord draufgefallen ist, schwer zu schaffen gemacht. Ich habe tagelang mit dickem Verband
gelaufen, da der Zeh stark eiterte. Hoffentlich liegt keine Knochenverletzung oder dergleichen
vor. Augenblicklich geht es wieder. Vom Sport bin ich befreit. Ich laufe hier übrigens nur in
Segeltuchschuhen. Meine Schnürschuhe und Stiefel sind zum Besohlen nach Kiel. Meine blaue
Hose, Jumper und blaues Hemd habe ich als unbrauchbar ausmustern lassen, in der nächsten
Woche empfangen wir neue Sachen. [...]

Übrigens waren wir 2 Tage zum Ernteeinsatz hier auf die Dörfer verteilt. Es war ganz groß. Wir
haben in Federbetten geschlafen und gewaltige Portionen gestaut. Das war die Hauptsache. Allerdings haben wir auch geschuftet. So bin ich in diesem Sommer doch noch zum Mähen und
Roggeneinfahren gekommen. Ich war auf einem großen Betrieb mit einem Kumpel zusammen.
Das Schicksal wollte es, daß dort auf dem Hof 2 verwundete Soldaten zur Erntehilfe ebenfalls
eingesetzt waren. Einer war aus Filsum. Wir haben uns recht gut unterhalten. –

Wie es scheint, habt Ihr Eure Ernte ja auch unter Dach und Fach. Es war doch gut, daß Papa
noch einige Tage auf Urlaub war. Er hat mir übrigens heute eine Karte aus Swinemünde von der
Durchreise geschickt. Seine Adr. lautet Deutsch-Krone. Hoffentlich fährt er nicht in den Einsatz!
Ich kann es mir nicht erklären, weshalb er so plötzlich fortkam. Hoffentlich schreibt er bald
ausführlich. [...]

Könnt Ihr mir einen Zirkel schicken und Buntstifte. Ich brauche die Sachen für Navigation. Ich
werde schließen müssen, ich muß noch arbeiten.

Euch allen die herzlichsten Grüße

Euer Albert.

Spetz. 5. Sept. 44

Mein liebes Brüderlein!

Da ich heute die Schule schwänze, also Zeit habe, will ich die Gelegenheit wahrnehmen und Dir
schnell schreiben. Ich hab in der letzten Zeit wohl zuviele Äpfel gegessen und das hat meinem
Magen nicht gefallen. Morgen muß ich allerdings wieder zur Schule, schon allein Rowoldt zulie-
be, der sehr viel von den Kenntnissen seines „Gretchens" in Latein hält. Deutsch beim Chef
[Direktor] gefällt uns allen fabelhaft. [...]

Persönlich ist er mir allerdings manchmal furchtbar unsympathisch, er ist zu sehr von seiner
Bildung und von seinen Fähigkeiten eingenommen. Seine Ansichten sind oft sehr richtig, wenn
auch vielfach verwirrt. Aber man ist ja dazu da, sich an die Verschrobenheiten seiner Mitmen-
schen zu gewöhnen. Man muß es mit der Zeit lernen, jedem Ding seine gute Seite abzugewinnen.
Ich rede wie ein alter Philister, vielleicht bringt das die Schwere der Zeit mit sich. –

Es sieht ja augenblicklich nicht gerade rosig aus, aber merkwürdig, kein Mensch denkt daran, daß es vielleicht schlecht ausgehen könnte. [...]

Heuteabend erhielt Mama Deinen Brief. [...] Papa schrieb ebenfalls, er schippt noch immer nach Herzenslust. Er ist der Ansicht, daß der Krieg bald entschieden wird. Wie denkst Du als Laie mit Deinem kleinen Menschenverstand – das bist Du doch immerhin noch trotz Deiner gehobenen militärischen Stellung – darüber? Siehst Du schwarz und hast Angst, oder bist Du ein überzeugter Nationalsozialist und Idealist geworden? Wie geht es eigentlich Deinem Freund Erhard? [...]

Herzliche Grüße!

Deine Heta.

Nanny an Albert 7. Sept. 1944

[Spetzerfehn]   *Donnerstagabend [7. September 1944]*

Mein lieber Junge!

Will Dir doch noch schnell einen kurzen Brief schreiben beim Kerzenschein. Es tobt heuteabend nämlich ein gehöriger Sturm. Ich war vorhin noch mit dem Rad unterwegs, war aber froh, als ich das Haus erreicht hatte. Gesternnachmittag war ich nach Leer, dort sprach die Reichsfrauenführerin. Gegen Abend, wir saßen in Leer im Keller, war der große Angriff auf Emden. Heta hat heute während der Schulzeit mit vielen anderen Butterbrote gemacht für die Obdachlosen, es sollen ca. 12000 sein. Es ist doch grausam! Die Stimmung ist hier ernst doch nicht hoffnungslos. Wir glauben ja, daß es sich bald ändern wird. – Die Hose schicke ich Dir bald. [...]

Herzl. Grüße   D. Mama.

Johann an Albert 7. Sept. 1944

[Deutsch-Krone/Pommern]   *Donnerstag, 7/9 44*

Mein lieber Junge!

Deinen Brief vom 1., den ich gestern erhielt, will ich nur gleich beantworten. Jetzt ist es ja möglich, denn wir haben uns ein Gemeinschaftslokal in unserer Scheune eingerichtet mit Tischen, Bänken und sogar elektrischem Licht. Sonst wäre abends auch nicht viel an schreiben zu denken, denn die Tage werden doch schon kurz. Gegen 6 Uhr sind wir von der Arbeit zurück, dann wäscht man sich, holt Abendessen und Verpflegung, und dann ist schon eine Stunde und mehr herum. –

Du möchtest gerne wissen, was wir treiben. Wir bauen am Ostwall, wo und wie, das darf ich natürlich nicht schreiben. Untergebracht sind wir in einer großen Scheune, im Stroh, also etwas kriegsmäßig, aber sonst ganz angenehm. Die Verpflegung ist gut und reichlich, auch abends gibt es warmes Essen. Etwas unbequem ist der Anmarsch und Rückweg von je etwa 6 km, aber mit Gesang und mit einem zunftmäßigen Knotenstock marschiert es sich leicht. Öfter haben wir auch Gelegenheit, zu fahren. Mit uns arbeiten Tausende von Volksgenossen, auch Frauen, Mädchen, politische Leiter, H.J. u.s.w. Man muß staunen, wie schnell und den Umständen entsprechend gut alles organisiert wurde. Wir wollen aber hoffen, daß der Russe nicht bis hier kommt.

Die Front im Osten steht ja, abgesehen vom Südosten, wo Rumänien und Bulgarien ihre eigene Suppe kochen wollen. Um diese Burschen ist es ja nicht schade, aber um Finnland tut es allen Deutschen wohl leid. Das tapfere Volk hätte ein besseres Los verdient. Na, die Schlußabrechnung kommt ja noch, und die wird wesentlich anders aussehen, als die Feindmächte es sich denken. Davon bin ich fest überzeugt, wenn es im Augenblick auch nicht danach aussieht. –

Wie gefällt es Dir denn in Schleswig, mein Junge? Es ist doch eine ganz schöne Stadt. Ich war einmal dort. – In unserm Schullesebuch stand ein Gedicht: „Die Gottesmauer". Du wirst es wohl nicht kennen, aber mich erinnert der Name Schleswig immer daran. Es fing an: „Drauß' vor Schleswig an der Pforte wohnen armer Leute viel, ach, des Feindes roher Horde werden sie das erste Spiel. Russen, Schweden sind verbündet, Dänen ziehen auch zur Nacht u.s.w." Das alte Mütterlein betet dann die ganze Nacht: „Eine Mauer um uns baue, daß dem Feinde davor graue." Am Morgen sieht auch der ungläubige Enkel das Wunder: Rund um das Haus ist eine Schneemauer geweht, so daß der Feind das Haus nicht fand. Und das glaube ich auch, mein Junge, daß Gott eine Mauer um unser Land bauen wird, die dem Feind Trutz bietet. –

Von Hause erhielt ich heuteabend 4 Briefe auf einmal. [...]

Es ist doch eine besondere Freude, wenn man als Soldat Post erhält, und wir wollen auch daran denken, daß sie dort ebenso sehnsüchtig auf ein Lebenszeichen von uns warten. Es genügt ja ein Kurzbrief, wenn die Zeit nicht langt. –

Wenn es Deine Zeit erlaubt, schreibe mir auch einmal wieder.

Recht herzliche Grüße

Dein Vater.

Spetz.   *10. Sept. 44*

Liebes Brüderlein!

Zwar benimmst Du Dich wenig brüderlich, aber ich bin ja eine edle Seele und will mich bemühen, nicht weiter Anstoß daran zu nehmen. Vielleicht gelangst Du im Laufe Deiner Soldatenzeit noch einmal zu der Erkenntnis, daß Du mich in einer ungehörigen Weise vernachlässigst. Wenn ich nur jeden Monat einen von den Briefen hätte, die Du an Gerda schreibst! Ich besitze ja leider keinen „Freund" wie sie, mit dem ich mich brieflich unterhalten könnte. [...] Eben ruft Mama zum Essen, ich schreibe nachher weiter.

Jetzt dürfen wir ja endlich regelrechten Kriegseinsatz machen. Auf diese Maßnahme haben wir alle sehnlichst gewartet. Wir sind gespannt, was wird. Seit Donnerstag arbeiten wir schon im Kriegseinsatz. Wir sind von morgens 8 – 12 Uhr in der Mütterschule und machen Brote fertig für die Emder, die beim letzten Angriff alle ausgebombt sind. Es ist ein schönes Gefühl, mithelfen zu dürfen. Vielleicht kann ich ja jetzt Schulhelferin werden. Heute schrieb meine Freundin Vera aus Pommern mir mal wieder. Dort bei ihnen muß alles schippen und schanzen. Papa darf ja auch noch sein Teil dazu beitragen. Wie lange dies alles wohl noch dauert? Bist Du noch immer so beschäftigt mit Deinen Hausaufgaben? Rudi muß auch tüchtig lernen [besucht die Schiffahrtsschule in Leer]. Er bringt fast jeden Nachmittag ein paar Stunden bei uns zu. Er muß soviel nachholen und hat doch fast überhaupt keine Ahnung mehr. Er nimmt mich viele Stunden meiner Freizeit in Anspruch, aber ich muß mich ja auch irgendwie erkenntlich zeigen für all die guten Sachen, die ich schon aus Dänemark bekommen habe.

Mama ist heuteabend zu Gerd Hagen wegen irgendeiner N.S.V.-Angelegenheit. Leider hatten wir nur ein heiles Rad, sonst wäre ich mitgefahren. Mit den Rädern wird es immer schlechter.

Gleich will ich meine Sachen packen für morgen und dann ins Bett. Ich schlafe schon eine ganze Weile auf dem Sofa in „anner Köken", dort höre ich nämlich das Schießen und Brummen nachts nicht so. Wir sehen immer zu, daß wir möglichst früh ins Bett kommen und vorher schlafen. Es ist immer so lästig, nachts so lange zu wachen.

Recht viele Grüße von Heta.

Nanny an Albert 19. Sept. 1944

[Spetzerfehn]   *Dienstagabend 19.9.44*

Mein lieber Junge!

Ich glaube, tagelang habe ich Dir wohl keinen ausführlichen Brief mehr geschrieben, da will ich es heute doch endlich tun. [...] Aber Du weißt ja, daß es nicht am guten Willen fehlt. Dein letzter Brief (vom 9.) war an Heta. Auch Dir wird wohl Zeit und Ruhe fehlen, öfter zu schreiben. Eure Briefe sind uns immer die größte Freude. Papa schrieb soeben. Es geht ihm dort gut. Wielange der Einsatz dort dauert, weiß er nicht. Jetzt sind die Männer von hier auch zu demselben Zweck losgezogen. Börchert Cordes, Johann Weber, Diedrich Müller und noch viele andere. Auch Onkel Gerd ist dabei. Dort ist es zu Hause jetzt auch auf einmal sehr einsam geworden. Ludwig ist noch in Flensburg, es geht ihm aber anscheinend ganz gut. Sonntag waren Tante Hanni und Betty hier. [...] Bertalein liegt hier bei mir im Sofa. Sie hat eine böse Magenverstimmung und kehrt ab und zu „den Magen um". Doch das wird morgen wohl wieder vorüber sein. Heta ging es natürlich genau so. – Vorhin hat Heta Maria Janssen zur Bahn gebracht, die war den Nachmittag hier. Almuth war im Krankenhaus wegen Blinddarm, jetzt ist sie aber schon wieder zu Hause. Anni Hartmann und Tini Dahm hatten in letzter Zeit Gelbsucht, Tini auch noch leichten Scharlach. Das Wetter ist in letzter Zeit wieder großartig. Schade, daß es für unsere Kartoffeln noch zu früh ist. Mit dem Dreschen wird es auch wohl noch gute Weile haben, aber bei einiger Geduld kommt alles in Ordnung. Henninga's zeigen sich immer als gute Nachbarn. Sonntagmorgen haben Henninga und Johann unsere Einfriedigung erst wieder in Ordnung gebracht. Ich war sehr dankbar für ihre Hilfe, denn die Kuh brach in den letzten Tagen überall durch. – In den nächsten Tagen werden wir wohl Einquartierung von Emden erhalten. Kreis Aurich Land soll nämlich 3000 Obdachlose unterbringen. Der letzte Angriff auf Emden ist ja ganz furchtbar gewesen. Lieber hätten wir Euch ja bei uns, aber ich glaube, Ihr gebt uns auch recht darin, wenn wir diese bedauernswerten Menschen aufnehmen. – Sonntag war hier zuerst große Aufregung als Alarm-Küste war. Jetzt hat sich aber alles wieder beruhigt. Nun der Krieg immer mehr in unsere Nähe rückt, ist mancher doch schon in großer Sorge. Es ist ja nicht ausgeschlossen, daß Ostfriesland vielleicht noch mal geräumt werden müßte, aber damit wäre ja immer der Krieg noch nicht verloren. An dem Endsieg zweifle ich ja heute auch immer noch nicht. Es kann und darf ja garnicht anders sein. Was uns dann bevorstände, wenn es nicht so sein würde, ist ja garnicht auszudenken. – Daß Euch gerade in dieser Zeit das Leben so nicht gefällt, kann man sich ja denken, aber es kommt auch wieder anders und auch diese Zeit des Lernens ist notwendig für Eure schwere Aufgabe. – Lege Dir eine Fleischkarte bei, wir brauchen sie wirklich nicht. Schreibe bald!

Herzl. Grüße Mama

Spetz. *19. Sept. 44*

Lieber Albert!
Ich möchte mich nur schnell für Deinen Brief an mich bedanken! [...]
Maria Janssen war heute hier, wir haben die ganze Umgegend abgestreift. Ihre Altvorderen stammen nämlich z.T. aus Strackholt. Man muß wirklich erst durch außergewöhnliche Umstände dazu veranlaßt werden, seine nähere Heimat kennenzulernen. Wäre doch erst der Krieg aus und könnten wir mal wieder alle zusammen Schlittschuh laufen! Ich kann gar nicht sagen, wie gern ich das manchmal möchte! Aber solche Gelüste sind ja nicht zeitgemäß. Wir müssen erst einmal diesen Krieg gewinnen. Ich glaube noch immer fest daran, daß es gut geht. Manchmal herrscht hier große Aufregung, so Sonntag, als hier „Alarm Küste" gegeben war wegen der Landung in Holland. Wir schlafen dann immer ganz feste! [...]
Sei herzlich gegrüßt von
Deiner Schwester Heta.

C.siel. [Carolinensiel] *26. Sept. [1944]*

Lieber Albert!
Du staunst sicher, daß ich Dir von hier schreibe. Ich bin inzwischen in C.siel im Kriegsdienst gelandet. Wir sollen voraussichtlich 3 Wochen hierbleiben, mit 30 Mädeln wohnen wir im Landjahrlager und sind zur Betreuung der ca 200 „Schipper des Friesenwalls" hier. Bis jetzt ist es auszuhalten. Ich bin diese Woche beim Innendienst. Wir müssen das Haus saubermachen u. kochen. Die Jungens sind in 3 „Lagern" untergebracht. Eins versorgt sich selbst und für 2 müssen wir aufkommen. Folkert ist übrigens auch hier.
Bis zum Essen haben wir jetzt Freizeit. [...]
Wie geht es Dir? Bist Du noch in Schleswig? Wenn Du Zeit hast, schreib mir doch bitte mal nach hier. Mit so vielen zusammen ist es zwar ganz nett, aber doch lange nicht so wie zu Hause. Das Essen geht sonst, wir haben auch in weiser Voraussicht der Dinge für genügend Eigenverpflegung gesorgt. Nanni hat einen ganzen selbstgebackenen Stuten mit, dazu Butter, ich Schinken, Maria Honig, es wird also schon gehen. [...]
Wie das später mit der Schule wird, weiß ich garnicht. Es kann sehr gut sein, daß wir nach diesem Kriegsdienst noch wieder irgendwo einen Einsatz machen müssen. Das Abitur bekommen wir dann aber geschenkt, weil wir ja die Versetzung in Kl. 8 haben.
Es wird zum Essen gerufen. Ich will aufhören.
Herzliche Grüße!
Deine Heta!

Schleswig, *30.9.44*

Meine liebe Mama!

Herzlichen Dank für Deinen Brief, ebenfalls für den vorletzten, den ich bisher noch nicht beantwortet habe. Ich komme einfach nicht immer dazu. Man müßte mehr Zeit haben zum Lernen, denn es ist bestimmt viel, was hier geboten wird. Ich wär glücklich, wenn ich einen Teil der Zeit zur Verfügung hätte, die ich früher zu Hause hatte. Vor allem kann man sich auf der Stube, wo immerhin außer mir noch 8 Kameraden sind, nicht so konzentrieren. –

Von Heta habe ich schon einen Brief erhalten. Das mit dem „Friesenwall" war ja ganz neu. Ich kann mir ja die Aufregung in Ostfriesland vorstellen. Ich glaube aber nicht, daß eine solche provisorische Widerstandslinie lange einen feindlichen Druck aushalten würde. Im allgemeinen hat sich ja die Front im Westen gefestigt. Ich bin der Ansicht, daß im November oder Ende Oktober schon der große Umschwung im Westen kommt. Jedenfalls auf uns bezogen, ist die Tatsache, daß der Dienst hier geregelt weitergeht, ein Zeichen dafür, daß man höheren Ortes die Lage nicht für so ernst ansieht, wie es im Volk wohl hin und wieder der Fall ist. Ich weiß auch von Kameraden, daß Heeres- und Luftwaffen-Offiziersschulen und Unteroffiziersschulen im Reich vorläufig noch alle bestehen. –

Für Euch wird es wohl schwer sein, allein mit der Arbeit fertig zu werden. Heta wird ja wohl längere Zeit dort im Einsatz sein. Du mußt entschuldigen, daß ich Dir noch Arbeit mache, aber es ist unumgänglich. Wenn es möglich ist, schicke mir doch bitte einen Zirkelkasten, meine blaue Hose (umgearbeitet) sowie 2 Sporthemden. Ich denke an das graue, seidene und ein anderes (unauffällig, möglichst grau oder dunkel). –

Übrigens wird meine Adr. zukünftig Fähnrich z.S. Schoon lauten. Ein Teil von uns, darunter ich, werden morgen schon befördert. Von meinem alten Bordkommando werden von 21 Mann 10 befördert. Mein alter Kumpel Ehrhardt Wittmann leider nicht. Hermann Memming hat auch das Glück. Der Lehrgang allerdings dauert bis Ende Dezember. Ihren Abschluß bildet die Offizierhauptprüfung. Wenn wir bestehen, wird uns dann ein Portepee am Dolch verliehen (ein Troddel). Eingekleidet sind wir bereits: langer Mantel, Schirmmütze usw. Es ist zum Lachen. Mit den weißen Hemden, die wir hier empfangen haben, wird es noch manche wooling [Ärger, Verdruß] geben. Allerdings können wir vorläufig alles waschen lassen. [...]

Ich lege ein kleines Bildchen bei, was bei uns auf der Stube vor einigen Tagen aufgenommen ist. Ich habe noch ein weiteres von mir in grauer Uniform. Schreibe bald wieder und viele Grüße an Dich, Tanti und Berta

Dein Albert.

[Spetzerfehn] *Mittwochabend 4.10.44*

Mein lieber Junge!

Da muß ich nun ja auf einmal eine ganz neue Adresse schreiben. Den neugebackenen Fähnrich möchte ich ja sehen in seiner neuen Kluft. Da muß ich Dich wohl recht von Herzen beglückwünschen! Ich kann mir ja denken, daß Du stolz bist, auch zu den „Auserwählten" zu gehören. Wie kommt denn das auf einmal so schnell? [...]

Hose und Sporthemden schicke ich Dir in den nächsten Tagen. – Übrigens hat Rudi seinen letzten Schultag auch schon wieder hinter sich. Die unteren Klassen sind nämlich aufgelöst [...] Papa und Heta schrieben heutemorgen, Deinen Brief habe ich heuteabend mitgebracht. Ich war nämlich wegen Torf unterwegs. Wir bekommen von Wiesmoor nämlich 6 Loren Torf. Morgen will ein Schiffer den Torf holen und bis Kruse-Großefehn bringen, von dort müssen wir ihn übermorgen mit Wagen abholen. Ich bin froh, daß wir dann wenigstens Brennmaterial haben, da es mit Kohlen doch schlechter aussieht. [...]

Die Bienen haben einen sehr schlechten Sommer gehabt, die Heide hat eine Mißernte gebracht wie seit Jahren nicht mehr. Ein Glück nur, daß Papa im Sommer noch mal geschleudert hat. Ein Volk war schon verhungert, heute bin ich schon mit der Fütterung angefangen. –

Eine ganz traurige Mitteilung muß ich Dir noch machen. [...]: Vorigen Dienstag ist Dina Eilers ganz plötzlich gestorben. Eine Woche vorher war ein kleines Mädchen geboren, es ging ihr zuerst dann noch gut, jedermann ist erschüttert. Die arme Tante Marga. Sonntag war die Beerdigung. –

Papa rechnet noch mit Arbeitsurlaub. Mir wäre es ja recht, es sind doch viele Arbeiten, die ich nicht schaffen kann.

Heute habe ich ein größeres Paket Äpfel an Dich abgeschickt.

Nun, mein lieber Junge, Dir alles Gute u. viel Erfolg!

Gruß von allen.

Mama

[Spetzerfehn]   *Dienstagabend, 17/10 44*

Mein lieber Junge!

Eine Seite darf ich beschreiben, sagt Mama soeben. Also [Tintenfarbe wechselt] frisch ans Werk. Die Tinte taugte nichts, es war nämlich auch nur ein kleiner Rest drin. Jetzt habe ich ein anderes Glas erwischt, ich glaube aber, es ist Skriptol. Na, schadet nichts, die Hauptsache ist, daß ich nicht nach jedem Wort einstippen muß. Die Feder habe ich auch schon mit Mamas Füller vertauscht, aber der streikt auch. Na, im 6. Kriegsjahr darf man nicht zu anspruchsvoll sein. –

Also, seit Donnerstagmorgen bin ich in Urlaub – 14 Tage Arbeitsurlaub. Wir kamen von unserm Osteinsatz zurück nach Grimmen. Von dort sollten alle nach Swinemünde zum Lehrgang abkommandiert werden. Ich stand aber nicht mit auf der Liste und hintenherum erfuhr ich, daß ein Urlaubsgesuch für mich vorläge.

Am Mittwochmorgen konnte ich dann schon fahren, in Bremen mußten wir aber mit dem Bus nach Huchting fahren, hatten dann keinen Anschluß an den D.M.W. [?] und in Leer mußte ich übernachten, weil „Jan Klein" [Kleinbahn] den letzten Zug ab Leer ausfallen ließ. Da habe ich bei Joh. Groß übernachtet und bin morgens mit dem ersten Zuge nach Spetz gefahren.

Nachmittags kam Heta, da sie Freitag zur RAD-Untersuchung mußte. Bis Montag morgen bekam sie dann Nachurlaub. Es wäre nun ja schön gewesen, wenn Du auch noch eben hier hättest sein können, aber vor einigen Monaten hatten wir ja diese Freude, und allzu unbescheiden darf man auch nicht sein. Vielleicht haben wir um Weihnachten noch einmal das Glück. –

Deine Anschrift, d.h. Dein Dienstgrad hat sich inzwischen ja geändert. Das geht ja sehr schnell. Zu Anfang wirst Du Dich im Stehkragen wohl etwas unbehaglich fühlen. Aber daran gewöhnt man sich mit der Zeit. Für mich wäre es eine große Umstellung, wenn ich „blau" anziehen

müßte. Na, vorläufig bleiben wir bei feldgrau. Die Seite ist voll, Mama beansprucht die nächste.
Recht herzliche Grüße
Dein Vater.

Mein lieber Junge!
Ich glaube, Papa ist froh, mit seinem Brief zu Ende zu sein. Federn und Tinte waren nicht nach seinem Geschmack. Wir haben Dir die ganzen Tage wohl nicht geschrieben, seit Papa zu Hause war. Aber Du weißt ja, daß dann die Arbeit die ganzen Tage nicht abreißt, wenn er kurze Zeit zu Hause ist. Nun war es ja sehr schön, daß Heta auch einige Tage zu Hause sein konnte. Nur Du hast uns noch gefehlt. Aber es geht ja heute nicht anders und viele Familien sind ja noch schlechter dran als wir. Gestern ist Heta für einige Wochen noch wieder nach Carolinensiel gefahren. In der Zeit vom 10. – 20. Nov. werden die Mädel aus ihrer Klasse zum Arbeitsdienst eingezogen. Also wird sie von jetzt ab nur noch in kurzen Urlaubszeiten nach Hause kommen wie Du auch. Wir werden sie ja sehr vermissen. Im Winter wird es bei uns wohl sehr still sein.
Papa's Urlaubstage gehen ja auch schnell wieder zu Ende. Heute haben wir Kartoffeln gegraben. Ende der Woche werden wir wohl dreschen müssen. Dann kommen die Rüben an die Reihe und im Garten allein gibt es ja auch Arbeit in Hülle und Fülle. Das Wetter ist augenblicklich gar nicht besonders, heuteabend stürmt es ganz furchtbar. Ich wollte Dir schon Sonntag ausführlich schreiben, aber es ging hier den ganzen Nachmittag zu wie in einem Taubenschlag. Am Nachmittag war Hermann Kampen hier und Heti. Gegen Abend kam Gerda. Nachher kam noch Onkel Gerd und Fritz Müller. Da ging gerade der schwere Angriff auf W.-haven los. Wir waren alle etwas aufgeregt. –
Deine Sachen habe ich abgeschickt, wenigstens Sporthemden und Schlips und Zirkelkasten. Die Hose will Papa Dir vielleicht noch bei der Komp. besorgen. – Gr. Loet war auch in Urlaub, ebenfalls lütje Loet, der wird wohl entlassen werden [wegen einer schweren Verwundung]. Ludwig ist schon in Oslo. Von Jürgen fehlt die letzte Zeit jede Nachricht. Schreibst Du auch an Heta??
[Geburtstag]
Es lassen Dich alle herzlich grüßen und besonders herzl. grüßt Dich
Deine Mama

Nanny an Albert 2. Nov. 1944

[Spetzerfehn]   *Donnerstag abend 2.11.44*

Mein lieber Junge!
Während ich Dir diesen Brief schreibe, feiert Heta ihren Geburtstag. Gerda, Anita, Tini und Anni sind da. Das ist vielleicht erst der letzte Geburtstag, den sie zu Hause feiert. Morgen in einer Woche, also am 10.11. muß sie zum Arbeitsdienst und zwar nach Worpswede. Es liegt ja in der Nähe von Bremen. Alle aus ihrer Klasse kommen in verschiedene Lager. Tini Leerhoff muß nach Cloppenburg u. Anita kommt nach Neuenburg. Da wird es ja still werden auf der Norderwieke und vor allen Dingen bei uns zu Hause. Tanti kann sich gar nicht mit dem Gedanken vertraut machen.
Papa hat heute zum 1. Male geschrieben, er kommt nach Swinemünde zum Lehrgang. Hoffentlich geht es Dir noch gut. Inzwischen hast Du doch auch wohl Dein Paket erhalten. [...] Die Tieffflieger machen jetzt auch wieder häufig Abstecher nach hier. Züge sind wohl ihr Lieblings-

ziel. Wir sind immer froh, wenn Heta glücklich wieder zu Hause ist. Aber morgen ist ja nun ihr letzter Schultag. Ich kann es mir noch garnicht denken. –
Ich schreibe Euch von jetzt ab jeden Sonntag ausführlich und einmal in der Woche e. Kurzbrief.
Herzl. Grüße
Mama

Spetz.   *4. Nov. [1944]*

Lieber Albert!
Freitag (10.) werde ich nun zum R.A.D. eingezogen, u. ich will Dir schnell meine neue Adresse schicken:
Arbeitsmaid (!) M. Sch.
R.A.D. Lg. 2/156 Worpswede, Bez. Bremen
Schreibe bitte sofort! Ich will nicht gerne wochenlang auf Post warten müssen.
Sang- und klanglos ist unsere Schulzeit nun so plötzlich zu Ende gegangen. Unser Abitur haben wir zwar gefeiert, aber amtlich ist es noch nicht, daß es uns geschenkt wird. Hoffentlich! Unsere Klasse 8 ist jetzt auf einen neu zugezogenen Jüngling zusammengeschmolzen: Otfried von Steuber! Feuerzangenbowle!
Also, schreib bitte! Herzliche Grüße!
Heta

Worpswede,   *12. Nov. 44*

Mein liebes Brüderlein!
Heute am Sonntag nutzen alle die Zeit zum Schreiben, da will ich Dir auch erzählen, wie es mir bis jetzt hier ergangen ist. Die Reise war den Verhältnissen des 6. Kriegsjahres angepaßt. Gleich in Leer hatte ich 5 Stunden Aufenthalt, weil der 8.02 Zug nach Oldenburg neuerdings ausfällt. Im Dunkeln sind wir mit der Kleinbahn in Worpswede angelangt. Ich hatte unterwegs schon Leidensgenossinnen getroffen, am Bahnhof wurden wir von den „Alten", die als Kameradschafts-ältesten hiergeblieben sind, abgeholt. Nach einem endlos langen Weg waren wir in unserm sehr schönen, herrlich gelegenen Lager. Jetzt, nach 2 Tagen, haben wir uns schon eingelebt, man starrt sich nicht mehr so fremd an.
Worpswede häItlich wirklich, was sein Ruhm (!) verspricht. Wir haben heute auf einem Spazier-gang die Umgebung schon etwas kennengelernt und sind von der wunderschönen Landschaft alle begeistert. Künstler wohnen viele hier, u.a. der Dichter Wilhelm Scharrelmann (vielleicht ist Dir sein Name vom Volkslesebuch her bekannt). Der hat uns schon eingeladen, ihn in der Adventszeit in seinem schönen Haus zu besuchen, er will uns dann aus seinen Werken vorlesen. [...] Der heutige Sonntag war wirklich sehr nett. Wir durften bis 9 Uhr ausschlafen und hatten nach dem Kaffeetrinken den ganzen Vormittag frei. Jetzt nach unserm Spaziergang haben wir

Zeit zum Schreiben bis zum Abendbrot. Heuteabend singen wir vielleicht noch. Die Verpflegung ist bis jetzt sehr gut. Die ersten 14 Tage haben wir Grundausbildung im Lager und dann geht es in den Außendienst.

Es heißt, wir sollen bis Ende März hierbleiben. Das wäre schön. Bis dahin hat die Kriegslage sich ja hoffentlich gebessert. Die alte Belegschaft ist zur Luftwaffe gekommen. Hanne Saathoff war vor mir hier im Lager.

Wie ist es mit Weihnachtsurlaub für Dich ? Dann könnte ich eventuell auch nach Hause kommen. Sonst sieht es mit Urlaub für uns ziemlich schlecht aus.

Hoffentlich ist schon ein Brief von Dir an mich unterwegs!

Recht herzliche Grüße von Deiner kleinen Schwester.

Im Lager heiß ich übrigens Margret! Zum Glück nicht Maxi!!

**Nanny
an Albert
20. Nov. 1944**

[Spetzerfehn]   *Montagmorgen 20.11. [1944]*

Mein lieber Junge!

Gestern kam ich leider nicht mehr dazu, auch Dir zu schreiben! Da will ich es heutemorgen doch gleich nachholen. Bis die Post abgeht, dauert es noch etwas. Der Postzug nach Leer fährt jetzt schon um 2 Uhr. Die beiden Züge um 5 und 1/2 6 sind seit einiger Zeit ausgefallen, ebenfalls um 1/2 12 Uhr und abends um 10. Bei der Reichsbahn gibt es wohl dieselben Einschränkungen. Mit Urlausbreisen ist es augenblicklich daher doch recht ungünstig. Papa rechnet damit, daß er noch wieder für einige Tage nach Hause fahren kann, der Lehrgang ist nämlich immer noch nicht angefangen, die Teilnehmer müssen noch erst kommen. Hoffentlich gelingt es ihm, wir möchten so gerne unser Scheunendach repariert haben, unsere Dreschdiele gleicht mehr einem kl. See. Es nimmt ja auch kein Wunder bei diesem Wetter, es regnet hier nämlich fast Tag und Nacht, überall Überschwemmungen. Man freut sich, wenn man nicht von Hause fort braucht. Dort bei Euch wird es aber wohl genau so sein. Hoffentlich braucht Ihr augenblicklich nicht an den Befestigungen arbeiten, bei dem schweren Boden dort ist es ja sowieso keine leichte Arbeit. –

Von Heta bekamen wir bis jetzt einen Brief. Der Anfang hat ihr ja gut gefallen, hoffentlich bleibt es weiter so. Aber Spetz wird sie doch noch wohl jeden Tag vermissen. Du kennst es ja aus Erfahrung. Wir hätten sie diesen Winter ja auch noch so furchtbar gerne zu Hause behalten. Es ist alles so still zu Hause, da war die Unruhe und Arbeit in früheren Jahren doch schöner. Ihr seid ja jetzt im Krieg auch so furchtbar schnell „erwachsen" geworden. Aber solange noch gute Nachricht von Euch ankommt, will ich gerne zufrieden sein. In manchen Familien sieht es ja jetzt traurig aus. Ich lege Dir die Todesanzeige von Siegel bei, auch Fried. Heykes ist gefallen, Garrelt Müller u. Georg Stromann sind in Gefangenschaft, von D. Leerhoff fehlt monatelang jede Nachricht. Auch Andreas Schoon von Münkeweg ist schon vermißt. Er war erst im Arbeitsdienst und noch keine 17 Jahre. Heini Schoon soll auf einer Unteroffiziersschule sein. –

Hoffentlich hast Du doch das Paket mit der Wäsche erhalten, es wäre doch zu schade! Schreibe doch dann sofort.

Von hier herzl. Grüße, besonders noch von Deiner Mutter

Mein lieber Junge!
Nun kann ich wieder von hier aus an Dich schreiben. Sonnabendvormittag bin ich glücklich
wieder hier angelangt. Am Donnerstag um 9.00 bin ich von Spetz abgefahren, Mama hat mich
bis Leer begleitet. Bei Oltmanns haben wir erst einmal Tee getrunken und Mittag gegessen. Die
lassen Dich vielmals grüßen. Du bist dort übrigens herzlich willkommen, wenn Du einmal in
Leer einige Studen Aufenthalt hast oder übernachten mußt. [...]
Um 13.40 Uhr konnte ich nach Oldenburg weiterfahren, da der Zug 1 Stunde Verspätung hatte.
In Oldenburg hatte ich deshalb keinen Anschluß nach Bremen und traf dort erst gegen 19.00
Uhr ein. Zweimal gab es dort noch Fliegeralarm. Bei meinem umfangreichen Gepäck war es kein
Vergnügen, in den L.S.-Keller und wieder raus zu flitzen. Ich hatte für die Gifhorner und für
Focko Trauernicht in Usedom noch ein Paket mit. Von Bremen fuhr ich gegen 20.30 Uhr weiter
nach Ülzen, übernachtete im Wartesaal und konnte um 5.00 Uhr nach Gifhorn weiterfahren. In
Bremen hatte ich mir einen Zwischenurlaubsschein nach G. ausstellen lassen. Da ich 12 Stunden
früher abgefahren war, als notwendig, erhielt ich den Schein. Onkel Bernhard, Tante Irmgard
und die Kinder machten große Augen, als ich mit einemmal zur Tür hineinspazierte. Ich brauch-
te erst um 16.00 Uhr nach Isenbüttel weiterzufahren, es waren also schöne Stunden, die ich dort
verleben durfte. – In Isenbüttel mußte ich über 2 Stunden auf den Zug von Hannover warten
und fuhr dann im überfüllten Abteil nach Berlin. Vom Lehrter- zum Stettiner-Bahnhof fuhr ich
mit S- und U-Bahn, erwischte einen Transportzug nach dem Osten und traf gegen 1 Uhr in
Stettin ein. Gegen 4.30 Uhr fuhr ich über Wittstock-Wollin-Ostswine nach hier weiter. [...]
Du kannst mir glauben, mein lieber Junge, daß ich froh war, als ich wieder in unserer alten Stube
landete. [...]
Ob wir hier – d.h. bei dieser Kompanie – bleiben, ist noch nicht bestimmt. Wie es heißt, sollen
wir zur 1. Kompanie abkommandiert werden und dort einen Lehrgang machen. Da ich aber eine
Lesebrille trage, nehme ich an, daß ich funkmeßuntauglich bin. Na, es muß sich finden. [...]
Von Mama habe ich heutemorgen schon einen Brief erhalten. Das geht doch schnell, nicht wahr?
Zu Hause war noch alles wohl, viel Arbeit, aber es muß gehen. Ich hatte noch einige Tage
Nachurlaub beantragt, aber er wurde „aus dienstlichen Gründen" nicht genehmigt. Na, Dienst
ist Dienst und keine Gefälligkeit. –
Nun wünsche ich Dir, mein lieber Junge, alles Gute. Schreibe gelegentlich einmal wieder.
Es grüßt vielmals recht herzlich Dein Vater.

Mein lieber Junge!
Aus Oldenburg sende ich Dir herzl. Grüße. Du wirst ja erstaunt [sein], von dort aus von mir zu
lesen. Ich habe heute Heta besucht und ihre ganzen Wintersachen und die Wolldecke hingebracht. Es gefällt ihr dort prima und geht ihr sehr gut. Zu Hause schreibe ich gleich ausführlich!
Gruß Mama

Worpswede, *10.12.44*

Mein lieber Albert!

Heute muß ich mal wieder so unendlich viele Briefschulden erledigen. 4 Briefe sind bereits fertig. Heute am Sonntag hat man wenigstens mal etwas mehr Freizeit.

Am angenehmsten empfinden wir am Sonntag alle das lange Ausschlafen. Spindappell, Bettenappell und dgl. fällt dann auch weg. Wir brauchen nur zu den Mahlzeiten zu erscheinen, die übrige Zeit darf man sich rumtreiben, wo man will.

Heute ist Musikabend, wir haben nämlich einige Musikanten hier. Eine ist in unserer Ka., ich versteh' mich sehr gut mit ihr und mir zu Gefallen spielt sie oft auf dem Klavier, was ich gerne höre. Überhaupt versteh ich mich mit sehr vielen gut. Als ich diesen Brief anfing, kam ich mit einer Kameradin ins Gespräch, wir haben uns über Nationalsozialismus u. Religion unterhalten. Das ist mächtig interessant, weil sie katholisch ist. Ich hab sie sehr gern, fast am liebsten von allen. Sie ist KÄ [Kameradschaftsälteste] der Nachbar-Ka und hat schon im Frühjahr ihr Abi gemacht. Überhaupt finde ich es so schön, daß man im R.A.D. so sehr viele Menschen kennenlernt.

Vorgestern bekam unsere Ka. Zuwachs, eine Reichsdeutsche aus Kopenhagen. Du glaubst nicht, wie interessant es für uns alle ist, einmal aus berufenem Munde Genaueres über die Zustände in Kopenhagen zu hören. Sie hat bisher ein Leben geführt wie der liebe Gott in Frankreich, hat vom neuen Deutschland nicht viel Ahnung und ist natürlich nicht gerade begeistert, daß sie im R.A.D. sein darf. Aber man kann das ja auch verstehen, sie empfindet dies als unangenehme Störung. Sie möchte auch unter keinen Umständen später in Deutschland leben. Hier liegt der Fall also ganz anders wie bei Deinem Freund Wittmann. Bist Du eigentlich nicht mehr mit dem zusammen? Du hast wohl augenblicklich sehr viel zu tun, Mama erzählte mir von Deinen letzten Briefen. Jawohl, erzählte! Sie war nämlich Dienstag hier und hat mir warme Sachen gebracht. Leider konnte sie nicht lange hierbleiben, da unser Lager augenblicklich Diphteriesperre hat. Diphterie, Scharlach u. Gelbsucht lösen sich ab. Jeden 2. Tag werden Rachenabstriche von uns gemacht, andauernd werden neue Bazillenträger festgestellt. Wir werden es wohl noch bis März so aushalten, und mit dem Außendienst ist es dann nichts mehr.

Leider ist nun auch unsere letzte Hoffnung auf Weihnachtsurlaub dahin. Ich kann mir überhaupt nicht vorstellen, daß ich Weihnachten nicht zu Hause sein soll. Was war das früher schön, als man Weihnachten zur Kirche ging und überall schon hinter den unverdunkelten Fenstern die Weihnachtsbäume brennen sah. Man könnte laut losheulen, wenn man daran denkt. Zum Glück geht es uns ja allen so, wir werden uns schon aneinander trösten müssen.

Mama werde ich es auf keinen Fall merken lassen, daß mir bei diesem Gedanken saumäßig zumute ist. Ich hab ihr nur das Gute und Schöne von hier erzählt.

Bitte entschuldige, daß ich mit Bleistift schreibe, ich hab meinen Füller ausgeliehen, u. so geht es auch wesentlich schneller.

Wenn Du Zeit hast, schreib mir bitte mal wieder!

Recht herzliche Grüße!

Deine Heta

Meine Nanny! Ihr Lieben!

Bis 1 Uhr heute mittag hatte ich U.v.D., aber zum Schreiben bin ich nicht gekommen, es gab so viel zu tun mit Urlaubskarten, Arbeitseinteilung, Ronden [Rundgänge] u.s.w., daß ich meine Gedanken nicht zusammenhalten konnte. Heute nacht war es wieder zu kalt, da habe ich es lieber auf nachmittags verschoben. Zum Herumlaufen in der Stadt habe ich keine Lust, Bekannte habe ich hier ja nicht, und die wenigen Lokale sind überfüllt. Da habe ich mich lieber hingesetzt, Kaffee getrunken und Kuchen dazu gegessen. [...]

Ihr werdet Weihnachten ohne mich feiern, aber Millionen sind ja nicht besser dran. Nicht einmal ein kleines Weihnachtsgeschenk kann man bekommen. Wenn ich noch für Bertalein einen Roller hätte auftreiben können. Na, vielleicht klappt es noch zu ihrem Geburtstag oder bei anderer Gelegenheit. Wir wollen doch dankbar sein, daß wir noch unser Zuhause haben, und daß wir noch alle gesund sind. Wie viele Kameraden sind auch hier, die in Ungewißheit sind über das Schicksal ihrer Angehörigen im Westen oder in bombardierten Städten. Aber es hätte doch schlimmer kommen können, wenn die Fronten nicht standgehalten hätten. Wir wären ein Volk ohne Zukunft und Hoffnung. –

Meine Jungen sind größtenteils an Land, aber sie werden bald zurückkommen, denn in der Stube ist es doch noch am behaglichsten. Wir haben sogar einen Adventskranz (leider ohne Kerzen) und die Spinde sind mit Tannenzweigen geschmückt. Es sind anständige Jungen, wenn sie auch oft reichlich lebendig sind. Aber das bin ich ja von unsern Kindern und besonders von Albert gewöhnt. Sie sind auch stets gefällig. [...] Unsere Vorgesetzten sind durchaus in Ordnung.

Liebe Nanny, ich lege für Dich ein kleines Büchlein bei. Ich hoffe, daß noch einmal eine Zeit kommt, wo ich Wertvolleres schenken kann.

Nun wünsche ich Euch Lieben ein gesegnetes, frohes Fest.

Dir, meine Nanny, Tanti und Berta
die herzlichsten Grüße   Dein Johann.

Mein lieber Junge!

Dies wird wohl der Weihnachtsbrief für Dich werden. Hoffentlich kommt er noch früh genug. Dein Weihnachtspaket habe ich schon vorige Woche abgeschickt. Hoffentlich ist inzwischen auch das andere Paket angekommen. Es wäre doch zu schade, wenn die Sachen verloren gegangen wären. Seit dem Brief vom 8. worin Du uns die Meldung zur Infanterie mitteilst, haben wir noch keine Nachricht von Dir bekommen. Ich nehme doch bestimmt an, daß Du noch dort bist. So schnell wird doch alles wohl nicht gehen. Es wäre doch auch zu schade, wenn Du die Prüfung dort nicht mitmachen würdest. Ich kann mich überhaupt mit dem Gedanken garnicht vertraut machen. Es ist vielleicht doch nicht recht von Dir. Hast Du Dir auch alles gründlich überlegt? Und hoffentlich ist nicht der Gedanke an eine schnellere Beförderung oder ähnliches der Hauptgrund Deines Handelns. Aber das kann ich mir auch nicht denken. Mir läßt der Gedanke daran doch garkeine Ruhe. Wenn es ein Muß gewesen wäre, hätte ich mir nicht soviel daraus gemacht.

Die kommenden Monate werden für uns wohl viel Sorgen bringen. Wo Papa jetzt nicht zu Hause ist, ist es ja auch noch schlimmer. Und dazu den Kummer dann auch noch jahraus, jahrein um unser Bertalein! Aber ich will nicht klagen. Heute, wo es um unser ganzes Volk und Vaterland geht, muß die einzelne Familie ja auch zurückstehen. Hauptsache ist mir auch, daß Du befriedigt bist und Dir der Dienst zusagt. Du hast ja allerdings ein schwereres Los auf Dich genommen als bisher. Ich wünsche Dir von Herzen alles Gute! Auch für die Prüfung viel Erfolg! Wie herrlich wäre es doch, wenn Ihr Drei alle einmal wieder zusammen würdet hier sein können! Das hätten wir doch vor wenigen Jahren nicht gedacht, daß unsere Familie in so kurzer Zeit auseinandergerissen würde!

Heta habe ich Sonntag angerufen. Aus ihrem Weihnachtsurlaub wird leider nichts. Da haben wir also auch die letzte Hoffnung begraben müssen. Es geht ihr aber sehr gut. Soeben war Anita hier. Sie hat für einen halben Tag Urlaub. Heini ist auch zu Hause mit teilweise verbranntem Körper. Er hat sein Schiff verloren. Rudi scheint wohl oben in Norwegen zu sein. Die Soldaten haben Spetz wieder verlassen bis auf ein kleines Häuflein von Feldwebeln und Unteroffizieren. Sonnabend hatten wir zusammen eine Weihnachtsfeier. Die Soldaten werden wohl allesamt Spetz nicht wieder vergessen. – An der Westfront scheint sich die Lage ja so allmählich ändern zu wollen. Es ist doch etwas wunderbares, was der deutsche Soldat leistet. Wir können ja so dankbar sein, daß wir noch einmal wieder in Ruhe Weihnachten feiern können. Im Sommer sah es ja schlecht genug aus.

Nun, mein lieber Junge, ein frohes Weihnachtsfest.

Herzl. Grüße von uns Drei! Mama

Worpswede,   *18.12.44*

Mein lieber Albert!

Zum Weihnachtsfest sende ich Dir recht herzliche Grüße! Dies ist ja wahrscheinlich das letzte Mal, daß Du Weihnachten als Angehöriger der „christlichen Seefahrt" verlebst. Mama erzählte mir gestern am Telefon, daß Du Dich entschlossen hast, auf eine Dir würdiger erscheinende Art und Weise für Dein Vaterland zu kämpfen! Ich kann das ja wohl verstehen, bin aber trotzdem der Ansicht, daß Du das lieber nach Weihnachten hättest nach Hause schreiben sollen.

Soeben kommt unsere Führerin herein und erzählt, daß unsere Truppen im Westen zum Gegenangriff angetreten sind. Ein lauter Freudenruf war die Antwort, wir sind alle richtig glücklich. Hoffentlich wird es jetzt endlich besser mit der militärischen Lage, diese trostlose Ungewißheit war ja auch fast nicht mehr auszuhalten. Man könnte manchmal fast Angst bekommen, wenn man sich vorstellte, wie es in Zukunft noch werden würde. Plötzlich hab ich jetzt wieder Hoffnung, und ich kann auch Deinen Entschluß durchaus billigen!

Gerade komme ich mit einer Kameradin über Osteinsatz ins Gespräch und es stellt sich heraus, daß sie 1942 in Truppenfeld war. Wir haben gemeinsame Bekannte dort und für einige Minuten in seligen Erinnerungen geschwelgt!

Es war gestern wieder eine freudige Überraschung, als ich am Telefon verlangt wurde. Es ist doch herrlich, einmal unmittelbar von zu Hause zu hören. Ich wäre ja auch zu gerne Weihnachten dagewesen, aber hier tröstet sich einer am andern. Von [hier] fahren nur wenige auf Sonderurlaub, entweder ist der Vater oder der Bruder auf Front- bzw. Einsatzurlaub. – Wenn Du jetzt eingesetzt wirst, bekämst Du doch eigentlich vorher Einsatzurlaub. In dem Falle könnte ich auch nach Hause kommen.

Morgen fängt nun endlich unser Außendienst wieder an, die 14-tägige Diphteriesperre ist glücklicherweise zu Ende. Wir haben, besonders in den letzten Tagen, aus lauter Langeweile fast nur noch gemeckert und gefaulenzt. „Nichts ist doch schwerer zu ertragen als eine Reihe von guten Tagen!"

Der „Sunnwendmann", wie wir Ketzer hier voll Hohn u. Spott immer sagen, hat für Dich leider nur ein kleines Lesezeichen; nimm es ihm nicht übel! [Anspielung auf das Sonnenwendfest, das im Nationalsozialismus das Weihnachtsfest ersetzen sollte.]

Nochmals recht herzliche Weihnachtsgrüße von Deiner Heta.

Schleswig,   *26.12.44* | Albert
an die Familie
26. Dez. 1944

Meine Lieben!

Zunächst herzlichen Dank für das Weihnachtspaket. Es hat ja alle Erwartungen übertroffen. Hoffentlich ist mein Weihnachtsbrief noch rechtzeitig zu Hause angekommen. -

Weihnachten haben wir hier ganz nett gefeiert, wenn es zu Hause auch bestimmt besser gewesen wäre. Die entspr. Süßigkeiten haben wir uns allerdings bis Silvester aufbewahrt. - Wegen der Infanterie brauchst Du Dir wirklich keine Sorgen machen. Es ist eben nur für den Fall, daß die Infanterie Ersatz braucht. Wir gelten nämlich als Elitetruppen. Die Prüfung machen wir hier auf jeden Fall, wir werden wahrscheinlich auch von hier abkommandiert. Vielleicht melde ich mich auf U-Lehrabteilung Gotenhafen. Der größte Teil kommt wohl dahin. -

Papa hat mir zu Weihnachten auch geschrieben. Es wäre ja ganz schön gewesen, wenn er auf Urlaub hätte fahren können. Wir wollen doch hoffen, daß im nächsten Jahr die Lage so weit gediehen ist, daß es zu Hause nicht wieder ein so einsames Weihnachten ist. -

Hat es bei Euch auch schon so gefroren? Hier ist man überall am Schlittschuh laufen. Wenn ich noch länger hier wäre, würde es sich vielleicht noch lohnen, Schlittschuhe zu schicken. -

Hier haben wir augenblicklich ein denkbar faules Leben. Eigentlich müßte man sich ja auf die Prüfung vorbereiten, aber es wird schon schief gehen. Es steht übrigens jetzt schon fest, wer die Prüfung besteht. Es ist weitaus die Mehrzahl. -

Zum Schluß wünsche ich Euch ein frohes neues Jahr und herzliche Grüße

Euer Albert

[Spetzerfehn]   *2. Feiertag [26. Dezember 1944]* | Nanny
an Albert
26. Dez. 1944

Mein lieber Albert!

Weihnachten ist vorbei und morgen fängt der Alltag wieder an. Bei Euch wird wohl gleich wieder ein bewegtes Leben beginnen bei Eurer bevorstehenden Prüfung. Hoffentlich habt Ihr die Feiertage und den Heiligen Abend den Verhältnissen nach schön verlebt. Bei uns war es ja recht still.

Wir saßen zu Dreien unter unserm kleinen Weihnachtsbaum, den wir auf dem weißgedeckten Schreibtisch aufgestellt hatten. Eine einsame Kerze leuchtete, die Geschenke, außer ein paar Kleinigkeiten für Bertalein, fehlten. Diese haben wir allerdings nicht vermißt. Wie gerne hätten wir Euch eben hier gehabt! Unsere Gedanken waren bei Euch. [...]

Mit Heta habe ich heutemittag telefonisch gesprochen. Es ging ihr sehr gut, da jetzt überall das Eis fest ist, möchte sie gerne ihre Schlittschuhe. Ich habe sie heute noch gleich abgeschickt. Wie schön wäre es, wenn Du jetzt auch hier sein könntest. Hier wimmelt es von Obersteuerleuten und Steuermannsmaaten u.s.w. Das sind für die Mädels von Spetz ja abwechslungsreiche Tage. Eis und Wetter waren an den beiden Tagen wunderbar. [...]

Am Vormittag war Hinrich hier mit seiner Kinderschar. Er hat nämlich Sonderurlaub, weil vorige Woche seine Mutter ertrunken ist. Wie ich Dir schon kurz schrieb, haben wir seit Sonnabend zwei kl. Soldaten in Quartier. Es sind Nachzügler, die aus dem Revier kommen. Es ist Jahrgang 26, der eine ist aus Braunschweig, der andere aus Frankfurt/Main. Sie werden wohl bis zum 5.1. hierbleiben. Spetz ist so ziemlich wieder frei bis auf die Feldwebel und Unteroffiziere. In Strackholt, Bagband, Ulbargen und Großefehn ist Hochbetrieb. [...]

Von unsern beiden „Jungens" habe ich allerhand Hilfe. Schon alleine die Besorgungen sind mir schon viel wert. Morgen schicke ich ein kleines Päckchen mit Neujahrskuchen für Dich ab. Hoffentlich hast Du das Weihnachtsgeschenk rechtzeitig erhalten. Weihnachts- oder Geburtstagsgrüße von Dir sind leider nicht angekommen. Die Post ist aber augenblicklich furchtbar lange unterwegs. Von dem Ergebnis Deiner Prüfung gibst Du doch wohl gleich Nachricht? Daß die Offensive im Westen jetzt begonnen hat, ist für uns alle doch ein herrliches Weihnachtsgeschenk. Hoffentlich geht es weiter so vorwärts!

Nun, mein lieber Junge, herzl. Grüße, guten Erfolg und herzl. Neujahrsgrüße! Deine Mama
Lege Fleischmarken bei!

1945

12. Januar	**Großoffensive der Roten Armee an der Weichsel**
27. Januar	**Befreiung von Auschwitz durch die Rote Armee**
30. Januar	**Letzte Rundfunkansprache Hitlers**
Ende Januar	**Die Rote Armee erreicht die Oder**
4.–12. Februar	**Alliierte Konferenz von Jalta**
13./14. Febr.	**Luftangriff auf Dresden**
3. Februar	**Eroberung Triers durch amerikanische Truppen**
12. April	**Tod des Präsidenten der USA, Roosevelt; Nachfolger wird Truman**
15. April	**Befreiung Bergen-Belsens durch britische Truppen**
25. April	**Sowjetische Truppen schließen Berlin ein**
2. Mai	**Kapitulation Berlins**
7./9. Mai	**Bedingungslose Kapitulation Deutschlands**
6./8. August	**Amerikanische Atombombenabwürfe auf Hiroshima und Nagasaki**
2. September	**Bedingungslose Kapitulation Japans**

Eine befreite Stadt in Frankreich

Gefangene deutsche Soldaten an der Westfront

Kriegsgefangene als Zwangsarbeiter bei Aufräumungsarbeiten

Amerikanische Soldaten besetzen Remagen

Vierzehnjährige Kindersoldaten in amerikanischer Gefangenschaft

Feldpost

Fähnrich z. See
Alb. Schröder
M. Kr. S.
(24) Schleswig
I/1   14. Gr.

Abs: F.F. Maat Fehrmann
(4) K. Schiffsstammabteilung I
Marinenschule, Albrecht-Platz,
Block I

[Spetzerfehn]   *Freitagmittag, 19.1.45*

Meine liebe Heta!

Heutemorgen erhielt ich schon Deinen Brief vom 17. In zwei Tagen, das geht doch wirklich
schnell. Ich will ihn jetzt auch gleich beantworten, denn Du wartest doch sicher auf Antwort.
So gerne ich Dich in diesem Sommer auch zu Hause gehabt hätte, ist es mir doch lieber, wenn
Du gleich in einen Beruf hineinkommst. Es war mir nur nicht recht, Dich als Flak- oder Luft-
waffenhelferin zu wissen. Zusagen würde Dir diese Arbeit ja ganz und garnicht. Und Straßenbah-
nerin ..., da hättest Du zu Hause ja genauso gut Deine Zeit nutzbringend anwenden können.
Nun Du aber die Absicht hast, Dich als Schulhelferin zu betätigen, ist mir das viel lieber. Daß
Du Dich zu dem Beruf eignest und Dich dort wohlfühlst, glaube ich ganz bestimmt. Und Du
bist ja nicht für immer daran gebunden. Nach Kriegsende kannst Du Dich ja immer noch auf
einen andern Beruf vorbereiten, wenn es nötig sein sollte. Vielleicht besprichst Du Dich auch
vorher noch einmal gründlich mit Deiner Lagerführerin.
Daß Du wieder bei Tante Lehmkuhl gelandet bist, ist ja sehr schön, wenn Du es dort auch nicht
weiter bringst, als zu einem Torfkopf. In der Hauswirtschaft wirst Du wohl auch erst tüchtig
werden, wenn Du Deine „eigene Familie" zu versorgen hast. Das Strickmuster schicke ich Sonntag, ich habe sonst auch noch ein schönes, ich stricke mir augenblicklich selber einen, also bis
Sonntag Geduld. Gestern war Frau van Senden bei uns. Doch darüber schreibe ich Sonntag noch
ausführlich. Doch heute Schluß!
In Eile Mama

Schleswig,   *19.1.1944*

Meine liebe Mama!

Herzlichen Dank für Deinen Brief vom 16. Die Prüfung haben wir inzwischen hinter uns. Ich
kann Dir mitteilen, daß alles gut abgelaufen ist und ich bestanden habe. Dies war die Offizierhauptprüfung. Von jetzt ab erfolgt systematisch die Beförderung zum O-Fähnrich und Offizier.
Es folgen natürlich noch Waffenlehrgänge usw., aber den eigentlichen Offizierlehrgang haben
wir hinter uns. – Wo ich jetzt hinkomme, ist unbestimmt. Hoffentlich komme ich wieder mit
den alten Kumpels zusammen. – Übrigens komme ich so gegen Ende dieses Monats auf Urlaub
(für 12 Tage!). Den genauen Zeitpunkt kann ich nicht sagen. –
Bis dahin herzliche Grüße auch an Tanti und Berta
Dein Albert.

[Swinemünde]   *Donnerstag, 25/1 45*

Meine liebe Nanny, Ihr Lieben!

Feldpostbriefe dürfen ja befördert werden, wie ich gelesen habe, sonst sind ja nur Postkarten zugelassen. Also wollen wir die Gelegenheit ausnützen und den Bogen vollschreiben. Im allgemeinen genügt sonst ja eine Postkarte vollauf, denn dienstliche Sachen sind kein Briefthema. Die allgemeine militärische Lage braucht ebenfalls kein Gegenstand der Erörterung zu sein. Die Lage ist sehr ernst. Das einzusehen, dazu braucht man kein Pessimist zu sein. Ich bin aber fest davon überzeugt, daß sie gemeistert wird. Unser Führer heißt noch immer Adolf Hitler. Seiner Führung wollen wir vertrauen und ihm folgen. –

Wenn Ihr diesen Brief erhaltet, wird Albert wohl in Urlaub sein. Er schrieb es mir wenigstens in seinem Brief vom 20., daß er voraussichtlich fahren könnte. Das ist bestimmt eine freudige Überraschung. Vielleicht hat Heta auch einige Tage Urlaub bekommen. Es wäre ja schön, wenn ich auch für einige Tage fahren könnte, aber daran ist nicht zu denken. Die Urlaubsbestimmungen sind verschärft, die Bahn hat jetzt auch ja besonders hier im Osten wichtigere Aufgaben als Urlauber zu befördern. – Liebe Nanny, für Deinen Brief vom Sonntag und Deine Geburtstagswünsche danke ich vielmals. Der Brief kam doch sehr schnell an, es war ein guter Gedanke, daß Du Groß ihn mitgegeben hast. [...]

Ebenso habe ich das Paket ja sehr schnell erhalten. Ein Stück Kuchen habe ich noch für morgen aufgehoben. Morgen abend habe ich Wache im Gelände, da kann ich mir einen gemütlichen Abend machen. – Mein Knie ist bald wieder in Ordnung. Ich humpele zwar noch etwas, aber das wird sich hoffentlich bald geben. Ich habe wenigstens etwas Gutes geleistet, meine Pantoffeln habe ich geflickt. Tanti würde ja lachen, wenn sie es sehen würde, aber es ist wenigstens dauerhaft, wenn es auch nicht besonders schön aussieht. [...]

Außerdem habe ich meine Socken gestopft. „Schade um das Stopfgarn", werdet Ihr denken. Da seid Ihr aber doch nicht so ganz im Bilde. Schön sehen die Reparaturen ja nicht aus, aber sie sind haltbar, und die Hauptsache ist doch, daß die Socken heil sind. – Wenn Albert nicht gerade mit dem Fahrradflicken beschäftigt ist, dann kann er vielleicht eben Wasser in den Kessel der Heizung einfüllen. Wäre es nicht auch zweckmäßig, wenn er eben die Äpfel aus der Miete holte, wenn der Boden nicht allzu sehr gefroren ist. [...]

In diesen Tagen wird wohl der Rost von den Schlittschuhen abgelaufen werden. Ich nehme doch an, daß „Schöfelies" [Schlittschuheis] ist. Für Bertalein wird es wohl eine besonders schöne Zeit sein. [...]

Übrigens bin ich vor einiger Zeit Obermaat geworden, also eine kleine Stufe höhergeklettert. Ich muß doch sehen, daß ich mit Albert einigermaßen mitkomme.

Nun wünsche ich Euch Lieben alles Gute und den beiden (?) Urlaubern recht frohe Urlaubstage. Herzliche Grüße Euch allen und Dir, meine liebe Nanny, besonders

Dein Johann.

Meine liebe Mama!

Hoffentlich habt Ihr inzwischen von der Urlaubssperre gehört, damit Euch das Unglück nicht allzu sehr getroffen hat. – Ich will Dir die Lage kurz schildern: Am 25. wurden unsere Kommandos bekanntgegeben. Wir K.d.K.-Fahrer (Kleinkampfmittel!) hatten Zwischenkommandos. Ich sollte zunächst auf ein Minenschiff nach Kopenhagen, hatte aber getauscht mit einem Kameraden und hatte als neues Kommando Bordflak (auf Handelsdampfern) erhalten. Ich sollte nach Nordenham a.d. Weser. Etwas besseres hätte ich mir kaum wünschen können. – Am 26. wurden die Urlaubsscheine ausgegeben. Wir hatten alle Urlaub bis zum 8.2. Am Vormittag brachten wir die Seesäcke zum Bahnhof, am Nachmittag starteten wir. An der Hauptwache wurden wir zurückgehalten. Zunächst hieß es, Transportbeschränkungen, doch es kam ein Befehl, alle Abkommandierungen und Beurlaubungen sofort einzustellen. Also haben wir mit gemischten Gefühlen den Urlaubsschein wieder abgegeben. –

Was jetzt werden soll, ist unklar. – Angeblich soll die ganze Abteilung (über 1000 Mann!) zur Infanterie-Ausbildung nach Stralsund. Nun sind von jeder Kompanie 12 Mann ausgesucht, die [in] ein Sommerkommando kommen. Mein Freund E. Wittmann und ich sind auch dabei. Wir fahren nach Kappeln. Es ist ein kleiner Ort hier in der Nähe. Heute nachmittag geht bereits die Reise los. Es ist vorläufig eine Ausbildung. Sie wird wohl etliche Wochen dauern. Vor dem Einsatz hoffe ich jedenfalls bestimmt Urlaub zu bekommen. Also vertrösten wir uns auf 2 oder 3 Monate später. [...]

Von hier habe ich heute 1 Paket abgeschickt. Ich hoffe ja mit Bestimmtheit, daß es gut ankommt. [...] Es enthält: 2 Navigationsbücher, 1 Seekriegsgeschichte, Briefe, Hefte, die ich nicht mehr verwenden kann, mein Tagebuch von Bord, 2 Paar Strümpfe (ich habe jetzt übrigens 7 Paar!), 2 Handtücher, die ich auch nicht gebrauche, 3 leere Gläser und 1 weiße (graue!?) Takelhose, die ich überzählig habe. [...]

Also von Kappeln schreibe ich sofort.

Herzliche Grüße, auch an Tanti und Berta

Dein Albert.

Mein lieber Albert!

Ich hatte zwar im Stillen immer noch zu hoffen gewagt, Du würdest doch noch auf Urlaub kommen, aber nun scheinen ja alle Hoffnungen hinfällig geworden zu sein. Mama schrieb mir gestern Deine neue Adresse. Hoffentlich habe ich sie richtig gelesen!

Eigentlich müßte ich jetzt die Kameradschaften saubermachen, aber es ist gleich Arbeitsschluß und dieser Brief soll bis zum Essen noch fertig sein. Heutenachmittag gehen wir, d.h. der Innendienst, ins Kino, es wird die „Feuerzangenbowle" gegeben. Wegen meiner Krankheit bin ich augenblicklich im Innendienst. Jetzt geht es mir aber wieder ganz gut, allerdings habe ich 10 Pfd. verloren. Mama schickte mir gestern ein kleines Paket mit Eßwaren mit der mütterlichen Bemerkung, nicht soviel abzugeben!

Sie scheint eben doch nicht zu ahnen, daß so etwas im Lager nicht durchführbar ist.

Wie geht es Dir eigentlich jetzt? Mama schrieb etwas von einem Sonderkommando. Solltest Du denn nicht auf die U-Bootsschule?

Ich habe mich nun entschlossen, noch ein halbes Jahr als Kameradschaftsälteste hierzubleiben, weil mir der Arbeitsdienst wirklich gut gefällt. Wahrscheinlich will ich sogar nun doch R.A.D.-Ärztin werden, ich glaube wohl, daß ich das kann. Mama ist sehr froh, daß ich hierbleibe und nicht zur Luftwaffe brauche.

Hoffentlich schreibst Du mir bald. Was ist eigentlich aus Deinem Freund Friedel geworden? Recht herzliche Grüße!

Deine Heta

Nanny an Albert 10. Februar 1945

[Spetzerfehn]   *Sonnabend, 10.2.45*

Mein lieber Junge! Sehnsüchtig warten wir jeden Tag auf eine ausführliche Nachricht von Dir. Wie ganz anders wäre die letzte Zeit für uns und für Dich gewesen, wenn Du hättest bei uns sein können! Der Schlag war doch zu schwer. Es wäre ja nichts gewesen, wenn wir nicht damit gerechnet hätten! Für Heta wird es ja auch eine große Enttäuschung gewesen sein. Papa ist noch immer in dem Glauben, wir hätten schöne Urlaubstage mit Euch verlebt. Seine Briefe sind jetzt auch länger, manchmal 10 Tage unterwegs, aber heute schrieb er schon vom 5. Also scheinen die Beförderungsschwierigkeiten doch wieder etwas nachgelassen zu haben. Wie hat doch der Krieg im Verlaufe der letzten Wochen wieder ein ganz anderes Bild angenommen! Das haben wir doch alle nicht geglaubt. Man möchte ja manchmal ganz verzagen. Aber wir dürfen ja den Glauben nicht verlieren. Die ganze Sache wird wohl ähnliche Hintergründe haben wie alle Rückschläge im letzten Jahre. Wenn doch einmal die ganze Brut ausgerottet werden könnte. Papa hat noch immer gute Zuversicht und glaubt bestimmt an eine gute Wendung. – Heutenachmittag habe ich Dein Paket von der Post geholt. Hoffentlich bekommst Du auch noch Deine Pakete von Schleswig nachgeschickt! An und für sich ist die Paketsperre ja aufgehoben. [...]

Heta habe ich auch gleich Deine Adresse mitgeteilt, ich glaube sie hat Dir auch schon geschrieben. Ich hoffe doch, daß Du jetzt noch dort bist, schreibe, sooft Du kannst. Was es für eine Einheit ist, kann ich mir wohl denken. Über kurz oder lang wirst Du auch wohl zu den Frontsoldaten gehören, wo, das ist ja gleich. Unsere Gedanken und Sorgen begleiten Dich Tag und Nacht. Ihr steht alle in Gottes Schutz und ich glaube ganz felsenfest an ein späteres, frohes Wiedersehen! Sei herzl. gegrüßt von uns Dreien!

Deine Mutter

Meine Nanny! Ihr Lieben!

In meinem letzten Brief schrieb ich, daß ich abkommandiert würde. Das ist inzwischen geschehen, und zwar bin ich heute umgezogen. Meine Anschrift heißt: 3. Mar. FlumA - Ausb.Stelle f. Erkennungsdienst, (4) Swinemünde, Straße der Wehrmacht. Die Adresse ist etwas lang, aber Du wirst sie schon unterbringen auf dem Umschlag, liebe Nanny. Heute morgen bin ich mit meinem Gepäck losmarschiert zur 3. Abteilung, und dort erhielt ich den Bescheid, daß ich zu einem Lehrgang kommandiert sei, der sich ganz in der Nähe unserer alten Kaserne befand. Also mußte ich mit Sack und Pack wieder zurückzuckeln. [...]
So geht es eben im Soldatenleben, aber deshalb wollen wir den Humor nicht verlieren. - Heute nachmittag war ich schon bei meiner alten Kompanie, um zu sehen, ob Post da war. Leider vergeblich. [...]
Im übrigen ist es hier nicht so angenehm wie in der Kaserne. Wir liegen in Baracken, Zentralheizung gibt es natürlich nicht. [...]
Na, die paar Wochen gehen auch herum. - Im Osten scheint die Lage stabiler geworden zu sein. Wenn auch noch hin und wieder Gebiete verloren gehen, so dürfen wir doch bestimmt damit rechnen, daß bald eine Wende eintreten wird. Es muß eben alles seine Zeit haben, man darf nur den Mut nicht verloren geben. -
Euch Lieben und Dir, meine liebe Nanny, ganz besonders herzliche Grüße
Dein Johann.

Meine liebe Nanny! Ihr Lieben!

Endlich habe ich Post erhalten, Deinen Brief vom 26. und 29., sowie einen Brief von Heta vom 4/2. Wie ich aus Hetas Brief ersehen habe, ist Albert nun leider doch nicht in Urlaub gekommen. Schade, aber ich hatte es mir schon gedacht, denn die Bahnen waren für alle Reisende gesperrt. Die Urlaubsbestimmungen sind auch ja strenger geworden, Arbeitsurlaub gibt es auch nicht mehr, d.h. augenblicklich nicht. Es ist auch ja wichtiger, daß die Bahn für kriegswichtige Reisen und Transporte frei ist. - Es freut mich, daß bei Euch, abgesehen von kleinen Widrigkeiten, alles noch seinen geregelten Gang geht. In Gefahr seid Ihr ja auch, aber es wäre doch schlimmer, wenn man sich immer mit der Sorge um Euer Ergehen herumschlagen müßte wie so mancher Kamerad, dessen Angehörige in den geräumten Ostgebieten wohnten. Aber für diese Volksgenossen wird hoffentlich auch bald die Zeit kommen, wo sie zurückkehren dürfen. Wir wollen auch weiterhin guten Mut und ein festes Herz behalten. - Der Wasserkessel der Heizung ist ja jetzt aufgefüllt, wie Du schreibst. Es war ja nicht so einfach, aber Ihr habt es doch geschafft. Jedenfalls habt Ihr es wärmer, als wir. Kohlen gibt es nicht, und das nasse Holz gibt eben keine Hitze, wenn es schon einmal Feuer hält, anstatt vorzeitig auszugehen. Wir können froh sein, daß der Winter nur ganz gelinde auftritt. [...]
Inzwischen wird die Kuh auch wohl gekalbt haben. Es ist doch schön, daß Ihr mit Milch versorgt seid. Die Hühner werden inzwischen auch wohl wieder zu legen angefangen haben. - Es ist schon

bald 9.00 Uhr abends. Ich muß noch einige Stunden lernen, damit ich mein Tagespensum erledigt habe. In diesem kurzen Lehrgang muß ich allerlei Themen lernen, und die Auffassungsgabe ist zwar noch sehr gut, aber mit dem Gedächtnis hapert es schon vielfach. Na, es wird schon klappen. –

Du frägst, liebe Nanny, wie ich zum Ob.Mt. komme. Ich bin dazu befördert worden. Es gibt diesen Dienstgrad nur bei der Marine, er ist derselbe wie der Sergeant früher beim Heer. – Die Briefe hat ein Kamerad von der Flakschule mir heute herübergebracht. [...]

Für heute Schluß, Sonntag mehr.

Euch Lieben allen und Dir, meine liebe Nanny, ganz besonders herzliche Grüße Dein Johann.

<table>
<tr><td>

Nanny
an Albert
18. Februar 1945

</td><td>

[Spetzerfehn]

</td><td align="right">

Sonntag, 18.2.45

</td></tr>
</table>

Mein lieber Junge!

Eigentlich hatte ich gestern oder heute Post von Dir erwartet, aber vergeblich. Vielleicht hast Du ja auch wenig Zeit zum schreiben, wenn es Deine Zeit aber erlaubt, schicke uns doch öfter eine kurze Nachricht, die Post ist unsere größte Freude in unserer Einsamkeit. Es geht uns noch gut, von Papa und Heta erhalten wir regelmäßig Post. Papa ist abkommandiert zu einer Ausbildungsstelle für Erkennungsdienste zu einem Lehrgang. Hoffentlich kommt er später etwas mehr in unsere Nähe. Doch mit dem Urlaub ist es wohl vorbei, die Sperre wird vorläufig doch wohl erst nicht wieder gelockert werden. Das ist ja auch unwesentlich in dieser Zeit, wo alles hinter dem Kriegsgeschehen zurücksteht. Ich glaube aber doch ganz bestimmt, daß in absehbarer Zeit die Wende eintreten wird.

Einen verlorenen Krieg kann und darf es ja nicht geben. Papa ist auch noch sehr zuversichtlich. Am schlimmsten bedrückt einen ja das Leid der unzähligen Flüchtlinge. Wir sollen in den nächsten Tagen auch 130 Mann unterbringen, ich glaube aber, die kommen aus dem Westen. Vom Osten kommt augenblicklich wenig Post. Ernst ist in Ostpreußen. Großer Loet, der am 16.1. noch nach Thorn gekommen war, hat gestern endlich geschrieben. Hinrich liegt noch im Süden irgendwo im Lazarett. Lüttje Loet ist gänzlich entlassen. Ludwig ist noch in Norwegen. Heute war Onkel Gerd mit Familie hier. Diese Nacht habe ich Wache, unsere Kuh wird wohl kalben. Es ist doch ein Glück, daß der Winter so schnell wieder vorübergegangen ist. In den letzten Tagen merkt man es schon recht, daß es bald Frühling wird.

Von Deinem Paket habe ich wohl schon geschrieben, es war noch unversehrt, Du hattest es ja auch ganz wunderbar verpackt. [...]

Hoffentlich geht es Dir noch gut, und hältst Du den anstrengenden Dienst gut aus. Ich kann mir ja denken, wie schwer das alles ist. Ein Glück, daß Eure Mütter das nicht mit ansehen brauchen! Meine Gedanken, Sorgen und Wünsche sind Tag und Nacht bei Dir, mein lieber Junge! Tanti und Berta lassen Dich auf herzlichste grüßen und sei Du noch besonders gegrüßt von Deiner Mutter

Mein lieber Junge!

Du wirst erstaunt sein, daß Du einen Brief von mir erhältst, noch dazu getippt. Ich bin nämlich am Sonnabend von Swinemünde nach hier abkommandiert. Ich hatte dort einen F.E.D.-Lehrgang (Flugzeugerkennungsdienst) mitgemacht und bestanden. Darauf wurden wir zur 2. Kompanie nach Stralsund abkommandiert und sollten dann auf Flugwachen eingesetzt werden. Mich haben sie aber gleich hier für die Schreibstube zurückbehalten. Ich mache also hier Dienst. Ebenso gern wäre ich ja auf eine Flugwache gegangen, z.B. nach Rügen, besonders jetzt, wo die schöne Jahreszeit vor der Tür steht. – Wir liegen in der Frankenkaserne, Du warst ja wohl auch eine Zeitlang hier. Sonst war Eure Einheit damals wohl in der Prinz-Moritz-Kaserne untergebracht, wenn ich mich recht entsinne? Du würdest Dich ja wundern, wenn Du Stralsund wiedersehen würdest. Es sieht doch etwas anders aus, als Du es in Erinnerung hast. Der Terrorangriff am 6.10. hat viele Schäden angerichtet. – Von Dir habe ich den letzten Brief Anfang Februar, geschrieben am 24.1., erhalten. [...]

Heta schrieb mir zuletzt vom 10.2. Ihr Fuß ist ja bald wieder in Ordnung. Ich habe ihr den Rat gegeben, den Lagerhund baldigst verschwinden zu lassen. Abgesehen davon, daß er doch immerhin was zu futtern haben muß, hat man auch zuweilen noch seinen Ärger damit. Wir hatten uns in Swinemünde einen kleinen Köter zugelegt, den Kameraden auf der Straße aufgelesen hatten. Er hieß Purzel, war sonst ein netter Bursche, aber leider nicht wasserdicht. Wenn wir ihn auch stündlich ins Freie ließen, dann war das Unheil doch schon geschehen. Schließlich haben wir ihn für 10 Zigaretten an ein Boot verkloppt. – Ich hatte ja einen Bluterguß im linken Knie, ich habe etwa 10 Tage im Revier gelegen. Etwas humpele ich ja noch, aber es geht doch schon wieder. Im Notfall kann ich mit einspringen und den Russen mit bremsen helfen. Mit der Panzerfaust kann ich auch umgehen, wir haben eine entsprechende Belehrung mitgemacht und auch mit Übungspanzerfäusten geschossen. Wir wollen aber hoffen, daß die Welle aus dem Osten und auch der Ansturm vom Westen noch abgehalten werden. Ich habe noch immer gute Hoffnung, wenn es auch sehr trübe aussieht. Wir dürfen aber doch den Mut nicht sinken lassen, denn wenn wir jetzt schlapp machen, dann sind wir für alle Zukunft ein Volk ohne Ehre, Recht und Heimat. Wir wollen auch weiterhin unsere Pflicht tun, mein Junge und uns in dieser Haltung durch nichts beirren lassen. [...]

Wenn Deine Zeit es erlaubt, dann schreibe einmal wieder.

Viele herzliche Grüße   Dein Vater.

Meine liebe Nanny! Ihr Lieben!

Post habe ich von Euch zwar noch nicht erhalten, aber das soll mich nicht hindern, Euch so oft zu schreiben, als es mir möglich ist. [...] Ich schreibe in der Mittagspause. Unser Spieß ist zum Essen und meine anderen Arbeiten habe ich erledigt. Das Arbeiten macht mir Spaß, das kann ich wohl sagen. Es ist doch wenigstens eine gewohnte Arbeit, die ich jetzt mache. Die Verhältnisse sind ja etwas anders als bei meiner Dienststelle in Aurich, aber daran werde ich mich schon gewöhnen. Es ist doch eine ganz andere Sache, wenn ich den Tippkasten wieder vor mir habe und ihn in Betrieb setzen kann. Unser Dienst beginnt um 1/2 8 Uhr, mittags mache ich eine Stunde Pause und dann geht die Arbeit weiter bis 18 Uhr. Dann bin ich aber gleich zu Hause, denn ich wohne in einer Stube gleich nebenan. Lieber wäre ich ja auf meiner alten Arbeitsstelle, das könnt Ihr Euch ja denken, aber was eben nicht sein kann, darauf muß man verzichten. Die Hauptsache ist, daß man dort seine Pflicht tun kann, wo man auch den betreffenden Posten ausfüllen kann, wenn man schon nicht an der Front sein kann. Von hier ist der Russe ja noch eine gute Strecke entfernt. Wir wollen doch auch hoffen, daß die Oder ihm vorläufig ein Halt bleibt und daß er auch von dort wieder einmal zurückgeworfen wird. Sonst wäre es ja auch ziemlich trübe mit unserer Ernährungslage bestellt. Vorsichtsmaßnahmen sind ja schon getroffen, die Rationen sind etwas gekürzt und ab 1.4. sollen ja keine Gänse, Enten und Truthühner mehr gehalten werden, wie ich gestern in der Zeitung las. Ab 1.8. soll jede Familie auch nur soviel Hühner halten, als sie Personen zählt, d.h. für jede Person ein Huhn. Ich nehme doch an, daß diese einschneidende Verordnung nicht in Kraft zu treten braucht, daß nämlich bis dahin unsere Ernährungslage durch die Rückeroberung der verlorenen Gebiete sich wieder gebessert hat, aber sicher ist sicher. –

Heute ist ein richtiger Frühlingstag. 9 oder nach anderer Lesart 11 soll der März uns ja bringen, 2 haben wir jetzt schon gehabt, also können wir ja noch auf eine Reihe schöner Tage rechnen. Die Bienen werden wohl schon ihren Reinigungsflug gehalten haben. Ich hoffe doch, daß sie Futter genug haben. Übrigens wird es auch wohl bald Zucker geben. Wie war es übrigens mit der Wachsablieferung? Wenn noch ein Prozentsatz abgeliefert werden muß, dann nimm ruhig einige schwarze Waben, die noch erneuert werden müssen, Kunstwaben sind ja noch genug da. In dieser Beziehung sind wir noch gut daran. Ich habe mit einigen Kameraden von hier gesprochen, die auch Bienen haben. Sie haben schon seit langer Zeit keine Kunstwaben mehr geliefert bekommen. Gib aber ja keine mehr davon ab, man weiß nicht, wann es wieder welche gibt. – Die Mittagspause ist zu Ende. [...]

Euch Dreien und Dir, meine liebe Nanny, ganz besonders herzliche Grüße
Dein Johann

**Albert
an Nanny
15. März 1945**

[Kappeln]   *15.III.45*

Meine liebe Mama!

Hab vielen Dank für Deine beiden Briefe. Ich wollte schon eher schreiben, aber man kommt hier einfach nicht dazu. Hoffentlich werden wir bald abkommandiert; das Schlimmste ist die Ungewißheit. Man weiß nie, wie man dran ist und wie lange der ganze Zauber hier noch dauert. Der Dienst ist im Verhältnis zur ersten Zeit bedeutend ruhiger geworden, natürlich die Verpflegung auch entsprechend knapper. Aber ich kann noch gut damit auskommen. –

Von Papa habe ich gestern auch Post bekommen. Ich will ihm gleich hinschreiben. Er ist ja Ober-Maat neuerdings, wie ich erstaunt las. An Heta habe ich in den letzten Tagen auch geschrieben, man hat hier nur zu wenig Zeit zu solchen Sachen. Sogar aus Gifhorn erhielt ich in den letzten Tagen einen Brief. [...]

Hier hatten wir in der letzten Woche wunderbares Wetter, allerdings auch laufend Fliegeralarm. Wie ist es bei Euch in der Beziehung? Mit meinen früheren Stubenkameraden stehe ich schon

lange nicht mehr im Briefverkehr. Die Adressen ändern sich ja auch zu oft. [...] Ist Rudi noch in Norwegen? [...]
Ende der Woche schreibe ich ausführlich. Herzlichen Gruß, auch an Tanti und Berta
Dein Albert

[Spetzerfehn]   *Montag, 25.3. [1945]*

Mein lieber Junge!
Schon Freitag erhielt ich Deinen Brief und ich hatte keine Zeit, ihn zu beantworten. In den letzten Tagen war es hier ja auch etwas unruhig, sehr, sehr viele Luftangriffe und dann der Großalarm. Aber vielleicht kommt es hier ja doch nicht zum Schlimmsten. Es geht alles seinen gewohnten Gang. Das Wetter ist wunderbar, ein herrlicher Frühling! Hoffentlich geht es auch Dir weiterhin gut, unsere Gedanken sind so viel bei Euch. Ob Du jetzt noch wohl dort bist? In den nächsten Tagen schreibe ich Euch allen ausführlich, es ist jetzt so unruhig mit den vielen Flüchtlingen.
Von uns Drei Dir herzliche Grüße
Mama

[Schleswig]   *27.III.1945*

Meine Lieben!
Zunächst einmal ein recht frohes Osterfest! Mamas beide letzten Briefe habe ich erhalten. Ich hatte in den letzten Tagen per Post geschrieben, hoffentlich ist der Brief angekommen. Also, wie Ihr seht, ich bin noch immer hier und warte der kommenden Dinge. Wenn man die augenblickliche Lage bedenkt, so ist es mir unerklärlich, weshalb wir noch immer hier sind. Aber das kann ja der einzelne nicht beurteilen. Ein Wetter haben wir hier augenblicklich wie im Hochsommer. Hoffentlich bleibt es weiterhin so! Am Sonntag machen wir immer Ausflüge in die Umgebung, wenn wir irgendwie Zeit haben. –
Papa hat mir in den letzten Tagen auch geschrieben. Es scheint ihm ja ganz gut dort zu gefallen. – Übrigens sind gestern hier 100 neue Fähnriche aus Stralsund angekommen. Ich sah wieder viele Bekannte dabei. Ich traf unter anderem einen Heyen aus Schirum, der früher bei uns zur Schule ging. –
Ich muß jetzt schließen. Euch allen die herzlichsten Grüße und nochmal ein frohes Osterfest.
Euer Albert.

[Stralsund]   *Ostern, 1. April 1945*

Meine liebe Nanny! Ihr Lieben!

So schön wie das Wetter in der letzten Zeit war, so unangenehm ist es heute. Der April macht seinem Namen in dieser Beziehung Ehre. Wir haben das Feuer schon ausgehen lassen, da wir es vor Rauch nicht aushalten konnten. Na, dafür werde ich mich heutenachmittag in unserer warmen Stube entschädigen. Dort steht der Wind nämlich nicht auf das Fenster, also von Rauch keine Spur. -

Ostereier gibt es in diesem Jahr nicht für uns, aber die Hauptsache ist doch, daß wir uns noch sattessen können. Dazu gab es gesternabend in der Kantine noch einige saure Heringe zu kaufen, also doch immerhin ein besonderer Genuß. Wir wollen uns bescheiden, es gibt ja Tausende und Abertausende von Volksgenossen, die froh sind, wenn sie ein Stück trockenes Brot haben. - Ich schreibe den Brief mit Unterbrechung, denn von Zeit zu Zeit muß eine andere Arbeit erledigt werden. Im übrigen ist der Dienstbetrieb heute nicht so angespannt, der Spieß hat morgen Dienst, ich bin mit einem Kameraden allein. -

Post ist heute auch etwas gekommen, für mich war aber leider nichts dabei. Übrigens klagen viele Kameraden jetzt über Mangel an Post. [...] Ich habe doch wenigstens noch mehrere Briefe bekommen. Von Heta habe ich freilich auch noch nichts erhalten, von Albert einen Brief. [...] Heute hätte ich eigentlich eine Radtour zu einem Bekannten auf Rügen machen wollen, aber das Wetter ist mir doch zu rauh. Es sind nämlich rund 30 km, und das ist bei solchem Wetter keine Kleinigkeit. Außerdem hat der Kamerad Immen, und da müssen wir zur Besichtigung doch einen schönen Tag auswählen. Ich werde es also lieber verschieben, an einem Sonnabend losfahren, bei ihm übernachten und am Sonntag wieder zurückfahren. -

Denkst Du noch daran, liebe Nanny, daß wir im Frieden öfter solche Streifen in die Nähe und Ferne gemacht haben. Ich hoffe doch, daß wir noch nach dem Kriege öfter dazu Gelegenheit haben. Einmal muß es doch wieder anders und besser werden. Jetzt sieht es freilich sehr trübe aus, aber ich hoffe doch zuversichtlich, daß noch eine Wendung zum Guten kommt. Es kann doch nicht sein, daß alle Opfer umsonst gebracht sind. Habe nur guten Mut, meine liebe Nanny, der alte Gott lebt noch. -

Der Bogen ist zu Ende, ich muß mich kurz fassen. Ich lege noch einige Umschläge und etwas Papier bei.

Euch Dreien und Dir, meine liebe Nanny, ganz besonders herzliche Grüße
Dein Johann.

[Stralsund]   *Donnerstag, 10.4.1945*

Meine liebe Nanny! Ihr Lieben!

Nimm es mir bitte nicht übel, liebe Nanny, daß ich diesen Brief wieder tippe, aber es geht doch schneller, als wenn ich mit der Hand schreibe. Ob Ihr freilich diesen Brief erhaltet, das ist ja noch unbestimmt, aber deshalb werde ich doch mein gewohntes Briefpensum erledigen, denn irgendwann werden sie doch wohl ankommen. Ich bekam gestern noch einen Brief vom 20.3., vorher schon einen vom 26. Ich kann es mir vorstellen, daß Ihr viel Arbeit habt, wo jetzt die

Flüchtlinge untergebracht werden sollen. Aber es hilft ja alles nicht, die Decke ist in unserem Vaterland knapp geworden, da müssen alle sich etwas zusammenkrümmen, damit sie für alle reicht. Dabei ist doch soviel Platz, wenn nur der gute Wille da ist. Man begreift es doch nicht, daß es noch Leute gibt, die sich von dieser Pflicht drücken wollen. Ein jeder muß sich eben selbst in die Lage dieser Flüchtlinge versetzen, aber die meisten können es erst, wenn sie selber in ein solches Unglück geraten. Aber wir wollen hoffen, daß Ihr Lieben dort nicht in die Lage kommt. Im allgemeinen ist der Vormarsch der Angloamerikaner ja gebremst. Im übrigen ist unsere Heimat auch von einem Moor- und Wassergürtel umgeben, der schon ein beachtliches Hindernis darstellt. –

Heute bekam ich einen Brief von Heta und ein Päckchen mit Zigaretten von Albert. Es geht beiden ja noch ganz gut. Heta hat sich nun entschlossen, beim R.A.D. zu bleiben. Ich glaube auch, das dies das Richtige für sie ist. Albert wartet ja auf seinen Einsatz, aber es wird wohl noch einige Zeit dauern, bis es soweit ist. Sie halten beide noch immer die Ohren steif, wie Heta sich ausdrückt. –

Sämereien habe ich allerhand hier, aber leider keine Kohlsaaten, d.h. keinen Weiß- und Rotsowie Wirsingkohl. Dafür habe ich Kohlrabi, rote Beeten usw. in Hülle und Fülle. Ich werde sehen, ob ich sie schicken kann. Vielleicht kann ich auch einmal in Urlaub fahren. Ich hatte Dir schon geschrieben, liebe Nanny, daß Du ein Urlaubsgesuch für mich einreichen möchtest. Wenn es noch nicht unterwegs ist, dann sorge bitte eben dafür. Ich möchte jetzt in dieser Zeit auch lieber bei Euch sein, und Arbeit gibt es ja in Hülle und Fülle. –

Ich muß schließen, die Mittagspause ist vorbei. Heute abend werde ich an Albert und Heta schreiben.

Euch Lieben und Dir, meine liebe Nanny, ganz besonders herzliche Grüße

Dein Johann

[Stralsund]   *Mittwoch, 18.4.45*

**Johann
an Nanny
18. April 1945**

Meine liebe Nanny! Ihr Lieben!

An mir soll es doch nicht liegen, daß Ihr keine Post bekommt, ich werde meinen gewohnten Törn weiterschreiben. Hoffentlich bekommt Ihr die rückständigen Briefe noch. Von Dir erhielt ich gestern noch eine Nachricht vom 9., liebe Nanny. Ich war ganz überrascht, daß die Verbindung noch klappte. Hoffentlich ist Heta inzwischen auch zu Hause eingetroffen. Sie schrieb mir noch vom 13. von B. [Blankenese], daß sie und Maria Janßen versuchen wollten, über Wesermünde [Bremerhaven] zu fahren. Ich hatte ihr dasselbe in meinem letzten Brief geraten. Albert schrieb mir vom 10. Er ist furchtbar „in Braß" [aufgebracht], daß der Lehrgang noch verlängert ist und sie noch nicht zum Einsatz kommen. Einerseits bin ich ja froh darüber, andererseits sage ich mir, wir stehen alle in Gottes Hand, wo wir auch eingesetzt werden.

Ich muß auch immer an Euch denken, Ihr Lieben. Ich habe mir tagelang viele Gedanken über den Kriegsverlauf und über Euch Lieben und Eure Zukunft gemacht. Da fiel mir das Wort ein: „Es kann mir nichts geschehen, als was Gott hat ersehen und was mir nützlich ist." Ihm befehle ich Euch. –

Was Ihr sonst für Maßnahmen treffen müßt, das muß ich Euch überlassen. Frage Johann Groß nur, der wird schon als alter Praktiker das Richtige treffen. –

Ich ärgere mich ja, daß ich nicht noch alle Hebel in Bewegung gesetzt habe, um nach dort versetzt zu werden, dann wäre ich jetzt wenigstens bei Euch gewesen. So bist Du nun alleine mit all den Sorgen, mein lieber Kamerad. Ich wünsche Dir weiterhin ein tapferes Herz. In den nächsten Tagen werde ich Euch ausführlicher schreiben, denn die Mittagspause ist vorbei, ich habe auch noch an Albert geschrieben.

Euch Lieben und Dir, meine liebe Nanny, ganz besonders herzliche Grüße
Dein Johann.

Blick zurück ...

Mühle Spetzerfehn 1995

Alte Schule in Spetzerfehn, 1995

Margareta Wojak und Berta Schoon, 1995

Nanny Schoon, 1977

Johann Schoon, 1966

Albert und sein ehemaliger Kriegskamerad Ehrhardt Wittmann, 1964

Die Familie nach dem Krieg

Johann Schoon kehrte im Sommer 1945 aus englischer Kriegsgefangenschaft nach Hause zurück. Er schlug sich zunächst mit Gelegenheitsarbeiten, dann mit einem Teehandel durch. Mehr und mehr verlegte er sich auf die Schriftstellerei. In seinen letzten Lebensjahren (er starb 1968) gehörte er zu den bekanntesten Heimatschriftstellern in Ostfriesland.

Nanny Schoon starb 1985.

Albert Schoon kam in den letzten Kriegstagen noch zu einem lebensgefährlichen Einsatz, und zwar auf einem Sprengbootkommando. Er geriet in englische Kriegsgefangenschaft und kehrte, ebenso wie sein Vater, im Sommer 1945 nach Ostfriesland zurück. Er studierte an der Pädagogischen Hochschule Oldenburg. Als Volks- und später Realschullehrer leitete er Schulen in Bentstreek und in Wittmund. Aus der 1951 geschlossenen Ehe gingen vier Kinder hervor. Er starb 1993.

Margareta („Heta") Schoon gelangte Mitte April 1945 unter abenteuerlichen und z.T. bedrohlichen Umständen (Bombardierungen) zusammen mit ihrer Schulfreundin Maria Janßen via Hamburg nach Ostfriesland. Sie machte 1946 in Aurich das Abitur und arbeitete zunächst als Schulhelferin. 1947 heiratete sie, aus der Ehe gingen vier Kinder hervor. Später wurde sie Altenpflegerin und leitete zuletzt ein Altenheim in Berlin. Heute lebt sie mit ihrer Schwester im elterlichen Haus in Spetzerfehn.

Nachwort

von Margareta Wojak („Heta" Schoon)

Es ist mir nicht leichtgefallen, der Veröffentlichtlichung dieser Briefe zuzustimmen, und manchmal frage ich mich, ob wohl meine Eltern oder mein Bruder damit einverstanden gewesen wären. Einmal ist es ein persönlicher Grund, denn Briefe schreibt man für den Empfänger - vielleicht auch für sich, und persönliche Gefühle und Äußerungen sind nicht für die Öffentlichkeit bestimmt. Ich habe die Mitglieder unserer Familie immer als Menschen empfunden, die sich scheuten über ihre ureigensten Gedanken und Meinungen Auskunft zu geben.

Und dann: Ob überhaupt die Briefe unserer Familie symptomatisch sind für einen großen Teil unseres Volkes in der Zeit des letzten Krieges?

Für die Veröffentlichung spricht: Der Alltag von Menschen ist ein wichtiger Teil dessen, was wir Geschichte nennen. Die Vermittlung von Geschichte beschränkt sich immer noch gern auf die großen politischen Ereignisse und die allgemeinen Entwicklungen. Vielleicht ist das nur ein Teil dessen, was für andere wichtig wäre zu erfahren. Und deswegen immer wieder die Frage: Was haben die einzelnen Menschen wirklich gedacht und gesagt? Was ist Geschichte überhaupt und warum möchten wir wissen, was vor uns war?

Wir leben zu jedem Zeitpunkt unseres Lebens in der Geschichte, aber solange wir darin leben, empfinden wir sie nicht als „Geschichte", es ist einfach unser Leben, unser Alltag. Aber dem, was man Zeitgeist nennt, können wir uns wahrscheinlich nicht entziehen. Es ist eine Gemeinsamkeit der Auffassungen und Ansichten, die das Denken einer ganzen Generation beeinflussen, und etwas davon bleibt an jedem haften. Allerdings läßt sich das Lebensgefühl einer bestimmten Generation nicht wiederholen, alle danach gemachten Erfahrungen spiegeln sich im späteren Denken und Fühlen eines Menschen wider. Und so wenig wie man sein eigenes, ein zum Teil vom Zeitgeist beinflußtes Lebensgefühl noch einmal nachempfinden kann, so schwierig, wenn nicht gar unmöglich erscheint es mir, daß jemand, der später geboren ist, völlig begreifen kann, was seine Eltern oder Großeltern bewogen hat, so oder so zu denken oder sich zu verhalten. Ganz sicher ist nur, daß wir als junge Menschen, wie alle Generationen vor uns, den Wunsch hatten, fröhlich zu sein, unsere Kraft zu erproben - und in der Richtung wurde uns ja weiß Gott einiges geboten - und daß wir uns im übrigen so normal verhielten, wie alle jungen Menschen, die ins Leben hineinwachsen und die sich die Zeitspanne ihres Lebens genauso wenig ausgesucht haben wie alle andern. Das „System", in dem wir lebten, war uns eigentlich nicht so besonders wichtig.

In der Einführung steht, daß die Beschäftigung mit dem Nationalsozialismus Beschäftigung mit dem eigenen Dunkeln, mit der eigenen Schuld ist. Das ist wohl wahr. Leider haben nur wenige den Mut gefunden, öffentlich und ehrlich Stellung zu nehmen; und es ist schade, daß diese Fragen der nachwachsenden Generation vorbehalten blieben. Denn unsere Versäumnisse werden nicht dadurch erklärt, daß sich ein Außenstehender damit befaßt. Fragen werden leicht zu Vorwürfen, und das fördert nicht die Bereitschaft des Betreffenden, den Dingen auf den Grund zu gehen.

Wir fragen uns heute nach den Ursachen dieser „Verdrängung". Wahrscheinlich war es so, daß sich die ältere Generation nach dem entsetzlichen Erwachen bei Kriegsende plötzlich mit der Umkehr aller Werte konfrontiert sah und zunächst keine Sicherheit mehr spürte. Da kam es den Menschen zugute, daß der tägliche Kampf ums Überleben in jeder Hinsicht die Hauptrolle spielte, und anschließend drängte der weitere Weg in die Normalität des gesellschaftlichen und politischen Lebens alle Fragen wohltuend in den Hintergrund.

Was ist Schuld? Was war unsere Schuld?

Ich will versuchen, es herauszufinden. Um sich mit Schuld, mit einem Unrecht sich zu beschäftigen, gibt es verschiedene Betrachtungsweisen: eine allgemeine, die den Menschen an sich sieht und das, was wir an ihm böse oder verwerflich nennen; seine Beweggründe, um

Anhaltspunkte zu einem besseren Verständnis zu liefern. Und es gibt eine persönliche Sicht.

Die Geschichte des Dritten Reiches kann man als Teil einer Entwicklung in Deutschland oder auch in Europa sehen, man kann sie als „Fehlentwicklung" betrachten, wo viele Umstände und Bedingungen eben diese Entwicklung möglich gemacht haben. Ich glaube nicht, daß es besonders hilfreich ist, das Dritte Reich und seine Verbrechen als *den* Sündenfall in der Geschichte der Menschheit zu bezeichnen; das könnte höchstens dazu führen, andere Verbrechen daran zu messen und Schuld gegeneinander aufrechnen zu wollen. Die Vernichtung ganzer Völker allerdings, die zu bestimmen einige wenige sich anmaßten, ist eine Ungeheuerlichkeit, die als konkretes Beispiel ihresgleichen sucht. Aber es zeigt eigentlich nur, wozu Menschen überhaupt imstande sind, und daß in einem System, das mit einer derartigen Ausschließlichkeit das Denken und Verhalten der in ihm Lebenden beeinflußte, Dinge möglich waren, die heute zum Teil unvorstellbar sind.

Kürzlich sagte ein Arzt in Ruanda, Auschwitz wäre auch heute jederzeit möglich, und Wissenschaft und Technik seien nicht in der Lage, das Böse im Menschen zu besiegen.

Keine Generation vor uns hat jemals soviel gewußt über Zusammenhänge von Geschehnissen und über die Erklärbarkeit von Ursachen menschlichen Tuns und Handelns, wie die heutige, besonders die jüngere. Es ist übrigens makaber, daß gerade die Unbegreiflichkeit all dessen, was geschehen ist, die Suche nach Erkenntnis gefördert und beschleunigt hat. Gleichzeitig muß man feststellen, daß diese Erkenntnis selten dazu geführt hat, die eigene Verständnisbereitschaft zu vergrößern.

Die persönliche Betrachtungsweise: Wie habe ich mich unter bestimmten Bedingungen verhalten und warum? Habe ich mich schuldig gemacht? In der Einführung steht: Sie hätten es wissen können, sie hätten denken und sehen können, aber sie steckten den Kopf in den Sand. Was konnten wir denn wirklich wissen? Und was hätte uns das Wissen genützt?

Ein Deutscher, der 1936 vierzig Jahre alt war, hatte einen anderen Erkenntnis- und Bewußtseinsstand als ein Vierzigjähriger des Jahres 1995, und jemand, der bei Kriegsende 18 oder 20 Jahre alt war, hat ganz wichtige Erkenntnisse erst zu einer Zeit gewinnen können, als die politischen Bedingungen um ihn herum von denen seiner Schul- und Jugendzeit meilenweit entfernt waren.

Von den Menschen, die ich damals gekannt habe, war niemand ein Sadist oder ein Mörder, ich habe Zuneigung, Liebe, Freundschaft und Hilfsbereitschaft erfahren, auch Gleichgültigkeit und Abneigung, wie den meisten Menschen dies in ihrem Leben geschieht. Mich haben verschiedenartige Einflüsse geprägt, humane Gesinnung, dann eine christliche Einstellung und Lebensweise in einer Familie, der ich sehr viel zu verdanken habe. In all diesen Dingen haben wir uns wohl nicht von jeder anderen Generation, die gelebt hat, unterschieden.

Vielleicht waren es nicht die großen und spektakulären Verbrechen, die den Nationalsozialismus und alles, was sich zu der Zeit ereignete, ermöglichten. Ich glaube vielmehr, daß die Triebe und Beweggründe, die wir alle in uns kennen, wie Bequemlichkeit, Gleichgültigkeit, Eitelkeit, Feigheit viel wesentlicher dazu beigetragen haben, daß in dieser Zeit so reibungslos und mit soviel Selbstverständlichkeit eine Entwicklung ihren Lauf nehmen konnte, vor deren Ausmaßen wir heute fassungslos stehen und vor denen wir uns wahrscheinlich fragen: Was war unsere Schuld damals?

Wenn wir von Schuld reden wollen, dann vielleicht in dem Sinne, daß wir nur das Angenehme in dieser Zeit sehen wollten; wir redeten uns ein, es wäre schon alles recht, wie es von oben angeordnet wurde; wir hatten gelernt, bestehenden Autoritäten zu vertrauen. Und manchmal glaubten wir wohl auch, in einer großen Zeit zu leben. Ich glaube, man spürte, daß es unangenehme Folgen haben könnte, wenn jemand auffiel; in bestimmten Situationen fühlte man sich unbehaglich, aber selbst den Brand der Synagoge in Aurich im November 1938 und die Zusammentreibung der Juden dort habe ich nicht als das große Unrecht empfunden, als das ich es später begriffen habe. Und so recht hat es uns niemand erklärt. Vielleicht wollten auch die Erwachsenen nicht darüber nachdenken. Manche mögen geahnt haben, was mit den Menschen geschehen würde, aber so recht geglaubt hat es doch wohl niemand.

Was war unsere Schuld? Wahrscheinlich waren wir gedankenlos und egoistisch, nahmen die Angebote an, die uns gefielen, und gingen, wenn uns ein Unbehagen ankam, den Dingen nicht auf den Grund. Ich habe als junger Mensch in meiner Umgebung wohl Menschen erlebt, die dem Nationalsozialismus kritisch gegenüberstanden. Ich denke da vor allem an den Auricher Studienrat van Senden. Aber das hat mich offenbar nicht besonders beeindruckt. Solche Menschen waren ja auch im allgemeinen sehr vorsichtig in ihren Äußerungen. Politisch interessiert habe ich mich erst sehr viel später – in einer völlig anderen Zeit.

An eine Begebenheit kann ich mich erinnern, die sich im Herbst 1944 ereignete. Wir kamen von der Schule, Sechzehn- bis Siebzehnjährige, als wir einem Zug von Menschen aus einem Arbeitslager begegneten, die durch Aurich zogen. Sie schleppten sich dahin und stanken entsetzlich, weil sie sich und ihre Kleidung wahrscheinlich wochenlang nicht hatten waschen können. Wir waren betreten, uns war das alles fremd, aber ich bin davon überzeugt, daß niemand von uns auch nur eine annähernd zutreffende Vorstellung von einem solchen Lager hatte, und wir haben nicht begriffen, welches Unrecht diesen Menschen geschah. Wir hatten ein dunkles Gefühl von Angst, vielleicht spürten wir auch Gefahr, aber ich glaube, ein Mensch kann Gefahr und Angst viel erfolgreicher verdrängen, als man es sich im nachhinein vorstellen kann. Und unsere Generation hatte bestimmt nicht gelernt nachzufragen, wir waren es gewöhnt, vieles einfach hinzunehmen.

Meine Schwester Berta, 1928 geboren, ist schwerstbehindert, spastisch gelähmt, im Sinne der nationalsozialistischen Weltanschauung gehörte sie zu den Menschen, die eigentlich kein Recht zum Leben haben, da sie nicht „nützlich" im volkswirtschaftlichen Sinne sind. Meine Mutter hat später gesagt, daß sie sich Sorgen gemacht habe, man könnte auf Berta aufmerksam werden und es könnte ihr etwas geschehen. Berta hat sowohl von Familienmitgliedern als auch von den übrigen Menschen in ihrer Umgebung viel Zuneigung und Verständnis erfahren, niemand, den ich kenne, hielt sie für „lebensunwert". Vielleicht hat meine Mutter nur die positiven Seiten der „Neuen Zeit" sehen wollen und hat das andere voller Angst verdrängt, oder sie war wie viele der Meinung, das seien „Kinderkrankheiten" des Systems.

Oder haben wir alle doch nur den Kopf in den Sand gesteckt? Aus heutiger Sicht hätten wir vieles wissen können. So wie man aus späterer Sicht von der heutigen Zeit wahrscheinlich einmal sagen wird, sie hätten es wissen können, aber sie steckten auch den Kopf in den Sand. Umweltzerstörung, Konflikte zwischen uns und der Dritten Welt: Wir sehen und wir wissen es, aber wir verkriechen uns in unserer Sicherheit und halten es mit der altbewährten Regel: nichts sehen und nichts hören. Wir sind ja nicht betroffen, so wie wir in jungen Jahren auch zur großen Gruppe derjenigen gehörten, die akzeptiert wurden, denen niemand etwas wollte.

Was bleibt: Im letzten Grunde kann keine noch so plausible Erklärung den einzelnen Menschen von seiner Schuld entbinden, indem sie darlegt, wie es zu einem Unrecht gekommen ist. Unrecht bleibt Unrecht, und Versäumnisse anderer machen meine Fehler nicht um einen Deut geringer. Ich denke nur, es ist gut, sich klarzumachen, daß das Böse in jedem Menschen schlummert, und daß es an den Umständen und Bedingungen liegt, ob es ans Tageslicht dringt.

Abkürzungen

BDM	Bund Deutscher Mädel
Flak	Flugabwehrkanone
HJ	Hitlerjugend
Ka	Kameradschaft
KÄ	Kameradschaftsälteste
KdF	Kraft durch Freude (eine Organisation der Deutschen Arbeitsfront, die den Freizeitbereich im Nationalsozialismus lenken sollte)
Kdo	Kommando
KLV	Kinderlandverschickung
KM	Kriegsmarine
LS-Keller	Luftschutzkeller
NB	nota bene („merke wohl!", übrigens)
NSV	Nationalsozialistische Volkswohlfahrt
OKW	Oberkommando der Wehrmacht
ON	Ostfriesische Nachrichten, Aurich („Dunkmann's Blatt")
OTZ	Ostfriesische Tageszeitung
RAD	Reichsarbeitsdienst
RM	Reichsmark
Stalag	Kriegsgefangenen-Mannschaftsstammlager
Uffz	Unteroffizier
UvD	Unteroffizier vom Dienst

Personenverzeichnis

A. Personen aus dem Umfeld der Familie Schoon

Die verwandtschaftlichen und nachbarschaftlichen Kontakte der Familie Schoon bezogen sich vor allem auf folgende Familien:

Nanny Schoons Bruder Bernhard und dessen Frau Irmgard in Gifhorn;

Johann Schoons Schwägerin Gesche und deren Angehörige („Bahntjers", Bahnstation, Wirtshaus und Postagentur in Spetzerfehn);

Johann Schoons Schwester Anna und deren Angehörige („Münkewegers");

Johann Schoons Bruder Albert und dessen Angehörige („Münkewegers");

Nachbarn Johann und Folma Groß (Gemischtwarenladen), deren Kinder Rudi, Anni, Folkert, „Meks" (Theodor) und Johann mit Schoons Kinder eng befreundet waren;

Nachbarn Heinrich und Lini Dahm mit Tochter Tini (Landwirte).

Die Personen im einzelnen:

Aden, Lübbe: Nachbar

Aden, Richard: Lehrer am Auricher Gymnasium

Albert (Schoon) (auch: „Onkel Albert"): Bruder von Johann;
        Vater von „Lüttje Loet" („Münkewegers")

Almine (Müller): Bewohnerin aus dem Nachbarort Ulbargen; Gehilfin der Nachbarn Dahm

Almuth (van Senden): Mitschülerin von Heta aus Aurich (Auricher Mittelschule und Gymnasium)

Andreßen, Focke: Postbote

Anna (Bohlen) (auch „Tante Anna"): Schwester von Johann;
        Mutter von Neffe Jürgen (Münkewegers)

Anni (Groß): Nachbarmädchen; Mitschülerin von Heta (Schule Spetzerfehn)

Antje (Schoon): Schwägerin; Ehefrau von Albert („Münkewegers")

Beekmann, Jakob: Kriegskamerad von Johann Schoon aus Spetzerfehn

Behrends, Willi: Mitschüler von Albert (Schule Spetzerfehn)

Bernhard (Franke, Dr.): Bruder von Nanny Schoon; Ehemann von Irmgard,
        Arzt am Gesundheits-amt in Gifhorn

Betty (Schoon) [1]: Nichte aus Aurich; Tochter von Gerd und Hanni

Betty (Schoon) [2]: Nichte; Tochter von „Grode Loet" („Bahntjers")

Bischof, Focke: Arbeiter auf dem Hof von „Fiffi"

Bleß, Hermann: Bewohner aus dem Nachbarort Ulbargen

Cassens, Enno: Bewohner aus dem Nachbarort Großefehn

„Chef" (Dr. Erich Dietrich): Direktor des Auricher Gymnasiums

Cordes, Börchert: Nachbar; Landwirt

Cordes, Johann: Nachbar; Schuster

Dahm, Heinrich und Lini: Nachbarn; Landwirte

Eduard (Fockenga): Bekannter aus Spetzerfehn; Bienenzüchter

Ehmen, Harm: Lehrer an der Auricher Mittelschule

Ehrhardt (Wittmann): Kriegskamerad von Albert; Volksdeutscher aus Apenrade (Dänemark)

Eilers, Dina: Dorfbewohnerin

Ernst (Albers): Neffe; Soldat

Fahrenholz, Margareta: Dorfbewohnerin

„**Fiffi**" (Friederike Tjaden): unverheiratete Jugendfreundin von Nanny Schoon, betrieb im Nachbarort Wrisse eine Landwirtschaft

Fleßner, Gerd: Dorfbewohner

Folkert (Groß): Nachbarsohn

Frerichs, Dr. Johann: Lehrer am Auricher Gymnasium

Frieda (Saathoff): Nichte; Ehefrau von Hinrich, Schwester von Georg, Heti und „Grode Loet", hatte vier kleine Kinder („Bahntjers")

Geipel, Maria: Mitschülerin von Heta aus Großefehn (Auricher Mittelschule)

Georg (Schoon): Neffe, Sohn von Gesche, Bruder von Frieda, Heti und „Grode Loet" („Bahntjers")

Gerd und **Hanni** (Schoon): Bruder und Schwägerin von Johann Schoon, leben in Aurich

Gerda (Gronewold): Freundin von Albert und Heta aus Spetzerfehn

Gerta (Bohlen): Frau von Neffe Jürgen („Münkewegers")

Gesche (Schoon): Schwägerin; Mutter von Frieda, Georg, Heti und „Grode Loet" („Bahntjers")

Gesine (Beekmann): Ehefrau von Jakob Beekmann (Spetzerfehner Kriegskamerad von Johann Schoon)

Groß, Elfried: Bewohner aus dem Nachbarort Großefehn

Groß, Johann und Folma: Nachbarn (Lebensmittelgeschäft)

Hagen, Gerd: Dorfbewohner

Hagen, Harm: Bürgermeister von Spetzerfehn

Hanne und Thomas (Ulrichs): Nachbarkinder

Hardy, Johannes: Dorfbewohner

Hartmann, Anni: Dorfbewohnerin

Hartmann, Lübbe: Dorfbewohner

Heini (Henninga): Nachbarsohn

Helmut (Trauernicht): Mitschüler von Albert aus Spetzerfehn (Schule Spetzerfehn)

Henninga, Onno und Johanne: Nachbarn; Schiffer

Heta (Margarete de Loewe) (auch: „Tante Heta"): Nachbarin; Textilgeschäft

Heti (Greta Schoon): Nichte; Tochter von Gesche, Schwester von Frieda, Georg und „Grode Loet" („Bahntjers")

Heuermann, Rindert: Dorfbewohner

Heykes, Alfred: Dorfbewohner

Hinrich (Saathoff): Ehemann von Nichte Frieda; Soldat („Bahntjers")

von **Höveling**, Anna: entfernte Verwandte aus dem Nachbarort Bagband

Hoffmann, Johanne: Dorfbewohnerin

Ideus, Rolf: Nachbar; Landwirt

Ilse (Fleßner): Mitschülerin von Heta aus Spetzerfehn (Schule Spetzerfehn)

Jensen, Dr. Wilhelm: Lehrer am Auricher Gymnasium

Irmgard (Franke): Schwägerin; Ehefrau von Bernhard, Mutter von zwei Kindern

Jürgen (Bohlen): Neffe; Sohn von Anna; Soldat („Münkewegers")

„**Klein-Anna**": Großnichte; Tochter von Gerta und Jürgen („Münkewegers")

Kortmann, Dr. Christian: Tierarzt aus dem Nachbarort Großefehn

Leerhoff, Diedrich: Nachbar

Loet (Schoon; „Grode Loet"): Neffe; Sohn von Gesche, Bruder von Frieda, Georg und Heti, Postbote („Bahntjers")

Loet (Schoon; „Lüttje Loet"): Neffe; Sohn von Albert, Soldat („Münkewegers")

Loets, Talea: Dorfbewohnerin

Lübbe, Hermann: Klassenkamerad von Heta aus Aurich (Auricher Gymnasium); heute Philosoph

Ludwig (Schoon): Neffe; Sohn von Gerd und Hanni aus Aurich

Luise (Saathoff): Tochter von Frieda und Hinrich („Bahntjers")

Magda (Tammen): Mitschülerin von Heta aus Oldeborg (Auricher Gymnasium)

Maria (Janßen): Mitschülerin von Heta aus Westerbur (Auricher Gymnasium)

Meinen, Wilhelm: Dorfbewohner

Memming, Hermann: Mitschüler von Albert aus Plaggenburg (Auricher Gymnasium)

Meyer, Jürgen: Dorfbewohner

Müller, Diedrich: Dorfbewohner

Müller, Fritz: entfernter Verwandter; Mitbesitzer der Mühle von Spetzerfehn

Müller, Garrelt: Nachbar

Müller, Rudolf: Dorfbewohner

Nanni (Peters): Mitschülerin von Heta aus Lübbertsfehn (Auricher Gymnasium)

Nita (Anita Henninga): Nachbarmädchen

Oltmanns: Verwandte aus Leer

„Onkel" (Albert Schoon): Onkel von Nanny Schoon, lebte mit im Haushalt (Bruder von „Tanti")

Onken, Focke: Bewohner aus dem Nachbarort Ulbargen

Osterkamp, Rindert: Handwerksmeister, Geschäftsinhaber aus Spetzerfehn

Peter (de Loewe): Bekannter; Bruder von M. de Loewe

Poppinga, Dr. Hans: Arzt aus dem Nachbarort Großefehn

Rowoldt, Dr. Walter: Lehrer am Auricher Gymnasium

Rudi (Groß): Nachbarsohn; Mitschüler von Albert (Schule Spetzerfehn)

Saathoff, Hanne: Dorfbewohnerin

Schmidt, Garrelt (Lehrer) und Friederike: Bekannte aus Bangstede

Schmidt, Johann und Johanna (mit Tochter „Eti" [Margarete]): Bekannte aus dem Nachbarort Ulbargen; Landwirte

Schmidt, Peter: Dorfbewohner

Schnoor, Herbert: Klassenkamerad von Heta aus Moordorf (Auricher Gymnasium); heute SPD Politiker

Schoon, Andreas: Dorfbewohner

Schoon, Heini: Mitschüler von Albert (Schule Spetzerfehn)

Schön, Dirk: Bewohner aus dem Nachbarort Großefehn

van Senden, Friedrich (Lehrer am Auricher Gymnasium) und Leni: Bekannte; Eltern von Almuth

Siebens, Johann: Bewohner des Nachbarortes Ulbargen

Siegel, Karl: Junglehrer in Spetzerfehn

Strohmann, Georg: Bewohner des Nachbarortes Ulbargen

„Tanti" (Gerhardine Schoon): Tante von Nanny Schoon, lebte mit im Haushalt (Schwester von „Onkel")

Tebbenhoff, Heinrich: Mitschüler von Albert aus Großefehn (Auricher Gymnasium)

Theodor (Loets): Dorfbewohner

Tini (Dahm): Nachbartochter

Tini (Leerhoff): Nachbarmädchen

Trauernicht, Focko: Dorfbewohner

Trauernicht, Jann: Kriegskamerad von Johann Schoon aus Spetzerfehn

Ulrichs, Diedrich: Dorfbewohner

Ulrichs, Epke: Dorfbewohner

Ulrichs, Johann: Nachbar

Ulrichs, Thomas: Dorfbewohner

de Wall, Andreas: Schulkamerad von Heta und Albert aus Großefehn (Auricher Gymnasium)

de Wall, Dina: entfernte Verwandte aus Spetzerfehn

Weber, Johann: Dorfbewohner

Weers, Dr. Franz („Mister"): Lehrer am Auricher Gymnasium

de Witt, Johann: Mitschüler von Albert aus Ludwigsdorf (Auricher Gymnasium);
  zu Hause Landwirtschaft

Weber, Hannes: Postbote

B. Historische und zeitgeschichtliche Personen

Antonius (82-30 v.Chr.): Röm. Politiker ; (1.7.44)

Busch, Wilhelm (1831-1908): Humorist, Zeichner und Maler; (23.4.44)

Churchill, Winston (1874-1965): Brit. Politiker, Premierminister 1940-45; (10.11.40, 15.2.40)

Cromwell, Oliver (1599-1658): Engl. Politiker und Heerführer; (1.7.44)

Goebbels, Dr. Joseph (1897-45): NS-Propagandaminister; (14.1.42, 15.2.42, 8.3.42)

Hitler, Adolf („Führer") (1889-45); (21.7.40, 16.3.41, 23.6.41, 29.6.41, 5.10.41, 13.12.41, 1.2.42,
  25.1.45)

Horaz (65-8 v.Chr.): Röm. Dichter; (1.7.44)

Kleopatra (69-30 v.Chr.): Ägypt. Königin;

Livius (59 v.Chr.-17 n.Chr.): Röm. Geschichtsschreiber; (1.7.44)

Raabe, Wilhelm (1831-1910): Schriftsteller; (8.3.42)

Rommel, Erwin (1891-1944): NS-General, Führer des Afrika-Korps; (1.3.42)

Roosevelt, Franklin D. (1882-1945): US-Präsident 1933-45; (15.2.42)

Sachs, Hans (1494-1576): Dichter; (13.3.41)

Scharrelmann, Wilhelm (1875-1950): Volkstüml. nordd. Schriftsteller; (12.11.44)

Speckmann, Dietrich (1872-1938): Volkstüml. nordd. Schriftsteller; (8.3.42)

Storm, Theodor (1817-1888): Schriftsteller; (7.5.44)

Swehn, Jürnjakob: Literarische Figur (Johannes Gillhoff: Jürnjakob Swehn der Amerikafahrer,
  Berlin 1917); (23.4.44)

Tacitus (ca. 55-116 n.Chr.): Röm. Geschichtsschreiber; (1.7.44)

Todt, Fritz (1891-1942): NS-Politiker („Organisation Todt"); (8.2.42)

Weygand, Maxime (1867-1965), Frz. General, 1940 Oberbefehlshaber der frz. Truppen; (9.6.40)

„**Wilhelmintje**" (Wihelmina) (1880-1962): Königin der Niederlande 1890-1948; (19.5.40)

Bildnachweis

Margareta Wojak: S. 9, 10, 11, 12, 26, 52, 56, 87, 90, 113, 116, 124 oben links, 128
Hinrich Trauernicht: S. 180
Robert Goldberg: S. 181 oben links
Hilmar Dunkmann: S. 23 oben rechts
Ortwin Buchbender: S. 89 (Feindflugblatt)
Verlagsarchiv: S. 22, 23, 24, 25, 54, 55, 88, 89, 114, 115, 126, 127, 166, 167

Zum Herausgeber

Andreas Wojak, Dr. phil., geb. 1952 in Spetzerfehn (Kreis Aurich/Ostfriesland), Journalist, lebt in Oldenburg; Publikationen u.a.: (als Hrsg.) Schatten der Vergangenheit – Deutsche und Juden heute, Gütersloh 1985; Moordorf - Dichtungen und Wahrheiten über ein ungewöhnliches Dorf in Ostfriesland, Bremen 1992.